本书是山东省社科基金重点项目（编号为16BJJJ07）、青岛大学基金项目的研究成果。

供给侧改革视角下的企业社会责任研究：

理论与实践

谢春玲　季泽军　著

中国社会科学出版社

图书在版编目 (CIP) 数据

供给侧改革视角下的企业社会责任研究：理论与实践 / 谢春玲，
季泽军著 . —北京：中国社会科学出版社，2017.11
ISBN 978 - 7 - 5203 - 0759 - 8

Ⅰ.①供…　Ⅱ.①谢…②季…　Ⅲ.①企业责任—社会责任—
研究—中国　Ⅳ.①F279.2

中国版本图书馆 CIP 数据核字 (2017) 第 173992 号

出 版 人	赵剑英
责任编辑	王莎莎
责任校对	张爱华
责任印制	张雪娇

出　　版	中国社会科学出版社
社　　址	北京鼓楼西大街甲 158 号
邮　　编	100720
网　　址	http：//www.csspw.cn
发 行 部	010 - 84083685
门 市 部	010 - 84029450
经　　销	新华书店及其他书店

印　　刷	北京君升印刷有限公司
装　　订	廊坊市广阳区广增装订厂
版　　次	2017 年 11 月第 1 版
印　　次	2017 年 11 月第 1 次印刷

开　　本	710×1000　1/16
印　　张	19.5
插　　页	2
字　　数	250 千字
定　　价	88.00 元

前　言

一

伴随后危机时代的来临，我国经济进入新常态，经济增长面临持续下行压力，以往行之有效的需求管理因其边际效益下降，亦无能为力。在此背景下，2015 年 11 月 10 日召开的中央财经领导小组第十一次会议上，习近平总书记提出：在适度扩大总需求的同时，着力加强供给侧结构性改革，着力提高供给体系的质量和效率，增强经济持续增长动力，推动我国社会生产力实现整体跃升。此后，习近平总书记又在不同场合，从多个角度强调供给侧结构性改革的重要性。供给侧改革经济思想是在立足我国国情和我国经济发展实践，合理吸收西方经济学科学成分的基础上，对马克思主义政治经济学关于生产力与生产关系、生产与消费辩证统一关系原理的运用、拓展和发展，丰富了中国特色社会主义政治经济学的内容，开拓了当代马克思主义政治经济学新境界。与此同时，将供给侧结构性改革作为改革和经济发展主线也是适应新常态、引领新常态的战略思维和战略举措。

供给体系的质量和效率不高，供给结构难以适应需求结构的变化是目前我国经济结构存在的突出问题，也是提出供给侧结构性改革的重要动因。我国供给体系的质量和效率存在的主要问题是低端供给过剩、中高端供给严重不足，表现为部分产业产能严重过剩、产品滞销的同时，出现了愈演愈烈的"海购潮"，造成每年上万亿元人民币的消费外溢和由此引发的税收和就业岗位流失。分析"海购潮"的成因，一方面，在于技术、管理落后，创新不足等因素造成了部分产品质量不高、品种少、个性化不强，难以适应我国居民收入增加后的消费结构升级。另一方面，以次充好、价格虚高、假冒伪劣产品充斥市场，肆无忌惮地侵害消费者权益。在生产者或销售者与消费者信息不对称、投诉渠道不畅或成本过于高昂的情况下，部分消费者因对国内市场失望，通过"货币投票"的方式转向国外市场，形成从奢侈品到日用消费品无所不包的"海购潮"。由此可见，企业对消费者社会责任承担不利，甚至严重缺失，是造成大量消费外溢的重要微观原因。

如果说需求管理的主要作用对象是购买者和消费者，供给管理的作用对象则主要是生产者和销售者，即企业。推进供给侧结构性改革，从宏观角度看，重点是通过减税降费、完善法律法规、构建公平透明的市场竞争环境等途径，激发市场主体的活力和创造力。从微观角度看，主要是作为市场主体的企业应该积极主动、全面承担起基本的经济责任、法律责任，尤其是履行对消费者的社会责任，生产出满足消费者需要的、高质量、安全健康、价格合理的产品或服务，以满足我国消费能力提升、消费结构升级后的有效需求。

基于上述背景和逻辑，以供给侧结构性改革为视角，重新审视和探讨企业社会责任成为当务之急，是撰写和出版本书的用意所在。纵观企业社会责任运动的发展史，其早已从最初所谓的"先锋运动"转化为被社会大众和全球企业广泛接受的一般性运动。2015 年 9 月，联合国通过了《2030 年可持续发展议程》，标志着全球企业践行社会责任、推动可持续发展进入新阶段。在经济全球化和我国全面改革开放的大背景下，我国企业社会责任由弱到强不断进步，但受各种因素影响，目前我国企业社会责任仍然处于起步阶段。《企业社会责任蓝皮书：中国企业社会责任研究报告（2015）》指出：中国企业300强社会责任发展指数为34.4分，同比提高1.5分，整体处于起步阶段。七年来，中国企业社会责任发展指数持续增长，但增速有所下降。2009年，中国企业300强社会责任发展指数为15.2分，整体处于旁观阶段。2012年，企业社会责任发展指数达到23.1分，整体从旁观阶段进入起步阶段。2015年，企业社会责任发展指数达到34.4分，同比2014年提升1.5分，整体仍处于起步阶段。伴随经济全球化和信息科技的发展，社会公众对我国企业承担社会责任的期望值在提升，而目前我国企业社会责任的发展现状不仅难以回应和满足社会大众的合理期望和要求，也在很大程度上影响了企业和社会的可持续发展。

需要说明的是，虽然就供给侧结构性改革视角而言，我国企业对消费者社会责任承担存在明显不足，但企业对员工、环境及其他利益相关者履行社会责任的意识和实践同样存在很大的问题，这与我国提出的"创新、协调、绿色、开放、共享"的发展理念极不相符。因此，本书将全面探讨我国的企业社会责任，而不是局限于对某一利益相关者的个别社会责任，以期为推进我国供给侧结构性改革，实现企业和社会的可持续发展提供一定的借鉴和参考。

二

按照什么是企业社会责任，企业为什么承担社会责任，企业对谁承担社会责任，以及分别承担什么样的社会责任，企业承担社会责任的国际标准是什么，企业如何承担社会责任，如何向外界披露企业社会责任绩效的逻辑和思路，全书通过八章内容来陈述，第一章"企业社会责任的产生与发展"，由井文豪（青岛大学教授，青岛市企业社会责任研究会会长）完成。第二章"企业社会责任的依据"，由宋晓惠（青岛大学）完成。第三章"企业社会责任的基本内容"，由季泽军（青岛大学）完成。第四章"我国的企业社会责任"，由刘沛（国家电网青岛分公司）完成。第五章"企业社会责任国际标准和指导"，由季泽军（青岛大学）完成。第六章"企业社会责任管理（一）"，由谢春玲（青岛大学）完成。第七章"企业社会责任管理（二）"，由赵成文（青岛理工大学）完成。第八章"企业社会责任报告"，由井文豪完成。统稿和导论部分的写作由谢春玲完成。

三

　　全书内容及结构的安排遵从了从企业社会责任理论到企业社会责任实践、实务，从企业一般社会责任到企业个别社会责任的基本逻辑，可以使阅读者对企业社会责任有一个整体和全面的了解。为了减少不必要的内容重复，本书在框架设计、目录设置时做了充分考虑，统稿时又进行了内容整合，使全书结构比较严谨，内容阐述逐步递进。尽管如此，个别章节的部分内容仍会有少量重复，这是因为阐述视角的不同，也是保证内容完整性的必要安排，在不得不如此时，我们尽力做到了相似内容阐述得详略得当、前后呼应。

　　此外，关于企业社会责任的概念及其相关概念，在经济学、管理学、法学、政治学、社会学，以及伦理学等不同学术界和业界都有很多讨论，目前还存在着较大分歧。为了坚持本书的写作宗旨并反映主要观点，本书并没有纠缠于概念的孰优孰劣，而是选择了被广泛接受、又能很好表达本书观点的概念来解释并运用。有些概念或术语可能有多种名称，甚至不同名称的含义并不完全相同，但使用其不同名称并不影响全书的整体严谨性和阅读性。比如，企业社会责任有时也称为公司社会责任，在个别情形下也称组织社会责任；消费者有时称为顾客或客户；员工有时称作雇员；商业伙伴有时又称为供应商和采购商等。

四

最后，要特别感谢山东省哲学社会科学规划办公室及其专家们，感谢责任编辑王莎莎，感谢所有参与此书的撰写人，以及为我国企业社会责任的理论和实践做出贡献，并为本书提供大量资料的组织、专家及同仁。

谢春玲

2017 年 4 月 18 日

目　录

导　论

　　企业社会责任是舶来品，我国关注并受其影响已有十几年的历程。但相对于西方发达国家，我国企业社会责任还处在起步阶段。世界经济进入"大停滞"，以及经济新常态下，我国企业面临着普遍性的生存和转型困难，导致其对承担社会责任的重视程度减弱。但就趋势和必要性而言，重新审视和强化我国企业社会责任是当务之急。

第一节　研究背景

　　企业社会责任概念和企业社会责任运动起源于20世纪的西方社会。伴随科技进步和企业规模的扩张，以自由放任经济思想为理论支撑的"股东利益至上"的企业治理模式，导致了严重的社会问题和环境问题，引发了社会公众极大的不满，学术界也对企业追求股东利益最大化的合理性质疑，并从道德角度提出了企业社会责任的概念。进入后工业化社会后，西方发达国家消费结构不断升级，社会公众的维权意识、责任意识和环保意识不断增强，对于无视环境污染、员工权益和消费者权益，一味追求利润最大化的企业行为表示出极大的不满。与此同时，国际劳工组织、人权组织、环保组织及消费者组织等非政府组织发起和推动的企业社会责任运动，不断对企业，尤其是对跨国公司施压，要求企业除了对股东利益负责之外，也要兼顾劳工权益、消费者利益和环境保护。20世纪80年代后，以现代信息技术为支撑，以各国逐渐市场化的经济体制为基础，以跨国公司为主体的经济全球化进程加速，包括资本、技术、资源、人员等在内的生产要素超越国界，逐渐在全球范围内流动。经济全球化和跨国公司的国际化经营，调动了全球更多的资源，从而提高了资源配置效率，推动了社会生产力的快速发展。但不可否认的是，以生产全球化、贸易全球化、金融全球化、科技全球化为主要特征的经济全球化，也导致与企业经营相关的社会问题和环境问题的全球扩散。雇用童工、强迫性劳动、工伤和职业病问题频发、资源能源快速消耗、生态环境恶化等发达资本主义发展早中期出现的社会和环境问题不断被复制，并迅速蔓延至更多的发展中国家，逐渐威胁到人类的生存和发展。由于发展阶段、发展水平和居民收入水平相对较低，出于单纯的经济考量，发展中国家对劳工权益和环境的保护总体比较松懈，相关立法比较滞后，致使上述问题日趋严重化，且长时期得不到有效治理。中国作为世界最大的发展中国家，亦是经济全球化的积极参与者和重要建设者，自然也不例外。

我国始于1979年的改革开放，与经济全球化快速推进时期不谋而合，可以说是恰逢其时。经济全球化背景下，我国利用劳动力的比较优势，顺势承接了发达国家转移的低端制造业，在出口导向型国家发展战略的指引下，通过加工贸易，劳动力比较优势随机转化为国际竞争优势，从而推动了我国经济的快速增长，缩短了与世界发达国家的发展差距。但不可否认的是，在立法相对滞后，以及地方政府的GDP政绩激励下，与经济快速增长相伴而生的是日益凸显的社会问题和环境问题。与此同时，全球性的劳工权益受损问题等，引起了国际非政府组织的更多关注，在其推动下，企业社会责任运动在全球蓬勃兴起。以反"血汗工厂"运动为重要标志的企业社会责任运动，迫使跨国公司制定内部"生产守则"，以强化自身的社会责任管理，并逐渐把社会责任管理由企业内部扩展到整个供应链。1997年，针对劳工权益问题，民间组织"社会责任国际"推出了SA 8000认证标准，一些跨国公司开始对其海外的代工厂、供应商等进行SA 8000标准认证审核，把是否通过审核作为与其合作与否的重要条件。21世纪初，我国沿海发达省市的上千家出口企业因未通过审核，被迫中断与跨国公司的商业合作，造成巨大的经济损失。

在企业社会责任运动的影响下，国际学术界从经济学、管理学、社会学、政治学、法学及伦理学等不同学科视角对企业社会责任进行了深入的研究，产生了利益相关者理论、企业伦理理论及企业公民理论、社会契约理论等企业社会责任理论，对企业为什么承担社会责任、对谁承担社会责任、怎样承担社会责任以及在多大程度上承担社会责任等问题提供了理论解释。面对国内日益严重的社会和环境问题，以及国际企业社会责任运动给我国企业带来的压力，我国学术界借鉴国外企业社会责任理论，结合我国社会现实，开始针对我国的企业社会责任进行研究。与此同时，国家和政府也对企业社会责任做出了积极回应，2005年10月修订的《中华人民共和国公司法》第5条第2款规定："公司从事经营活动，必须遵守法律、行政法规、遵守社会公德、商业道德，诚实守信，接受政府和公众的监督，承担社会责任。"这从立法层面上有助于推动我国的企业社会责任实践。但是，国内外的努力并未有效阻止愈演愈烈的社会问题和环境污染。加入WTO后，我国面临广阔的国际市场，又恰逢全球经济的上升期，从而为我国迎来了持续近 10 年的经济高速增长期。但与高速增长的经济极不相称的是，我国企业社会责任意识普遍淡薄，甚至认为企业社会责任运动及企业社会责任标准是西方打压中国产业竞争力的阴谋，是以道德面目出现的、新的贸易壁垒。企业对承担社会责任的轻视，甚至无视，导致了一系列企业社会责任恶性事故。责任事故主体既有中小企业、外资企业和民营企业，也有大型企业甚至超大型企业、内资企业和国有企业。既有对员工、消费者的不负责任，也有对环境的不负责任。如，2008 年的"三鹿"劣质奶粉事件，2010 年的紫金矿业水污染事件，2010—2013 年，富士康员工连续跳楼事件等。近期的，如 2016 年医疗领域的魏则西事件和济南假疫苗事件，常熟童工事件等。上述事故或事件暴露出我国企业社会责任的严重缺失，造成了极大的社会危害和恶劣的国际影响。

当然，我国企业社会责任也取得了很大成就，比如，目前我国已有包括中石油、中石化、中国移动在内的 200 多个企业加入联合国全球契约，2005 年，中国纺织工业协会制定了"中国纺织企业社会责任管理体系"（CSC 9000T），一些企业开始把社会责任纳入战略管理，并定期发布企业社会责任报告。但总体而言，我国企业社会责任仍然处于起步阶段。《中国企业社会责任报告蓝皮书（2016）》指出：2016 年，中国企业 300 强企业社会责任发展指数达到 35.1 分，同比 2015 年仅提升 0.7 分，整体仍处于起步阶段。2016 年，面对外部环境的变化和企业自身重视程度的减弱，我国企业社会责任发展指数得分持续增长但增速呈现进一步下降的趋势。

我国企业对社会责任重视程度的减弱堪忧。从趋势和必要性而言，企业应该更加重视社会责任而不是反其道而行之。具体原因主要体现在以下几个方面：

一是从国际层面看，企业承担社会责任呈现压力增强趋势。2015 年 9 月，由 193 个国家一致通过、于 2016 年 1 月 1 日生效的联合国全球《2030 年可持续发展议程》，要求各国政府必须通力合作，在 15 年之内完成包括消除贫困，可持续消费，包容性增长，保护、恢复和可持续利用陆地生态系统等在内的 17 个可持续发展目标；2015 年 12 月 12 日，为应对全球气候变化威胁的《巴黎协定》签署，各国均历史性地承诺控制温室气体排放；贸易保护主义抬头和反全球化浪潮必将强化国际社会对劳工权益、环保问题的关注，推动规则趋同化的全球治理；美国、德国等发达国家的制造业回流和再工业化，将对全球生产格局和贸易格局产生新的冲击。上述国际因素都会通过各种机制传递至企业，导致企业承担社会责任的压力增大。

二是从我国宏观层面看，强化企业社会责任也是大势所趋。首先，面对资源枯竭、环境污染、生态系统退化的严峻形势，党的十八大从战略布局高度提出了生态文明建设，以建设美丽中国，实现中华民族永续发展；节能减排指标的约束性加强，与地方政府官员的政绩与职务升迁联系更加紧密；党的十八届五中全会提出"创新、协调、绿色、开放、共享"的五大发展理念，最终要通过企业来实施，从而促使企业承担起对员工、消费者、环境等应有的社会责任；为真正发挥环保部门的环境保护职能，国家从行政管理制度上进行了彻底改革，做出了精心的制度安排，对省级以下环保机构检测监察执法由水平管理改为垂直管理。而且提出制定和落实环保责任清单，强化了地方党委和政府对生态环境的主体责任，"河长制"就是这方面的典型；法律法规更加完善和严厉，2014 年修订的《中华人民共和国环境保护法》，被称为"史上最严"环保法，针对企业生产经营中的环境污染行为出台了严厉的惩罚措施；伴随我国对外开放水平的提高，中国企业的海外投资增加，"一带一路"倡议的提出，使我国企业"走出去"的步伐加快，要在国际社会塑造负责的中国形象，企业必须积极承担社会责任。2013 年，商务部和环境保护部联合编制印发了《对外投资合作环境保护指南》，对我国企业的海外投资做出了社会责任要求，使中国在发展中国家投资不再是企业社会责任的法外之地。总之，我国从战略布局、发展理念、经济社会发展中长期规划，环境治理的制度安排、法律法规的完善等各个方面强化了地方政府和企业的社会责任约束。

三是从社会层面看，近年来，一些企业的败德行为屡禁不止，甚至呈现愈演愈烈之势，有的企业为追逐利润，不断冲破法律和社会道德底线的行为接连被曝光，这导致社会公众对企业的信任度大幅下降。社会机构和个人不再沉默、观望，或坐视政府解决企业违法和违背道德的行为，而是试图用自己的行动阻止或干预企业行为。目前，学术界、咨询机构和技术界等都试图通过研究新技术，用智能化的方式解决企业社会责任问题。比如利用 LBS 技术和大数据对企业排污情况进行精准监控。对一些显而易见的企业违法行为，一些组织和个体，或通过举报，或直接行动起来进行阻止。社会层面的觉醒必将增加企业的道德压力和违法成本，在一定程度上促进企业积极承担起相应的社会责任。

四是从微观市场层面看，伴随我国居民消费能力的提升和消费结构升级的加快，对个性化产品、高端产品、服务的需求增加。目前，我国供给体系的质量和效率无法适应需求结构的快速变化，加之假冒伪劣产品充斥市场，肆无忌惮地侵害消费者权益，致使许多消费者转向国外市场，掀起规模巨大的"海购潮"，从而造成国内消费及相应的税收和就业岗位的流失。对此，习近平总书记提出："在适度扩大总需求的同时，着力加强供给侧结构性改革，着力提高供给体系的质量和效率。"供给侧结构性改革的作用对象主要是生产者和销售者，即企业，这要求企业先要承担起对消费者的社会责任，通过管理创新、技术创新，严格遵守质量标准，生产和销售高质量、安全健康、价格合理的产品和服务，在满足消费者需求的同时，提高企业的市场竞争力和可持续发展能力。

再者，当前我国社会已经到了新的发展阶段，面临多方面的转折和挑战，尤其是面临经济增长方式的迫切转变。过去，有些企业违法乱纪，对员工、消费者和环境极不负责任，却依然能够生存、发展，甚至大发其财的时代将一去不复返。主要原因在于：首先，"刘易斯转折点"的到来，结束了农村劳动力无限供给状态，支撑劳动力比较优势的人口红利消失。这将使普通劳动者的工资上涨成为趋势，仅依靠压低工资、加班加点等违反劳动法的用工方式将难以为继；其次，连续30多年的经济粗放式增长，导致我国资源能源面临枯竭，生态环境严重恶化。资源和生态环境的约束，不仅难以支撑经济持续增长，而且需要花费巨额成本对破坏的生态环境进行修复，从而对企业消极承担社会责任形成新的制约。

综合上述分析可知，要求中国企业更好地承担盈利之外的社会责任不是"阴谋"，而是理论和实践的发展规律要求，是维持人类、社会和企业的可持续发展要求。更何况就我国企业而言，社会要求其履行社会责任的层次还停留在经济责任和法律责任等必尽责任层面，是要求企业做分内之事的"底线思维"，而不是忽视我国发展阶段和国情的勉为其难。因此，我国企业应该认清形势和趋势，挣脱发展方式和发展模式的路径依赖，变外部的"社会约束"为企业内部的"自我约束"，积极承担起对利益相关者的社会责任，以平衡企业利益和社会利益，推动企业和社会的可持续发展。

基于上述背景和逻辑，针对我国企业社会责任现状，本书从供给侧结构性改革视角来探讨企业社会责任的理论、实践和实务具有重要的理论意义和现实意义。

第二节　基本思路和研究方法

一　基本思路

本书遵循从企业社会责任理论到企业社会责任实践，再到企业社会责任实务的研究路径；从企业一般社会责任到企业特殊社会责任；从什么是企业社会责任，为什么承担社会责任，到对谁承担责任和承担什么样的责任，用什么样的国际标准衡量企业社会责任，企业如何通过内外管理承担社会责任，以及如何有效披露企业社会责任绩效的线索和逻辑进行阐述和研究。

第一，从历史角度对企业社会责任的产生与发展进行简单梳理，并界定企业社会责任的含义和本质，使读者从总体上了解企业社会责任的前世今生及其基本含义。第二，探讨企业社会责任的依据，包括理论依据和实践依据，回答企业为什么承担社会责任。第三，在分析企业社会责任依据的前提下，以相关利益者理论为基础，分析企业社会责任的具体内容，回答企业为谁承担社会责任、承担什么样的责任。第四，从企业社会责任运动对我国的影响，我国实施企业社会责任的必要性和意义，我国企业社会责任的演化、现状和原因，我国企业社会责任的未来展望等方面探讨我国的企业社会责任。第五，简单介绍最具影响力的两种企业社会责任国际标准，即 SA 8000 标准和 ISO 26000 标准，分别探讨其对我国的影响和应对之策，并以企业社会责任国际标准为依据，结合我国实际，对企业进行具体指导，也就是回答企业如何履行社会责任。第六，企业社会责任的核心，是在企业的日常经营活动中处理好企业与各类利益相关者的关系，实现企业利益和社会利益的平衡。基于这种考量，本书分别从企业的内部社会责任管理和企业外部的供应链社会责任管理出发，研究和探讨企业社会责任融入组织的途径。第七，介绍和分析企业社会责任报告的编写、审核及发布，为企业有效呈现与披露其社会责任绩效提供具体帮助。

二　研究方法

本书的研究综合运用了唯物辩证法、规范分析、实证分析、比较分析和案例分析等多种分析方法。

（一）唯物辩证法

唯物辩证法在本书的运用，主要体现在用联系的观点、发展的观点，以及矛盾的观点等分析企业社会责任的产生、发展及其对我国的影响。

（二）规范分析方法

企业为什么应该承担盈利之外的社会责任是基本的价值判断，也是本书分析和探讨的重点之一。规范分析主要回答"应该怎样"，因此，规范分析是本书研究采用的重点分析方法。比如，对企业社会责任依据的分析，尤其是对其理论依据的分析。

（三）实证分析方法

实证分析是超越一切价值判断，客观地回答"是什么"，它可以部分地验证规范分析的有效性，因而也是本书采用的重要分析方法。比如，采用该方法可以有效地分析承担社会责任与否，承担程度如何，对我国不同类型、不同性质的企业产生的效果和影响。

（四）比较分析方法

为了对比分析对象的共性和个性，本书采用了比较分析方法。比如，分析企业社会责任在不同历史时期、不同国别和地区的共同特点和差异性采用了该分析方法。

（五）案例分析方法

企业社会责任研究既有理论性，但更重要的是其实践性，中外大量的典型案例可以从正反两方面说明企业承担社会责任的利与弊。比如，为说明企业违背社会道德造成的社会危害和自身损失，本书使用了反面案例，如李维斯和耐克的"血汗工厂"、中国"三鹿"劣质奶粉和紫金矿业环境污染等案例。正面的案例，比如，本田油电混合动力车案例、中国纺织工业协会社会责任标准案例等。

第三节　主要内容和研究框架

全书共八章内容，其中，第一章至第四章主要为理论部分，第五章至第八章主要为实践和实务部分。具体内容和结构安排如下：

第一章"企业社会责任的产生与发展"，是从历史演化角度，简述企业社会责任产生与发展的历程，界定了企业社会责任的内涵和本质。本章内容不仅回答了什么是企业社会责任，也有利于读者对企业社会责任有一个整体的把握和理解。

第二章"企业社会责任的依据"，主要从利益相关者、社会契约、企业伦理、企业公民等理论角度，分析和研究企业社会责任的理论依据；从市场经济、可持续发展、经济全球化等实践角度，分析和研究企业社会责任的实践依据。本章内容主要回答企业为什么要承担社会责任。

第三章"企业社会责任的基本内容"，主要以利益相关者理论为依据，结合我国现实，分别从社会责任的内容、意义、改进建议等角度，探讨企业对员工、消费者、环境等各个利益相关者应履行的社会责任。本章内容主要回答企业对谁负社会责任，以及分别应承担什么样的社会责任。

第四章"我国的企业社会责任"，是从中国企业社会责任的产生与发展的背景、成就、问题、解决之道、未来展望等角度探讨我国的企业社会责任。

第五章"企业社会责任国际标准及指导"，是从多种企业社会责任国际标准中选出比较流行和权威的 SA 8000 标准及 ISO 26000 标准进行简单介绍，研究其对我国企业的影响，并提出解决之策。本章内容主要回答如何衡量企业社会责任。

第六章"企业社会责任管理（一）"，侧重于从企业内部管理视角，通过提高企业社会责任意识、制定企业社会责任战略、完善企业社会责任机制、构建企业社会责任文化等途径，使企业社会责任融入企业经营管理之中。本章内容主要回答企业自身如何承担社会责任。

第七章"企业社会责任管理（二）"，侧重于从企业外部视角，即从供应链相关企业社会责任管理，企业社会责任信息披露管理，政府、社会组织以及行业协会在推动企业社会责任管理中的作用等角度，分析企业在履行自身社会责任的前提下，如何通过管理推动相关企业承担社会责任，以及如何与外部利益相关者进行沟通和互动，以实现企业经济利益和社会利益的平衡，推动企业和社会的可持续发展。

第八章"企业社会责任报告"，主要从企业社会责任报告的类型、编制、审验和发布等方面，探讨如何有效地披露企业社会责任绩效。

第一章 企业社会责任的产生与发展

第一节 企业社会责任在实践中的历史变迁

一 企业社会责任的产生

现代企业社会责任的产生与发展大体经历了以下几个阶段。

（一）企业社会责任的萌芽

早在 19 世纪之前，以商人社会责任为主要形式的企业社会责任就已长期存在，但现代意义上的企业社会责任，其萌芽则出现在 19 世纪末至 20 世纪初。

现代企业社会责任的萌芽之所以产生，其主要原因在于：一是这一时期，企业的经济实力及社会影响力日益增强。19 世纪末 20 世纪初，世界经济中心逐步由欧洲转向以美国为核心的美洲新大陆，同时也是现代企业制度得以形成和不断完善发展的时期。在这一时期，企业日益积累起巨大的财富、经济、政治与文化影响力。根据伯利和米恩斯的统计与估算，在 1930 年初的美国，包括 106 家制造业公司、42 家铁路公司和 52 家公用事业公司在内的 200 家最大的非金融公司，其各自所拥有的资产至少在 9000 万美元。这些公司所控制的资产总额高达 810.74 亿美元，占当时美国所有公司财富总量的 49.2%，占美国当年商业财富总额的 38%，占美国国民财富总额的 22%。不断增强的企业经济实力，一方面，为企业承担社会责任提供了基本的经济条件；另一方面，也使公众对企业的期望值发生了根本变化，普遍认为企业应承担起与其社会地位和影响力相匹配的社会责任与义务。二是这一时期的社会矛盾也出现前所未有的激化。其一，贫富差距进一步拉大。美国85%的财富为1%的家庭所有，而85%的家庭只占有13%的财富。一个鲜明的对比是：1900年，作为"钢铁大王"的安德鲁·卡内基，其年收入高达2300万美元，而一个普通工人年收入只有500美元，二者之间存在巨大的收入和财富鸿沟。其二，生产领域和销售领域的垄断逐渐代替竞争，中小企业或破产或被吞并，消费者被盘剥、被奴役。其三，生态环境恶化。近似疯狂的砍伐使美国森林面积锐减，由内战前的8亿英亩减至1901年的不足2亿英亩，生态环境破坏严重。其四，贫困化严重。这一时期，一方面是财富的积累；另一方面则是贫困的积累。据著名社会活动家罗伯特·亨特估计，世纪之交的美国，长期处于贫困状态的至少有1000万人。与此同时，工人和消费者的独立意识以及权利意识不断增强，组织化程度不断提高。许多国家的企业成立了工会并积极开展活动，争取和维护自身的权益。如美国第一个全国性工人组织——全国劳工同盟于1866年8月20日在巴尔的摩宣布成立；1877年的美国铁路工人大罢工，对企业主随意降低工人工资的行为提出强烈抗议和抵制；1886年5月1日，几乎所有的美国重要工业城市都举行了罢工。"五一"大罢工标志着工人运动开始进入了有准备、有组织的自觉阶段。此外，随着生产和消费的日益复杂化，面对日益强大的企业，单个消费者越来越难以承担起保护自身利益的任务。于是发达国家的消费者逐步组织起来，以集体行动的形式迫使企业承担起社会责任。消费者运动的发祥地源自美国。1891年，美国成立了世界上第一个旨在保护消费者权益的组织——纽约消费者协会。工人运动和消费者运动的兴起和不断发展壮大，促使企业主必须对原有的利益分配格局做出调整，更加关注其他利益相关者的利益。

正是在上述背景下，为了缓和尖锐的劳资矛盾，减轻企业给社会带来的负面影响，一些具有虔诚的宗教信仰和深受商人道德影响的企业家，或富有远见的企业家开始采取行动，逐步尝试关注社会弱势群体和社会公共利益，积极改善企业与社会的关系。早在 1831 年，美国银行和船业大亨斯蒂芬·杰拉德就开始捐赠公益事业；美国金融家乔治·菲布迪于 19 世纪 50 年代曾捐赠大量资金资助教育和无家可归者；美国"钢铁大王"安德鲁·卡内基于 19 世纪末捐赠巨款，修建了公共图书馆和音乐厅；20 世纪初期，美国"石油大王"洛克菲勒本着"改善全人类生活"的理念，捐赠大量资金，安德鲁·卡内基进一步捐赠大量资金对社会公益事业进行了大力资助等。据《纽约先驱报》统计，洛克菲勒一生共捐献了 5.5 亿美元，并设立了洛克菲勒基金。卡内基在其有生之年共捐献了 3.5 亿美元，创建了总计 2811 个公共图书馆。

现在看来，这些企业家的社会责任活动还不是严格意义上的企业社会责任行为，他们的善举在本质上更多的是个人的社会责任行为。尽管如此，这些企业家的社会责任活动对后来的企业社会责任实践产生了重要的影响和示范作用，因而可视为企业社会责任的萌芽形态。因为当时的社会还没有针对失业者、老年人、贫困者等弱势群体的社会保障体系和社会救助制度，这种处于萌芽形态的、以私人捐助呈现的企业社会责任活动，对于缓和社会矛盾，特别是对弱势群体的生存和健康尤为重要。事实上，当富裕的企业家主动以捐助的方式帮助其他人和社会时，他们实际上是无意中接受和承担了商人或企业家所应该承担的一般性社会责任。

但这一时期的企业社会责任活动还仅仅局限于企业家个人的社会责任行为，作为市场主体和雇主的企业，还没有成为社会责任的主体，其承担社会责任的积极性非常低。主要有三个方面的原因：一是受亚当·斯密自由放任的经济理论和社会达尔文主义的影响，人们认为，企业的社会责任，就是通过提供社会需要的产品为股东赚钱，除此之外没有必要做其他考虑。如果企业进行慈善捐款，资助弱者，就违背了"适者生存"的自然法则，只会降低人类的适应能力；二是受当时法律制度的制约。当时的法律制度对企业管理者如何使用公司的资金方面有明确和严格的规定，认为企业没有权力去做其业务范围之外的事，否则，就是"过度活跃"。股东有权起诉一个超出职责范围、处于"过度活跃"状态的企业。由此可见，在19世纪末至20世纪初这一时期，企业对承担社会责任是持消极态度的。

（二）现代企业社会责任的产生

现代企业社会责任产生于20世纪30—70年代。伴随着美国现代企业制度的基本确立，企业规模迅速膨胀和扩大，企业在社会、经济等多个方面的影响力日益增强。与此同时，代表资源全球配置的经济全球化逐渐发展，具有巨大社会和经济影响力的跨国公司渐渐成为经济社会中的主要角色。企业，尤其是跨国公司的能力越来越大，以至于其行为可能会影响到一个国家或地区包括政治、经济、文化等方方面面，甚至影响社会的基本稳定。企业规模不断扩大和企业社会经济影响力日益增强，主要从两方面对企业社会责任产生重要影响：其一，由于这一时期，美国针对失业者、老年人、贫困者等弱势群体的社会保障体系和社会救助制度还没有建立，而社会的贫富分化和对立却日趋严重。在此背景下，公司能力和影响力的扩大使社会公众对企业承担职能的预期发生变化，原来无论是企业，还是社会公众，都认为追求利润最大化是企业天经地义且唯一的目标。如今社会公众则认为，掌握巨大社会经济资源、拥有巨大影响力的企业在追求利润的同时，应承担与其巨大社会经济影响力相匹配的社会责任；其二，随着企业规模不断扩大，由企业自身生产经营活动带来的社会问题越来越多，包括产品质量、工伤、职业病、严重的环境污染等。对上述问题，企业不愿正视和处理，政府又无力解决，于是，一些民间组织开始诞生。比如自发的环保组织通过多种途径向企业施压，要求其承担环境保护的责任。迫于压力，一些国家也制定了相应法律，强制要求企业在经营过程中考虑环保问题，并通过支付如排污费等额外费用等来治理环境，将企业外部成本内部化。与此同时，维护劳动者自身权益、反抗企业盘剥的劳工运动此起彼伏。因此，为了缓和来自各方面的社会矛盾，企业不得不重视和处理这些问题。

20 世纪 30 年代以前的一段时期，一些国家不但没有采取措施敦促企业履行有关社会责任，相反，其传统的法律法规还成为企业社会责任的障碍。比如美国，其法律体系中有所谓的"越权原则"，规定企业的一切经营决策和行为必须严格控制在公司章程所规定的范围之内，否则就是触犯了"越权原则"。法律法规的这种消极态度极大地阻碍了企业社会责任。直到 20 世纪 30 年代，"越权原则"才逐渐被突破，法律体系对待企业社会责任的态度也由消极转为积极，并开始鼓励企业承担社会责任。无疑，这对推动企业承担社会责任十分关键。

不同于以往企业家和商人的社会责任，这一时期的企业社会责任发生了很大的变化，主要表现在以下几个方面：首先，承担社会责任的行为主体逐渐由企业代替企业家和商人。尤其是 20 世纪 40 年代，一些企业开始组建各种基金，如企业基金、社区基金等，以此来救助更多的弱势群体。企业还通过建立学校、图书馆、教堂，直接为居无定所者和无家可归者修建房屋，参加红十字会甚至政府项目等多种形式履行社会责任。其次，企业社会责任的关注对象也由外部扩展到企业内部，在为社会弱势群体提供帮助的同时开始关心企业员工权益。比如通过提高员工的工资福利、员工持股计划、缩短工时、改善员工工作环境、制订养老计划等方式承担员工社会责任。最后，政府以制定法律法规的形式强制企业承担对社会、环境的社会责任，一些非政府组织也在以制定标准规则等形式监督企业履行社会责任。比如，1956 年，日本就制定了《经营管理人员的社会性责任的觉醒和实践》，美国也于 1971 年推出了《企业的社会责任》报告。这些政策明确规定企业应该承担的企业社会责任或为其承担社会责任提供了方向。

总之，这一时期，在民间、政府和学界（学术界在这一时期对企业社会责任问题开展了热烈讨论，形成了一些有价值的观点，关于这部分内容将在下一节专门介绍）的共同推动下，现代意义上的企业社会责任开始形成。

二 企业社会责任的发展

（一）企业社会责任的发展与完善

进入 20 世纪 70 年代，企业社会责任发展迅速，并进一步完善。主要表现在以下方面：

1. 企业社会责任范围进一步扩大

企业社会责任的关注范围由原来的修建学校、图书馆、教堂，建造房屋，维护公共健康，保护资源和环境等事项，逐渐到关注包括战争、宗教问题、暴力犯罪、传染病防治等更为广泛的社会议题。与消费者、员工的权益保护等社会问题，以及环境保护问题有所不同，传染病、战争等并不是由企业经营直接引起的，但这些问题的存在却负面地影响了企业的生存和发展，因而也进入了企业承担社会责任的范围。

2. 大量强制性专项法律逐步成为推动企业承担特定社会责任的主导性力量

伴随企业规模的扩张和经营范围的扩大，企业对社会和环境的负面影响越来越大，与利益相关者的矛盾冲突加剧，关系全面恶化。在此背景下，劳工组织、消费者组织、环境保护组织等非政府组织，从不同角度给企业施压，要求其关注劳工福利与安全健康，强化对消费者的权益保护以及生态环境保护等。社会及环境问题日益严重，20 世纪 60—70 年代，《寂静的春天》和《增长的极限》两本书籍的出版引起社会大众对环境问题的广泛关注，各种利益集团推动的企业社会责任运动日趋活跃，于是，20 世纪 60—80 年代，出于对上述问题的回应，政府出台了一些强制性的专项法律，比如，美国于 1969 年颁布的《国家环境政策法案》，1970 年颁布的《清洁空气法案》和《美国环境教育法》，1972 年颁布的《海岸带管理法》，1976 年颁布的《有毒物质控制法》，英国政府于 1974 年颁布的《污染控制法》等，标志着环境政策与立法进入一个崭新的阶段，使企业承担环境社会责任由倡导和鼓励转变为强制性的法律义务。

3. 企业承担社会责任的模式发生变化

20 世纪 60—80 年代，以美国为代表的西方社会，各种社会问题涌现，社会矛盾集中爆发，企业与利益相关者之间出现了尖锐的利益冲突。长期推行凯恩斯宏观刺激政策，加之石油危机，又导致经济出现严重的"滞胀"。为走出"滞胀"，美国的里根政府和英国的撒切尔政府纷纷由需求管理为主转向供给管理为主。与英国的私有化运动不同，美国开始实施大规模减税和以削减联邦政府支出，尤其是社会福利支出的"经济复兴计划"。社会得到的政府资金日趋萎缩，于是，社会大众和非政府组织对企业增加慈善资金的期望值提升。此时的企业面临着前所未有的压力，一方面，是社会公众对其承担更多更广泛社会责任的期望；另一方面，激烈的市场竞争和"滞胀"的宏观经济环境导致其盈利水平下降。为解决这一尖锐矛盾，美国企业逐步尝试寻找一种能够兼容社会责任与商业利益的社会责任模式，越来越多的企业由最初排斥或被动地承担社会责任逐步向积极主动与策略性地承担社会责任转变。企业社会责任的这种新模式具有鲜明的"双赢"特征，20世纪80年代中后期逐步发展演变为西方企业社会责任的主导模式。

4. "恶意收购"对利益相关者造成巨大伤害

20世纪80年代末，美国的供给管理一方面大幅度削减了企业税收；另一方面也放松了对企业的管制。这一宏观政策在迎来经济短暂繁荣的同时，也导致了企业为获取暴利而进行的大规模"恶意收购"。所谓"恶意收购"是指未经被收购公司董事会允许，收购公司通过出高价购买被收购公司股票，然后进行公司重组，改变公司经营计划，解雇大量公司员工的行为。"恶意收购"是弃员工、债权人、社区等其他利益相关者的利益于不顾，股东利益至上的极端反映。正是由于被收购公司的股东不顾其他利益相关者的损失，愿意高价（收购者给出的股票价格一般比原股票价格高50%，甚至1倍以上）同意将股票卖给收购者，恶意收购者计划才得以成功。"恶意收购"使被收购公司股东在80年代大发其财的同时，使社会为此付出了沉重的代价。在此背景下，"恶意收购"行为受到社会大众、非政府组织和政府的强烈指责和反对，传统的股东利益至上原则也遭到严重质疑。于是，美国的各州开始推出新的公司法，新公司法明确要求公司不能仅仅对股东负责，而是对包括股东在内的所有利益相关方负责。新公司法突破了旧公司法股东至上的基本原则，将承担社会责任确定为企业基本的法律义务之一，为企业履行社会责任奠定了基本的法律制度基础。

（二）企业社会责任的国际化

进入 20 世纪 80 年代后，跨国公司在快速发展的经济全球化进程中逐渐成为主角，其跨国经营带来的劳工权益受损、资源枯竭、生态环境恶化等社会问题随之蔓延全球。与此同时，企业社会责任运动也跨越发达国家国界，逐步在全球范围内兴起，从而推动了企业社会责任的国际化。

20 世纪 90 年代后，美国劳工及人权组织在成衣业和制鞋业发起了声势浩大的反"血汗工厂"运动。所谓"血汗工厂"（sweatshop），是指主要通过压低工资、拖欠工资、强迫劳动或无偿超强度劳动、虐待劳工、雇用童工、工作环境极度恶劣导致工人工伤和职业病多发等途径获取利润的工厂制度。"血汗工厂"发生频率最高的是劳动密集型的成衣业和制鞋业，这引起劳工组织和人权组织的关注和同情，于是首先在这两个行业发起了反"血汗工厂"运动。一些公司如美国的 Levis（李维斯）公司、Nike（耐克）公司等在中美洲、东南亚、南亚等大量雇用童工、虐待员工的行为经媒体曝光激起了社会公愤，受到了社会公众的强烈指责。反"血汗工厂"运动在消费者的支持和配合下，还引发了消费者运动。消费者运用自身的"货币选票"开始抵制来自"血汗工厂"的产品。与此同时，社会组织要求企业，尤其是经济社会影响力大的跨国公司必须在其供应链或代工厂承担起保护劳工权益、减少环境破坏的社会责任。企业社会责任运动在全球的兴起，使承担社会责任不利的大公司付出了沉重的商业代价。1998 年，菲尔·奈特（Phil Knight）作为耐克公司创始人兼 CEO 不得不承认："耐克产品已经成为血汗工资、强迫加班和滥施淫威的代名词。"反血汗工厂行动也促使跨国公司认识到，公司要想获得持续发展仅仅依靠知名度和价格竞争还远远不够，还必须通过承担相应的社会责任，才能在公众心目中树立良好的社会形象和品牌形象。为了挽回和维护自身的商业形象，李维斯和耐克等跨国公司开始制定了自己生产守则（社会责任守则），以此更好地承担企业社会责任。沃玛特、迪士尼、锐步等行业巨头面对激烈的市场竞争也都相继建立了自己的生产守则。与此同时，地区性、行业性、全国性乃至国际性的组织也在纷纷建立各自的社会责任守则。1976 年，经济合作与发展组织制定了《跨国公司准则》，34 个国家政府签署了这一行为准则，使其在全球得以推广。

进入 21 世纪，在一些发达国家，开始由政府出面制定旨在推动企业社会责任的政策和规划。比如，2000 年英国政府设立了专门负责企业社会责任审计事务的企业社会责任部长。欧洲各国要求企业从 2002 年起每年必须发布企业社会责任报告。许多企业开始主动在年度报告中披露企业履行社会责任的信息。美国政府于 2003 年也制订了加强企业社会责任感的政策计划，对不承担企业社会责任的企业，美国参议院设立的新的会计规则委员会对其进行严厉制裁。许多国际组织和地区组织也加入了这一运动。

这一时期，不同组织制定的企业社会责任准则或标准在推动企业社会责任国际化过程中发挥了重要作用：一是在国际消费者组织和劳工组织等各种民间力量推动下跨国公司根据自身特点制定的内部守则，最具有代表性是李维斯、耐克、阿迪达斯、沃尔玛、锐步、迪士尼等跨国公司的内部生产守则；二是旨在约束企业履行社会责任、由各类非政府组织制定的企业外部生产守则。如，1990 年成立于荷兰、旨在改善成衣、鞋类与运动服装业的工作条件的洁净衣服组织（CCC）及其于 1998 年建立的劳动行为规范。1997 年美国的社会责任国际（SAI）制定的社会责任标准，即 SA 8000，以及"公平劳工协会"（FLA）制定的工作场所行为准则。英国的道德贸易行动（ETI）制定的道德贸易守则。国际标准化组织于 2010 年发布的 ISO 26000 社会责任指南等；三是政府间组织制定的企业行为标准，如 1998 年 6 月，国际劳工组织通过的《国际劳工组织关于工作中的基本原则和权利宣言》，联合国于 2000 年全面启动的"全球契约"计划等。正是上述力量的共同推动下，企业社会责任运动得以在全球范围内兴起和迅速发展。根据经合组织（OECD）的统计，截至 2000 年，全球共有 246 个社会责任守则，其中跨国公司制定了 118 个，其余是由多边组织或商贸协会或国际机构制定的。这些社会责任守则主要分布于美国、英国、德国、加拿大、澳大利亚等发达国家。

第二节 企业社会责任理论的起源与演化

一 传统商人的社会责任思想

发端于现代西方社会的企业社会责任思想，其产生渊源可上溯至古希腊。作为现代西方文明的开源，古希腊文明对现代西方社会乃至对整个世界都产生了深远的影响。公元前 8 世纪至公元前 4 世纪的希腊，经济繁荣、政治开明、文化昌盛，是古希腊文明的巅峰时期。而开启并推动这一灿烂文明的重要原因之一是古希腊的城邦制度。这一时期，因为制度、经济、宗教、语言、文化等相近，在希腊形成了 100 多个城邦。城邦包括城市和乡村两部分。城邦所有居民可分为三个等级：第一等级是拥有政治权利的城邦居民，即公民；第二等级是缺乏政治权利的自由人；第三等级是遭受盘剥的奴隶。尽管当时的希腊，其海洋贸易比较发达，商业活动比较频繁，但商人的社会地位却非常低，甚至不如奴隶。原因是古希腊城邦制度的根基是以小农经济为特征的封闭的自然经济，因此，从宗教到政治、从社会上层到学术界都有重农抑商的思想。包括柏拉图、亚里士多德、色诺芬等希腊先知和经济学家都极端轻视商业，认为商业不能创造财富，只会损人利己，不是高尚的人应该从事的职业。不仅如此，他们认为商业的唯利是图还容易造成社会的道德败坏和贫富分化，从而瓦解城邦制小国寡民的自然经济根基。"禁止所有自由人从事追求财富的职业，并规定他们唯一的职责在于保护城邦的自由。"之后的古罗马文明也一度鄙视商业和商人，其著名思想家西塞罗认为，商业动机只有出于服务社会而不是以赚钱为目的才是正当的，把商业盈利用于建造教堂、修建城墙，水道、港口等公共设施则是实现商业正当性的渠道和途径。卑贱的社会地位、强大的社会压力，使当时的商人不得不承担社会强加于他们的社会责任，以获取其生存的合法性。

16 世纪路德宗教改革之后，西方出现了新的商业伦理。新教伦理认为，顺应上帝的旨意是人类的天职。尽天职的途径是创造更多的财富，生产创造财富不仅不是罪恶，而且是光荣的，是荣耀上帝的途径。既然为上帝而创造财富，就必须做到勤俭节约、诚实守信、乐善好施。也就是提倡利用自身的智慧创造财富但不肆意挥霍财富。这与之前的古希腊时期，尤其是古风时期，直接鄙视商业和商人赚钱的态度不同，文艺复兴后的新教商业伦理不再歧视商业盈利行为，而是鼓励赚钱和行善的高度统一，从而极大地提高了商人的盈利能力，也激发了他们进行社会慈善的积极性，这对企业社会责任的出现产生了积极影响。

二　近代的企业社会责任观

近现代以来，社会生产力获得前所未有的发展。这主要得益于工业革命的产生、发展，以及现代经济组织——企业的完善和发展。18 世纪 60 年代起，在现代科学技术的推动下，机器大工业逐渐代替工厂手工业，人类逐渐从农业文明走向了崭新的工业文明。伴随工业文明的发展，分工越来越发达，在激烈的市场竞争下，为了降低交易成本和提高效率，追逐更丰厚的利润，社会分工逐渐转化为企业内部的分工，于是现代企业作为与工业文明相匹配的经济组织逐渐出现和完善，并在欧美国家的经济社会中占据主导地位。这为企业社会责任的出现，并逐渐代替商人社会责任奠定了组织基础。

但是相对于后期的商人社会责任，这时的企业社会责任极其消极。机器大工业使生产效率大幅度提高，创造的社会财富急剧增加。这一时期，阻碍商人赚钱正当性的宗教及其他传统思想禁锢彻底消失；相反，追逐股东利益最大化成为企业堂而皇之、正大光明的目标，即经济责任成为企业唯一的社会责任。究其理论渊源，这种消极的企业社会责任观主要来自以下两个方面的原因：一是亚当·斯密的自由放任的古典经济思想。1776 年，亚当·斯密所著、标志着现代西方主流经济学开山之作的《国民财富的性质和原因的研究》出版。其主要观点之一是对人性的"经济人"假设，认为每个人都是理性的、以追逐个人利益最大化的经济主体。个人在一心一意追逐个人利益时，并没有想到照顾他人和社会利益。但在"看不见的手"的支配下，每个人在追求自身利益的同时客观上会促进社会利益的最大化，即主观为自己，客观为别人。此时的政府只需做个"守夜人"，通过制定法律以维护公平竞争，建立军队以防上外敌入侵、保护国家安全。亚当·斯密的自由放任经济思想备受当时的企业家和经营者推崇，成为他们不顾一切追求经济利润和财富最大化的最好理论注脚，当然为企业推脱社会责任提供了强有力的理论支持。于是，利润最大化成为企业至高无上的唯一原则。至于社会慈善、帮助弱势群体和社区等事宜对企业来说，则没有任何责任可言。既是企业通过自由支配自己的财富承担这些责任，也是出于怜悯之心的施舍，但绝对不是企业分内的责任。二是社会达尔文主义。作为社会文化进化论，盛行于19世纪的社会达尔文主义把生物学领域的进化论简单移植到社会领域，认为"物竞天择，适者生存"的进化论同样适用于人类社会，因为与生物社会一样，人类社会也是有机体。社会达尔文主义主张人与人之间通过弱肉强食、优胜劣汰的残酷竞争来保证人类社会的自然进化。英国哲学家斯宾塞是社会达尔文主义的代表人物，他极力主张对穷人、疾病者、寡妇、孤儿等弱势群体不能给予社会救助，因为他们本身是社会竞争的失败者，按照进化论的观点，让其自生自灭是维护社会进化的自然选择，也是对他们的最高仁慈。社会达尔文主义将照耀在资本主义社会上的"温情脉脉的面纱"彻底揭掉，使赤裸裸、不择手段地追求财富成功成为社会风尚。社会达尔文主义与自由放任的经济思想相得益彰，使文艺复兴后的积极的商人社会责任逐渐隐退，代之而起的是消极的企业社会责任。同时，当时的国家法律也不利于企业履行经济利益之外的社会责任，如法律明确规定，企业管理者无权使用企业资金承担法律规定之外的任何事宜，否则就可能因越权的"过度活跃"而遭到股东起诉。

三　现代企业社会责任观的形成与发展

（一）现代企业社会责任观萌芽于 20 世纪初

19 世纪末 20 世纪初，伴随科技的进步、生产力的发展和企业规模的继续扩大，由企业经营活动引发的社会问题，包括工伤、职业病、环境污染等越来越突出，劳资矛盾越来越尖锐。尽管这一时期利润最大化仍然是企业追求的唯一目标，但上述社会问题的严重性已经引起一些开明的、富有远见，且具有同情心和人文关怀的企业家的关注，他们也多多少少地意识到企业和社会环境的有机统一性，开始通过参与公益事业、帮助弱势群体等形式主动承担一些社会责任。

这一时期，以自由放任经济思想为支撑的股东利益至上观念，以及社会达尔文主义倡导的残酷社会竞争也受到社会的怀疑和批评。与此同时，受托人观念、利益平衡观念、社会服务观念等新思想层出不穷，这为企业承担经济责任之外的社会责任提供了有力的理论基础。第一，伴随社会分工的细化、企业规模的扩大和股权的分散，企业的所有权和经营权逐渐分离，真正现代意义上的企业出现，并不断完善和发展。两权分离使非股东的经理人在很大程度上获得了企业的实际控制权。传统委托代理理论这时也遭到质疑，企业管理者仅仅是股东的受托人，只为股东利益负责不再被认为是天经地义的行为。人们开始强调企业管理者或经理人不但要为股东负责，同时也应该满足员工、顾客以及社会的合理需要。第二，认为企业经理人应该平衡股东与相关利益集团的利益。第三，认为虽然从法律、产权角度看，企业属于某个股东或某些股东，但事实上，它是包括股东在内的社会共有物体，是社会"公器"，通过企业活动为社会服务是它的义务和使命。企业经理人可以通过企业管理对减少社会贫困、消除疾病等做出更多贡献。受托人观念、利益平衡观念、社会服务观念的传播，打破了经济自由主义及社会达尔文主义支配和影响下企业对承担社会责任的冷漠态度，一些企业开始行动起来，尝试对员工、消费者、商业伙伴等股东之外的群体或个人履行社会责任，通过捐款、资助教育、资助公共健康事业等帮助社会弱势群体。

（二）现代企业社会责任观形成于20世纪30—70年代

现代企业社会责任观之所以在这一时期形成，除了因企业生产经营活动造成的社会问题和社会矛盾愈加突出和尖锐外，学术界关于企业要不要承担社会责任、为什么要承担社会责任的探讨也起到了不可低估的作用。20世纪30—70年代。围绕企业社会责任掀起了两次大讨论，引起社会各界对企业社会责任广泛的思考、研究和关注。

第一次讨论于1931年发生在美国哥伦比亚大学教授贝利和哈佛大学教授多德之间。贝利沿袭了传统的古典经济自由主义的理论观点，认为企业是由股东出资形成的，股东是企业管理者的委托人，管理者是股东的受托人或代理人，代理人为委托人负责是法定义务，管理者除了为股东盈利服务、追求股东利益最大化外，不应该承担任何别的社会责任。针对当时的社会现实，多德从新的理论视角对贝利的传统经济观进行了强烈的批评。多德认为，企业表象上是由股东出资形成的，是独立的，但事实上它与社会之间是紧密的状态依存关系，企业的生存既离不开社会的支持，其运行也受到社会的深刻影响，这迫使企业除了股东利益外，还要为员工、消费者和社会大众的利益着想，否则就难于生存和发展。经过多轮争论，贝利部分地承认了多德的观点，认为股东之外的相关利益者对企业而言的确不容忽视。但他又指出让经理人对股东之外的相关利益者负责，因不易操作而可能流于空谈。后来许多学者加入了这场争论，他们纷纷借此表达自己的企业社会责任观点，从而极大地推动了社会对企业社会责任的思考和研究。

贝利—多德之争最后以多德观点的胜利而结束。但与最初两位学者针锋相对的观点不同，经过充分而激烈的争论，二者相互吸收了对方的观点，并以此放弃了自己原来坚持的部分观点。这个戏剧性的变化也说明两种观点都不完善，都存在缺陷。贝利坚持的股东利益至上观点，虽然有其传统理论支持，且极富逻辑性，但它最大的缺陷是忽视了支撑理论的现实实践的巨变。而多德的观点虽然具有现实针对性，但由于短时间内难于提供系统性的理论基础，从而使其观点说服力不足。

第二次争论发生在 20 世纪 50 年代末，争论的双方分别是贝利与美国法学家曼恩。这次争论可以看成贝利—多德之争的延续。但与上次争论截然不同的是，贝利此次是完全站在支持企业社会责任的立场上。他认为多德基于企业变迁和社会实践变化的事实强调企业社会责任及其管理者承担企业利益分配者的角色是正确的。曼恩则认为贝利对企业管理者为什么能够充当企业利益分配者角色论证不够，缺乏足够的说服力，并据此反对企业社会责任。这次争论使更多学者加入。

在反对企业承担社会责任的阵营中有弗里德曼、哈耶克、莱维特等经济学家。其中最著名，也是最坚决的反对者是美国经济自由主义大师，货币学派和芝加哥学派代表人物之一的米尔顿·弗里德曼（Milton Friedman）。弗里德曼认为，在自由市场经济中，企业有且只有一个社会责任，就是在法律法规许可的范围内，利用一切可用资源进行经营并获取最大利润的责任。社会责任只能是政府的事，与企业没有关联。如果企业经理人利用实际掌握的企业控制权承担了股东利益之外的社会责任，则是背弃了代理人应该承担的法律义务，甚至损害了委托人的法定利益。其结果是损害自由社会的精髓和根基，最终降低社会资源的配置效率。

鲜明地支持企业承担社会责任的有著名经济学家、诺贝尔经济学奖获得者西蒙和萨缪尔森，以及管理学大师戴维斯、德鲁克等。

西蒙认为，衡量企业效益的标准既有经济性的，也有道德性的，既有企业内部的效率标准，也有企业外部的社会价值标准。他指出，企业在提高自身效益，获取最大化的利润时，如果导致污染蔓延，就会增加社会成本，从而损害了价值原则或社会责任原则。企业承担社会责任虽然会影响效率，但却遵从了价值原则，提高了社会效益。企业的正确行为是把效率原则和价值原则尽量协调起来。

戴维斯（K. Davis）于 1960 年提出企业的"责任铁律"，认为企业的社会责任必须与其拥有的社会权力相对称，权力越大，责任越大。如果企业一味地逃避应承担的社会责任，将导致社会赋予的权力丧失。"现代管理学之父"德鲁克指出，企业承担社会责任是企业正常发展和不断进步的需要。他说："商业机构以及公共服务机构是社会赖以完成其工作的工具。它们的存在并无本身的原因，而只是要实现社会的某一特别目的和满足社会、团体或个人的某一特别需要才存在的。它们本身不是目的，只是工具……每一个机构都是社会的器官，都是为了社会而存在。至于企业亦无例外。自由的企业不能由商业上来判定其好坏，它仅能由对社会的功能来评判……要定义企业的目的和使命，只有一个中心论题，那就是顾客……满足顾客是企业的目的和使命。"① 概括地讲，支持企业承担社会责任的观点主要体

① ［美］彼得·德鲁克：《经营管理工作、责任和实践》，吴克峰等译，中兴管理顾问公司1980 年发行，第 30—55 页。

现在三个方面：一是企业的生产经营活动可能给社会造成危害，理应通过承担社会责任消除社会危害；二是企业与社会是共存关系，企业生存和发展离不开社会，因而必须承担社会责任；三是承担社会责任有利于企业获取更理想的经济效益。

总之，这一时期，在社会各界的共同努力下，企业应该承担社会责任已经得到社会的普遍认可，企业的社会责任意识明显增强。

（三）企业社会责任观的发展（20 世纪 80 年代至今）

20 世纪 70 年代以后，在基本解决了企业要不要、应该不应该承担社会责任的问题后，企业为什么要承担社会责任、应该承担什么样的社会责任、承担社会责任的客体是什么、承担社会责任与企业自身绩效的关系如何，以及如何承担社会责任等问题逐渐成为企业社会责任研究的重点。为此，对企业社会责任的研究不再满足于理论分析，为了增强研究的准确性，一些学者开始引进实证研究方法。主要集中在三个方面：

1. 企业为什么承担社会责任的理论分析

不同学科不同背景下的学者，从不同角度对企业为什么承担社会责任给予了理论解释。这些理论研究主要体现在：一是长期利益理论。认为企业承担社会责任短期内会增加企业的社会成本，降低企业的经济效率。但长期来看，承担社会责任则有利于企业总体效益的提高。二是利益相关者理论。弗里曼（Freeman）于 1984 年出版了《战略管理：利益相关者管理的分析方法》一书，明确提出了利益相关者管理理论。他认为，企业的存在与发展离不开包括管理者、普通员工、债权人、消费者、政府、社区等所有相关利益者的投入和参与，企业本身就是多种显性契约和隐性契约的联合体。因此，基于契约平等和分配公平，管理者不应只对股东利益负责，而是应对包括企业内部相关者和企业外部相关者在内的全部利益相关方负责。利益相关者理论一经提出就成为企业承担社会责任最有利的理论基础。三是企业公民理论。企业公民虽然起源于 20 世纪 50 年代，但其真正被社会广泛接受、关注和流行则是在 80 年代后期。企业公民理论认为，从法学角度看，与自然公民一样，企业也是社会公民的重要组成部分，在享有社会赋予的权利的同时承担与权利相对应的义务。除此之外，其他还有团队生产理论、战略管理理论等，这些理论也从不同角度给出了企业为什么承担社会责任的解释。

2. 企业应该为谁承担以及承担什么样的社会责任问题

对这个问题的研究，一是问题导向型思路，认为企业应该围绕解决其经营引起的问题承担社会责任；二是从企业经营所影响的群体和个体，或从影响企业经营的群体和个体出发解决社会责任承担问题，也就是企业要对各类利益相关者承担社会责任。企业承担的社会责任因不同利益相关者的要求不同而有所差异。毫无疑问，利益相关者理论作为企业社会责任理论的基础，较好地解决了企业对谁承担社会责任，承担什么样的责任，以及怎样承担责任问题，这也是利益相关者理论备受追捧的原因，尽管其本身也存在着利益相关者的界定过于宽泛，实证检验证据不足的缺陷。

3. 企业社会责任与企业绩效问题

为了从根本上解决企业承担社会责任的动力问题，一些研究者试图采用实证分析方法，尝试解决企业社会责任与企业财务绩效的关系问题。无论是企业社会责任的反对者还是其支持者，都非常关注这个问题。企业社会责任的反对者试图通过实证研究验证企业承担社会责任会增加企业运营成本，从而降低企业的竞争优势，使其在同行竞争中处于被动地位。支持者则希望从研究中证实企业承担社会责任会相应提高企业财务绩效。

总之，通过梳理和简述企业社会责任思想形成与发展的历程，使我们清晰地了解到企业社会责任思想不仅是经济社会不断发展的结果，也是经济组织自身演化，以及企业与社会相互影响的结果，更是人们对社会和企业之间关系的认识不断深化的结果。

第三节　企业社会责任的内涵与本质

一　企业社会责任的内涵

（一）企业社会责任的定义

1924 年，英国学者谢尔顿（Shelton）最早提出"企业社会责任"的概念。但此后的几十年，人们并没有使用这一概念，而是习惯性地沿用"商人的社会责任"概念，直到 20 世纪 60 年代中后期。伴随企业社会责任理论和实践的快速发展，不同时期、不同学科的研究者，从不同角度给出了多种企业社会责任的定义，其内涵和外延各有侧重、各不相同。直到今天，关于企业社会责任的定义依然没有统一，而且高度分歧（据统计关于企业社会责任的定义有 30 多种）。尽管如此，不同的定义却都包含了一个共同因素，这就是企业承担盈利之外的其他责任要求。比较典型的定义有以下两种：一种是，企业社会责任是指企业在创造利润、对股东负责的同时，还应承担起对劳工、顾客、环境、政府、社区等利益相关者的责任。其核心是保护劳工的合法权益，包括不歧视、不使用童工，不使用强迫性劳动，安全卫生的工作环境和制度等。另一种是，目前在世界上流行最广的欧盟 2001 年的官方定义（欧盟曾经 4 次为企业社会责任下定义）为：企业社会责任是指企业在自愿的基础上，将对社会和环境的关注融入其商业运作，以及企业与其利益相关方的相互关系中。另外，我国学者黎友焕在综合各种定义的基础上也给出了较为科学定义："在某特定社会发展时期，企业对其利益相关者应该承担的经济、法规、伦理、自愿性慈善以及其他相关的责任。"[①]

企业社会责任定义的不统一，显然与不同的发展阶段、理论基础及学科特点有关。就不同的学科而言，主要观点如下：

经济学视角的观点认为，企业通过自由竞争获取经济利润的同时，还应承担相应的社会责任。原因是多方面的，其中最有力的经济理论支撑是庇古的外部性理论。庇古认为，企业获得的收益与其实际成本往往是不对等的。当企业的边际净产值大于社会的边际净产值时，说明企业的经济活动产生了负外部性，把本应由企业承担的成本转嫁给社会承担。因此企业承担社会责任是其外部成本内部化的途径。

法学视角的观点认为，企业既是法人组织，也是社会公民，应与自然人公民一样，享用社会权利的同时承担对等的义务，企业的权利与义务具有同等的法律效力。

伦理学视角的观点认为，企业不仅是经济组织，同时也是道德主体。伦理学意义上的企业社会责任是指企业在经营过程中应该遵循的基本市场秩序、公序良俗的道理和准则。企业应将社会共同遵守的法则、规律变成自己的内在要求。

社会学视角的观点认为，企业是社会组织和社会公民，企业的生存和发展离不开社会大环境，承担社会责任是企业健康发展的条件，也是回馈社会的基本途径。

此外不同国家、地区、国际组织对企业社会责任的理解不

① 黎友焕：《企业社会责任研究》，博士学位论文，西北大学，2007 年，第 6—7 页。

同，给出的企业社会责任定义也不同。

综合上述各种观点，所谓企业社会责任是指企业在对股东负责的同时，也应该相应承担对包括员工、消费者、商业伙伴、环境、政府、社区等利益相关者的责任。

（二）企业社会责任的内涵

与企业社会责任的定义类似，企业社会责任的内涵也经历了一个较长时间的演化过程，使其具有丰富性、时代性和复杂性。为了避免干扰和抓住问题的关键，关于企业社会责任的内涵，这里我们不做过多的学理分析，而是直接采用比较权威的分析结果。

根据 2002 年联合国工业发展组织的一份报告（UNIDO），企业社会责任概念的发展可分为三代。第一代关注的是慈善活动。在此阶段，企业把履行社会责任作为博取社会公众好感的止痛剂。第二代是企业将社会责任整合到企业的整体商业策略之中，以期提高企业的实际收益。正是因为可以工具性地使用企业社会责任，相对于之前，企业把承担社会责任转化为一种自愿行为。第三代的概念提高了企业积极追求公共利益的要求，即企业不再把社会责任与企业自身的核心利益对立起来，而是将追求社会公益视为企业目标的有机组成部分。当前，企业正处在从第一代向第二代转型的过程中。

联合国工业发展组织报告同时列出了三代企业社会责任的内涵。其内涵可以归结为四个项目：第一项目是对责任的关注，其关心的是企业责任感的来源，因而是企业的被动反应。第二项目是商业机会，关心的是如何将企业社会责任整合到企业的商业战略。这需要企业有意识甄别不同利益相关者及其不同需求，将企业社会责任融入精心设计的商业策略，使企业行为对社会的损害最小，并重新塑造市场。第三项目是关于企业参与社会的程度，要求企业有意识地采取有益于公众福利的行为。第四项目考察企业的社会责任行为对社会的影响程度。

从责任构成来讲，企业社会责任的内涵包括责任主体和责任客体。企业是企业社会责任的主体（经济主体、法律主体和道德主体）。企业社会责任的客体是各类利益相关者，他们是企业社会责任行为的具体指向对象。企业社会责任的客体不是一成不变的，在不同时期和不同体制下，企业社会责任的对象所指不同。

由前所述的企业社会责任的概念和内涵可知，责任关系是责任主体和责任客体之间的一种双向的互动关系，企业和社会是以互为主客体的身份参与社会责任关系的。

二　企业社会责任的本质

企业社会责任是一个跨学科的概念，涉及经济学、管理学、伦理学、社会学等多个方面，所以它的本质也包括多种内涵：管理学层面的企业价值论，经济学层面的三次分配的统一论，社会学层面的和谐共生论，伦理学层面的利己主义与利他主义的协调论。比如，经济学的三次分配的统一论认为，国民收入的第一次分配是通过等价交换的市场原则实现的。第二次分配是政府通过财政手段实现的收入再分配，主要遵循公平原则，它对矫正市场失灵、保证经济的健康运行、维护社会的和平正义起着关键性作用。第二次分配中的利益相关者是政府，政府利用税收政策收缴企业税费，然后以国家财政方式，再分配给国家机器，以提供社会保障、发展社会事业和经济发展投资等。而第三次分配则是出于自愿，在道德、习惯、正义、理想的影响下，企业把部分或全部可支配收入捐助出去，目的是实现自身和公益双向发展。

就管理学的企业价值论而言，承担社会责任，不仅可以树立企业的良好社会形象，获得更广泛的社会认同，也可以更好地体现自身的文化取向和价值理念，为企业发展营造更好的社会氛围，实现可持续发展。企业社会责任的管理学本质就是倡导自身文化取向和价值观念的统一，实现可持续发展。

从总体上看，企业社会责任就是倡导企业从自身利润最大化转向企业经济效益和社会效益的协调发展，要求企业兼顾雇员、消费者、环境、政府、社区等利益相关者的共同发展。企业履行社会责任的最终目的是通过把社会事业与企业竞争战略有机结合起来，赢得发展机会或获得稀缺资源。因而，企业社会责任的实质是企业迫于外部压力（法律法规、伦理道德规范等）或出于自身盈利动机对企业股东以外的其他利益相关者所承担的责任。也可以说是，企业投入经济资源服务于社会公共利益，通过社会资源的更优配置，追求企业的经济、社会与环境的综合价值最大化，实现企业与社会的可持续发展。

本章小结

现代企业社会责任经历了萌芽、产生和发展三个阶段。19世纪末20世纪初是其萌芽时期。这一时期，企业经济实力和社会影响力日益增强，社会矛盾前所未有地激化。在此背景下，工人运动和消费者运动的兴起和不断壮大迫使一些开明的企业家开始承担社会责任，并为后来的企业社会责任实践产生了重要影响和示范效应。现代企业社会责任产生于20世纪30—70年代，现代企业制度的确立、企业规模和影响力的进一步扩大、企业经营导致的社会和环境问题越来越严重、民间组织的形成、法律态度的转变等是导致其产生的重要原因。这一时期，承担社会责任的行为主体逐渐由企业代替了企业家和商人，企业社会责任的关注对象也由外部扩展到企业内部，在为社会弱势群体提供帮助的同时，开始关心企业员工权益。进入 20 世纪 70 年代，企业社会责任迅速发展，并进一步完善，主要表现为企业社会责任由关注社会慈善扩展到战争、宗教、传染病等更大的范围，像《清洁空气法案》等大量强制性专项法律逐渐成为推动企业承担社会责任的主导性力量，企业承担社会责任的模式也由完全被动到积极主动或策略性承担社会责任转变，恶意收购给利益相关者造成极大的伤害导致美国新公司法的出台，它明确要求企业对包括股东在内的所有利益相关者负责。与此同时，经济全球化的发展、跨国公司的跨国经营，使国际非政府组织推动的企业社会责任运动逐渐国际化，而且出现了企业社会责任的国际标准。与企业社会责任实践相对应的是现代企业社会责任理论的演化，传统"股东利益至上"的企业社会责任观逐渐被质疑和取代。在基本解决了企业应该不应该承担社会责任的问题后，企业为什么要承担社会责任、为谁承担社会责任以及承担什么样的社会责任、企业承担社会责任与企业自身绩效的关系等问题逐渐成为企业社会责任理论研究的重点。企业社会责任是指企业在对股东利益负责的同时，也应该承担对包括员工、消费者、商业伙伴、环境、政府、社区等利益相关者的相应责任，其本质是通过承担企业社会责任，平衡企业利益和社会利益，实现企业和社会的可持续发展。

第二章　企业社会责任的依据

英国学者欧利文·谢尔顿于 1924 年在美国首次提出"企业社会责任"概念以来，企业社会责任运动已经在全球蓬勃兴起，且给各国的政治、经济、社会乃至文化都带来了深远的影响。为此，需要深刻分析和研究其背后的理论依据和实践依据，以期探寻企业社会责任运动的规律，回答企业为什么需要履行社会责任，在供给侧结构性改革背景下，为推动我国企业社会责任的发展提供一定的理论借鉴和现实参考。

第一节　企业社会责任的理论依据

为了说明企业承担社会责任的正当性，学者们分别从经济学、社会学、管理学、法学、政治学、伦理学等不同学科视角，分析探讨企业承担社会责任的理论依据。目前，达成共识的主要有利益相关者理论、国家干预经济理论，企业伦理理论、所有权社会化理论、企业公民理论、社会契约理论等。本节主要探讨利益相关者理论、企业伦理理论和社会契约理论。

一　利益相关者理论

20 世纪 60 年代，美国斯坦福大学的一个研究小组（主要研究社会相关群体与企业的关系），通过对英美等长期奉行外部控制型公司治理模式的观察和研究后，提出了利益相关者理论。利益相关者理论是社会学和管理学的一个交叉领域，前者在说明企业与社会关系的基础上，探讨企业对社会应该不应该承担责任、承担什么样的责任，后者在说明利益相关者与企业关系的基础上，探讨企业为什么对各类利益相关者承担责任、承担什么样的特定责任。利益相关者理论是对股东利益至上的企业收益分配理论的挑战与突破。该理论认为，任何一个公司，要想在现代市场经济环境下生存和发展，都离不开包括股东、员工、客户、商业伙伴、社区、政府、经济共同体等利益相关者的各种专用资产的投入与参与。因此，企业不仅要为股东利益负责，同时也要满足其他利益相关者的要求，维护和促进他们的利益，只有这样才能保证企业发展的可持续性。企业实践的发展、社会公众对企业期望的提高，以及现代市场经济的现实要求使利益相关者理论应运而生。

（一）利益相关者的含义

斯坦福大学的研究小组于 1963 年首次提出"利益相关者"概念。其给出的描述性定义是：对企业来说，存在这样一些利益群体，如果没有他们的支持，企业就无法生存。[①] 利益相关者概念是对传统股东概念与范畴的突破，凸显了企业这种现代经济组织的真实内涵。

利益相关者理论提出后，不同领域的研究者纷纷从不同学科视角阐释其内涵。据统计，关于利益相关者的定义有 30 多种，可谓众说纷纭，莫衷一是。比较有代表性的定义主要有：弗里曼（Freeman，R. E.）认为，利益相关者是指"能影响组

---

① 贾生华、陈宏辉：《利益相关者的界定方法述评》，《外国经济与管理》2002 年第 5 期。

织行为、决策、政策、活动或目标的个人或团体，或者是受组
织行为、决策、政策、活动或目标影响的个人或团体"。① 阿
奇·B. 卡罗尔和安·K. 巴克霍尔茨认为："利益相关者是在一
家企业中拥有一种或多种权益的个人或群体。利益相关者可能
被企业的行动、决策、政策或做法所影响，这些利益相关者同
样能够影响该企业的行动、决策、政策和做法。企业与利益相
关者之间是互动、交织影响的关系。"② 我国学者陈宏辉认为：
"利益相关者是指那些在企业中进行了一定的专用性投资，并承
担了一定的风险的个体和群体，其活动能够影响该企业目标的
实现，或者受到该企业实现其目标过程的影响。"③ 他还认为，
作为企业经营运作的直接参与者，股东、管理人员和员工是企
业的核心利益相关者，在我国当前企业中，特殊利益团体和社
区还是很难被认为是利益相关者。④

　　概括地讲，利益相关者具有如下特征：一是利益相关者与
企业存在某种显性或隐性的契约式交易关系。利益相关者都以
各自的专用性资产对企业进行了某种投入，这种专用性投入可
能是实物资本（如，股东的投入），可能是人力资本（如，管理
者与员工的投入），也可能是财务资本（如，债权人的投入）或
其他有价值的东西。同时，作为对利益相关者投入的回报，企
业必须像对股东那样，对利益相关者承担起相应的社会责任。
二是利益相关者的企业权益。与股东一样，利益相关者也是企

---

　　① Freeman R. E., *Strategic Management：A Stakeholder Approach*，Boston：Pitman，1984，p. 27.

　　② 阿奇·B. 卡罗尔、安·K. 巴克霍尔茨：《企业与社会伦理与利益相关者管理》，黄煜平等译，机械工业出版社 2004 年版。

　　③ 陈宏辉：《企业利益相关者的利益要求：理论与实证研究》，经济管理出版社 2004 年版，第 106 页。

　　④ 陈宏辉：《企业利益相关者三维分类的实证分析》，《经济研究》2004 年第 4 期。

业的资产投入主体，也应当从企业经营活动中获取相应的收益。否则，他们将通过减少或终止投入的方式给企业带来负面影响。三是利益相关者与企业之间是相互联系、相互影响的互动关系。在企业生产经营活动对利益相关者产生影响的同时，作为投入主体的利益相关者，其态度和行为必然会对企业的发展目标、发展战略、管理行为等产生影响。

（二）利益相关者理论的主要内容

根据利益相关者理论，包括股东在内的所有企业利益相关者对企业而言，或投入了一定专用资产，或分担了企业部分经营风险，或为企业的经营活动付出了一定的代价，因而都应拥有企业所有权和剩余分配权。企业在其日常经营中，在做出任何重大决策和市场行为时都应当考虑对各方利益相关者的影响，听取他们的建议和利益诉求，并对他们负责。利益相关者理论研究的主要内容有：

1. 企业与其利益相关者

根据利益相关者与企业关系的紧密度，詹姆斯·E. 波斯特（Post E. James）、安妮·T. 劳伦斯（Lawrence T. Anne）和詹姆斯·韦伯（Weber James）把利益相关者分为两个层次：一是首要层次的利益相关者。企业与首要层次的利益相关者之间的具体关系是：为社会提供优质的产品和服务是企业需要实现的首要目的。股东和债权人是企业的资金供应者；员工贡献工作技能和知识；供应商是企业原材料、能源和其他物资的提供者；产品生产出来后，要从工厂转移到销售机构，再转移到客户手中以供消费，这离不开批发商和零售商等商业伙伴。有支付意愿和支付能力的客户及消费者则是企业完成其投资回报和价值实现的必要条件。在企业的整个生产经营过程中，竞争对手如影随形。以下是企业与其首要层次利益相关者的互动关系图：

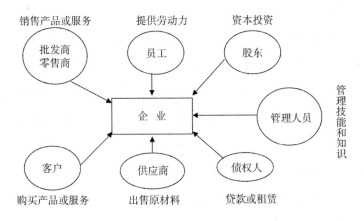

图1　企业与其首要层次的利益相关者之间的关系

　　二是次要层次的利益相关者，包括社会公众、政府、社会团体及其他人群，他们是直接或间接受企业行为影响的个人及团体，见图2。首要层次的利益相关者和次要层次的利益相关者之间在多数情况下互有交叉。①

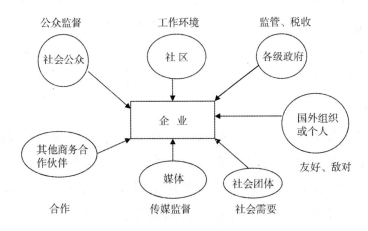

图2　企业与其次要层次的利益相关者之间的关系

---

　　① ［美］詹姆斯·E. 波斯特、安妮·T. 劳伦斯、詹姆斯·韦伯：《企业与社会：公司战略、公共政策与伦理》，张志强译，中国人民大学出版社2005年版，第15—16页。

2. 企业的投入主体

与传统主流企业理论的主张不同，利益相关者理论认为，股东不是企业的唯一投入主体和所有者，企业的股东本身也是多元的。布莱尔（Blair M. M.）认为：企业是一种法律框架，而不是简单的实物资本的总和。因此，把股东作为企业唯一的所有者是一种误会。[①] 股东的投资只是企业生产经营所需全部要素的一部分，除此之外，企业管理者、员工、商业伙伴、客户、债权人等利益相关者都做出了企业赖以成长的不同专用资产投资。因此，利益相关者理论认为，任何一个企业的发展都离不开企业所有利益相关者的投入或参与。[②]

3. 企业的治理模式

传统的企业治理结构是建立在委托代理制及其"股东利益至上"思想基础上的"股东治理"结构。利益相关者理论则认为，公司治理结构除了要求企业管理者处理好与股东的关系外，还应同时处理好与各类利益相关者之间的关系。应该通过一定的制度安排，让不同的利益相关者都参与公司治理，用"共同治理"模式取代传统企业理论治理中的"股东治理"模式，以便激励利益相关者将更多的专用性资产投入企业。

4. 企业的利益分配

企业剩余索取权与控制权的对称分布，或曰责任权利的统一，是保证企业治理结构有效率的前提。股东利益至上是传统主流企业理论的核心思想。利益相关者理论则认为，企业的经营管理活动应该考虑利益相关者的利益，以平衡企业利益和社会利益。"企业是其利益相关者相互关系的联结，它通过各种

---

① Daly, Herman E., "Globalization and Its Discontents", *Philosophy & Public Policy Quarterly*, Vol. 21, No. 2/3, Spring/Summer, 2001, p. 17.

② 梁桂全、黎友焕：《中国企业社会责任建设及面临的形势》，广东经济出版社 2004 年版。

显性契约和隐性契约来规范其利益相关者的责任和义务，并将剩余索取权与剩余控制权在契约物质资本所有者和人力资本所有者之间进行非均衡地分散对称分布，进而为其利益相关者和社会有效地创造财富。"① 企业财产是不同于股东资产的独立法人财产，它是由股东投资形成的资产、债权人的债权、企业营运过程中的财产增值与无形资产共同组成的，因而企业财富是由包括股东在内的利益相关者共同创造的。因此，在剩余索取权分配时，股东及其他利益相关者都有获取合理回报的权利。

（三）利益相关者理论与企业社会责任

现代企业是社会分工发展到一定程度而产生的经济组织，它既是为生产而引致的各要素聚集的场所，也是各要素所有者利益的集合体。

1. 维护利益相关者合法权益是企业持续发展的基础

不同于传统主流企业理论主张的"股东利益至上"，基于利益相关者理论的观点，现代企业是各类利益相关者共同投资形成的，只有维护和实现各利益相关者的合法权益才能保证利益相关方的长期合作，防止因任何一方的机会主义导致的企业解体或无法持久发展。正如马克思对劳资合作的论述："劳动力买卖双方都只顾自己，使他们连在一起并发生关系的唯一力量是他们的利己心，是他们的特殊利益，是他们的私人利益。正因为人人只顾自己，谁也不管别人，所以大家都是在事物的预定的和谐下，或者说，在全能的神的保佑下，完成着互惠互利、共同有益、全体有利的事业。"② 因此，重视各类利益相关者成

① 陈宏辉：《企业利益相关者的利益要求：理论与实证研究》，经济管理出版社2004年版，第87页。

② ［德］马克思：《资本论》，人民出版社1994年版，第199页。

员的贡献和权益，是确保所有利益相关者坚持长期共赢的合作关系和企业持久发展的基础。

2. "共同治理"模式促使企业承担更多的社会责任

伴随经济和社会的发展以及经济全球化的加快推进，社会分工越来越细，已经由最初的部门分工经过产品分工、零部件分工进入如今的工艺分工。分工的细化意味着交易愈加频繁和资源配置的全球化，也意味着企业与各类内外部利益相关者的联系更加密切。与此同时，社会也进入了合作竞争时代，由传统的股东或企业内部资源所有者独享企业剩余索取权和剩余控制权，转变为通过"共同治理"模式实现最大程度的社会共享。美国哈佛大学法学院教授多德（Dodd E. Merick）说："企业财产的运行是深受公共利益影响的，除股东利益外，企业受到外部的压力，同时承担维护其利益相关者的利益责任，企业管理者应建立对雇员、消费者和广大公民的社会责任观，公司的控制权要以实现股东利益和社会利益为目标。"①

3. 利益相关者理论有助于企业增强责任竞争力

越来越多的研究者通过定性和定量研究证实，在经济全球化背景下，企业承担社会责任不仅是社会发展的现实要求和外在压力使然，同时有利于增强企业的竞争力。"判断一个企业是否具有竞争力主要就是看它在各种利益相关者的利益之间进行平衡的能力，这一点甚至比应用新技术、控制质量以及客户满意度还要重要。"② 基于利益相关者资本主义的背景，惠勒（Wheeler）和西兰帕（Sillanpaa，1997）提出了"利益相关者企

---

① E. Merick Dodd, "For Whom Are Corporate Managers Trustees", *Havard Law Review*, Vol. 5, 1932, pp. 1145—1163.

② 盛日：《利益相关者理论与企业竞争力》，《湖南大学学报》（社会科学版）2002年第11期。

业"理论模型，他们认为："落实'利益相关者之要义'是21世纪企业发展壮大的关键。"① 我国学者权小峰、吴世农、尹洪英经过对我国上市公司的实证分析发现：如果管理层能认真对待市场中的利益相关者诉求，切实对利益相关者的利益负责，那么企业社会责任建设将成为"品牌资源"或"价值利器"。反之，如果自利性的管理层"工具性"地利用企业社会责任，将给企业带来极大的负面影响，导致企业股价的崩盘或暴跌。②

二　企业伦理理论

作为管理学与伦理学的交叉学科，企业伦理理论发端于20世纪70年代的美国。企业伦理理论在西方发达国家的盛行带来了管理思想的深刻变革。企业是不是道德主体？如果是道德主体，企业应该是利润优先还是道德优先？关于这两个问题的讨论是该理论最初研究的重点。但伴随研究的深入，其研究领域不断外延和扩展。

（一）企业伦理的含义

企业伦理（business ethics）又称为"管理伦理""经济伦理""商业伦理"或"经营伦理"，对企业经营行为的是非、善恶、好坏等进行价值判断是其基本功能和基本特征。无疑，作为价值判断，因为受主观因素和各种客观条件的限制，企业伦理概念的差异和争议在所难免。

沃尔顿（C. Walton）将企业伦理定义为："企业伦理是对判

---

① D. Wheeler and M. Sillanpaa, *The Stakeholder Corporation：A Blueprint for Maximizing Stakeholder Value*, London：Pitman Publishing, 1997.

② 权小峰、吴世农、尹洪英：《企业社会责任与股价崩盘风险："价值利器"或"自利工具"?》，《经济研究》2015 年第 11 期。

断人们行为举止是与非的伦理正义规范加以扩充，使其包含社会期望、公平竞争、广告审美、人际关系应用等因素。"① 史得迪文（Sturtevant）和弗雷德里克（Frederick）提出："企业伦理是个人在面临冲突的目标、价值观与组织角色时所作的决策。"② 甘泽（J. Gandz）认为："含有道德价值的管理决策。"③ 菲尔波茨（Phillip V. Lewis）认为："企业伦理是一种规则、标准、规范或原则，提供在某一特定情况下合乎道德要求的行为与真理的指引。"④ 德国的伦理学家施泰因曼和勒尔强调："企业伦理的目标是发展具有达成共识能力的企业战略。"⑤ 周祖城解释说："企业伦理学是研究企业道德现象的科学。'伦'是指人、群体、社会、自然之间的利益关系，包括人与他人的关系、人与群体的关系、人与社会的关系、人与自然的关系；群体与群体的关系、群体与社会的关系、群体与自然的关系；社会与社会的关系、社会与自然的关系等。'理'就是道理、规则和原则。'伦'与'理'合起来就是处理人、群体、社会、自然之间关系的行为规范。"⑥

概括而言，企业伦理是指围绕企业经营形成的伦理，是规范企业经营活动本身以及规范经营活动与各类利益相关者关系的一套价值准则。

---

① C. Walton, *The Ethics of Corporate Conduct*, Engle Wood Cliffs. N. J.: Prentice - Hall, 1997, p. 6.

② Frederick Sturtevant, "A Management Aproach", *Business and Society*, 1997, p. 75.

③ Jeffrey Gandz and Nadine Hayes, "Teaching Business Ethics", *Journal of Business Ethics*, Vol. 7, 1998, pp. 657—658.

④ Phillp V. Lewis, "Difining 'Business Ethics': Like Nailing Jello to a Wall", *Journal of Business Ethics*, Vol. 4, 1985, p. 377.

⑤ ［德］霍尔斯特·施泰因曼、阿尔伯特·勒尔：《企业伦理学基础》，李兆雄译，上海社会科学出版社 2001 年版。

⑥ 周祖城：《企业伦理学》，清华大学出版社 2005 年版，第 1 页。

（二）企业伦理的主要内容

企业伦理的主要内容可反映在微观、中观和宏观三个层面。

1. 企业伦理对微观层面的研究

微观层面的企业伦理研究主要是探讨股东、管理者、雇员、客户、商务伙伴等企业个体利益相关者之间的伦理关系问题。通过研究，在尊重各利益相关者合理利益的基础上，指导企业制定符合企业宗旨、价值观和道德伦理要求的价值准则，以规范利益相关者的个体行为。弗里曼等在《公司战略和追求伦理》一书中鲜明指出："追求卓越革命的基本伦理是对人的尊重。这是企业关心顾客、关心质量背后的根本原因，也是理解优秀企业难以置信的责任感和业绩的关键。"①

2. 企业伦理对中观层面的研究

作为现代经济组织，企业与供应商、采购商、竞争对手等其他经济性组织之间存在复杂的状态依存关系，处理好各种复杂关系以维护企业的生存和可持续发展，需要相应的企业伦理规范。威廉·H. 肖（William H. Shaw）和文森特·巴里（Vincent Barry）认为："企业通过竞争焕发活力，依靠伦理而得以生存。"②

企业伦理中观层面主要研究各种经济性组织之间的伦理关系问题。不同于股东、管理者、员工、顾客等相关利益者的个体行为，拥有独特利益目标和行为方式、扮演着不同社会角色的经济性组织具有一定的自治性。企业应如何处理与商业合作伙伴、竞争对手等经济性组织之间的关系等问题是企业伦理中

---

① R. Edward Freeman and Daniel R. Gibert Jr. , *Corporate Strategy and the Search for Ethics*, Englewood Cliffs, NJ: Prentice Hall, 1998, p. 5.

② William H. Shaw and Vincent Barry, *Moral Issues in Business*, Belmont, CA: Wadsworth, 1992, p. 41.

观层面研究的主要内容。正如霍夫曼（Hoffman Michael）和莫尔（Moore Jennifer）所说："我们应该讲究企业伦理，不是因为讲伦理能带来效益，而是因为道德要求我们在与其他人交往时采取道德的观点，企业也不例外。"[①]

3. 企业伦理对宏观层面的研究

作为市场经济的微观主体，众多企业的创立和发展直接关系和涉及社会生产力的发展和社会财富的增长、宏观经济和社会稳定的就业问题、人类活动赖以生存的环境质量问题等一系列宏观问题。处理好微观主体和宏观经济环境、社会环境和自然环境之间的关系，需要从伦理角度出发，制定和修正一系列的法律法规和规章制度，这正是企业伦理宏观层面要研究的问题。

（三）企业伦理与企业社会责任

1. 企业伦理与社会责任的目标一致

企业经营过程中的负外部性给社会和环境造成了巨大的危害，威胁到人类的生存和可持续发展。企业伦理的出发点正是为了纠正企业经营活动中的反社会行为，促使企业承担起应有的社会责任，以维持企业利益和社会利益的平衡。"经营伦理学的出发点仅在于消除因只偏重于'效率'和'竞争'的思维方式及依此进行的企业活动给人或社会带来的弊病。"[②] 因此，社会责任观和企业伦理共同的关注点是处理好企业与社会的关系问题，尽量把经济目标与社会目标相统一，实现企业利益和社会利益的统一，而不是把追求经济效益最大化作为企业的唯一目的。

---

① Michael Hoffman and Jennifer Moore, *Business Ethics: Readings and Cases in Corporate Morality*, New York: Mc – Graw – Hill, 1990, p. 13.

② ［日］水谷雅一：《经营伦理理论与实践》，经济管理出版社 1999 年版，第 32 页。

2. 企业伦理突出了以人为本的特征

针对资本主义的拜金主义和"见物不见人"的反社会现象，企业伦理认为人类社会公认的、以公平正义为核心的价值观是企业经营的前提。因此，企业伦理强调的企业社会责任自身就含有了重视人性和尊重人的思想。企业伦理尤其关注企业利益相关者的个人价值观，注重发挥企业经营活动中的伦理激励机制作用。企业伦理这种突出的人性化特征丰富和强化了企业以人为本的社会责任。高田馨作为日本经营伦理学的先驱就曾指出："经营伦理学是社会责任论不可缺少的组成部分，由此，再构成社会责任论的整体"，"其构成由于伦理学框架的支撑而得到进一步完善。"①

3. 企业伦理促进企业承担社会责任

企业伦理建立的道德行为准则与国家和政府制定的法律法规一起，作为规范企业生产经营活动的柔性行为规范与硬性行为规范，能最大程度上约束企业的经营行为，降低其负面影响，促使企业把外部成本内部化，以实现企业利益与社会利益的平衡。与此同时，企业伦理对企业而言尽管缺乏执行强制性，但它提倡的伦理理念和道德标准有利于企业的道德觉醒，从而增强企业诚实经营、规范经营的意识和自觉性。另外，相对于强制性的法律法规，良好而有效的企业伦理有利于提高宏观经济运行效率的同时，降低经济社会的运行成本。

有必要指出的是，伴随企业伦理理论的发展和企业社会责任运动的推进，20 世纪 90 年代至 21 世纪初，企业伦理理论演化为一种新的思想，即企业公民理论。企业公民理论主要是基于法学和政治学视角，把企业的经济组织角色上升为公民角色，

① ［日］高田馨：《经营者的社会责任》，千仓书房 1973 年版。

认为企业作为社会的有机组成部分和不可分割的社会元素，与自然人公民一样，都是权利与责任的统一体，在享用社会权利的同时，应承担相应的社会责任。企业享有的权利包括生产经营权、法律保护权、资源获取和使用权等，企业承担的责任包括为社会提供产品和服务、照章纳税、维护员工的合法权益、保护消费者权益、保护生态环境等。反之，如果企业不能承担相应的责任，则其享有的权利将会被剥夺。争做社会认可的良好企业公民是社会发展的需要，也是企业稳步发展的前提。可见，企业伦理是企业公民概念的道德内涵，企业公民则是分析企业伦理的另一个维度。

三　社会契约理论

契约交易是一种古已有之的普遍社会现象。但由于历史、宗教、文化等原因，契约传统在西方更为强烈。启蒙运动之后，契约思想在西方被倍加推崇，并逐渐演化为社会契约理论，成为现代西方民主制度的理论基石。20 世纪 80 年代以来，社会契约理论得到了迅速传播和普遍应用。伴随着国际企业社会责任运动的蓬勃发展，社会契约理论得以不断丰富和完善，同时也为企业社会责任运动的全球发展提供了理论基础。

（一）社会契约的含义

社会契约来源于社会交易的自然需要。科学技术的进步、工业文明的发展、社会分工的细化、企业的出现等导致了交易的复杂化，为了降低交易成本，继承与发展社会契约理论对企业和社会而言变得十分重要。

英国的政治家和哲学家霍布斯（Thomas Hobbes，1588—1679）认为："国家作为社会契约产生的前提是人在自然状态下的平等，大自然赋予人身体和精神的力量是基本平等的。人在自然状态下的平等是社会契约的前提条件。国家作为社会契约是大多数人定的，个人必须服从大众的，因为签订社会契约时，这个行为本身就隐含着它必须服从大众的意思。"① 唐纳森和邓菲（1991）作为当代社会契约理论的重要代表人物，对社会契约理论有着精辟的解释："我们社会需要以一种不同的方法来探讨企业伦理学，这种方法要揭示隐蔽的然而极其重要的协议或'契约'，它们把各种行业、公司和经济制度连接成道德的共同体……出人意料的是，我们所采用的方法，也是一种要论及压倒一切个别契约的更深层、更普遍的'契约'的方法。"② 乔治·斯蒂纳和约翰·斯蒂纳（1997）把社会契约直接看成是企业的社会契约，他们认为："如果社会不接受某个企业的活动，这个企业不是受到干预，就要进行改组。在任何一个试点上，企业和社会之间都存在一种基本的协定，被称为社会合约（social contract）。这个合约反映了企业与社会之间的各种关系，并部分地以立法和法律形式表现出来。它还基本反映了支配企业行为的习惯和价值观。"③ 罗尔斯（Rawls John）认为："契约论正义观念的本质特征是，社会的基本结构是正义观念的首要主题。这种契约论观点始终就是为这一特殊又明显极为重要的情况制定出一种正义理论为目标，而作为其结果的正义观念则对适合其他的规范和讨论领域具有某种导向性的首要意义。"④

唐纳森和邓菲（1991）认为："综合的社会契约论是'综合

---

① ［英］霍布斯：《利维坦》，黎思复、黎廷弼译，商务印书馆1985年版，第97—135页。

② ［美］唐纳森、邓菲：《有约束力的关系：对企业伦理学的一种社会契约论的研究》，赵月瑟译，上海社会科学院出版社2001年版，第5页。

③ ［美］乔治·斯蒂纳、约翰·斯蒂纳：《企业、政府与社会》，张志强、王春香译，华夏出版社2002年版，第6页。

④ John Rawls, *Political Liberalism*, New York: Columbia University Press, 1993, p. 26.

的'，意指它把社会契约的微观和宏观的形式结合在一起。'宏观的'契约指理性的人之间广泛的假设的协议，而'微观的'或'现存的'契约是指行业、公司、同业工会等组织内部或者相互之间存在的非假设的、现实的（虽然通常是非正式的）协议。综合契约论由于坚持要企业伦理学充分考虑到公司、行业和其他经济共同体内部的现存协议，就避免了通常与传统伦理学理论联系在一起的含糊不清，而由于坚持任何现存的契约都要与宏观的或者假设的契约所确立的道德限制保持一致，就避免了相对主义。"①

由此得知，社会契约是一种有关行为准则的非正式的、隐性的协议，而不是一种正式的书面合约。企业与社会之间的隐性契约就叫企业社会契约，它是约束企业及其利益相关者的行为的隐含规则和假设。

（二）社会契约理论的主要内容

企业因其经营活动而对社会的责任与承诺是企业社会契约的主要内容。企业社会契约研究的对象因企业经营活动要处理的关系的复杂性而呈现出多元化。企业社会契约分为企业内部社会契约和企业外部社会契约。见下页图3。

1. 企业内部社会契约

企业内部社会契约是指企业对股东、管理者及员工等内部利益相关者的责任和承诺。企业对内部利益相关者承诺和承担的社会责任，从内容上看，主要涉及企业盈利、劳工权益、健康安全、自由和人格尊严、机会公平、收入权益等方面的保障。企业内部社会契约的研究内容最主要涉及以下几个方面：

---

① ［美］唐纳森、邓菲：《有约束力的关系：对企业伦理学的一种社会契约论的研究》，赵月瑟译，上海社会科学院出版社2001年版，第26—28页。

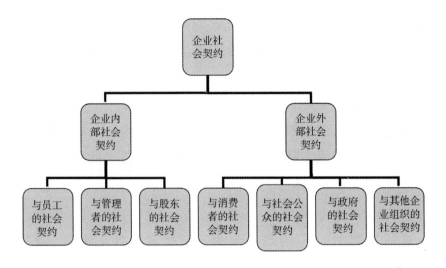

图 3 企业社会契约模型

（1）企业与员工的社会契约

主要包括：企业应依法与员工签署劳动合同，明确雇用条件，不附带任何不合理的限制性条件，更不能有包括契约劳动、抵债劳动、奴役劳动和以惩罚为恐吓手段的非自愿的强迫性劳动；为避免对健康危害的责任事故，以及降低工伤、职业病的发生率，企业应提供一个安全、健康的工作环境，并采取必要的措施，最大限度地降低工作环境中的安全隐患；企业应尊重并保证所有员工自由组建和参加工会与集体谈判的权利。企业对员工不得有国籍、宗教、种族、社会等级、性别、年龄、身体健康、性取向等歧视。在工作时间和薪酬方面，企业应该执行法规和行业标准的有关规定等。

（2）企业与管理者的社会契约

建立在企业所有权和管理权分离基础上的委托—代理制度，使企业管理者在信息不对称的情况下容易掌握企业的实际控制权。为减少管理者的机会主义，企业与管理者需要通过社会契约的形式要求管理者定期、如实披露企业经济活动的相关信息，以满足股东和利益相关者的知情权和监督权，督促管理者以对股东和企业负责任的态度管理企业的各项经济活动。

（3）企业与股东的社会契约

该契约要求股东按照委托—代理制度的约定，履行股东出资等职责、禁止股东违规干预管理者的经营活动的同时，维护股东的合理权益。

2. 企业外部社会契约

企业外部社会契约是指企业对消费者、商业伙伴、社区、政府等企业外部利益相关者的责任和承诺，涉及的责任内容主要包括对产品和服务质量、信息发布准确、诚信经营、遵纪守法等方面的保证。

（1）企业与消费者的社会契约

消费行为一旦发生就产生了企业与消费者之间的契约关系，主要包括：向消费者提供高质量、健康安全的产品和服务，是企业对消费者承担的基本责任；企业应对消费者诚实不欺、信守承诺，保证相关信息准确、透明；价格公道、无欺诈，信守公平交易原则等。

（2）企业与社会公众的社会契约

要求企业切实维护公众的基本权益，包括：企业的生产经营活动不能污染和破坏社会环境与自然环境、不能危害公众的安全与健康、不能阻碍社会的可持续发展，诚实地向社会公众发布有关生产经营的信息等。

（3）企业与政府的社会契约

要求企业在进行生产经营活动时严格遵守法律法规和政府的规章制度，并尽量按照政府制度的经济社会发展规划引导自身的生产经营活动。同时，企业要尽量承担其负外部性引起的成本，而不是把这部分本该由企业承担的成本转嫁给政府和社会。

（4）企业与其他组织的社会契约

要求企业应当公平地对待所有的商业伙伴以及其他的利益相关群体，履行对其他组织的责任和承诺，包括：按期付款、信守合同、公平交易等。理查德·A.斯皮内洛（Spinello A. Richard）就把这种企业与其他企业组织的社会契约理解为："供应商和客户之间的关系就是建立在一种默契或明契之上的，而且供应商的道德义务也牢牢地建立在这个契约上。"[①]

（三）社会契约与企业社会责任

1.社会契约增强了企业社会责任的义务

社会契约理论是企业社会责任的扩展概念，强化了企业对社会所需要承担的义务。帕尔默（E. Palmer）等人强调：企业的运作方式应该根据社会与企业之间的社会契约所约定的内容来确定，这种运作方式可能是在法律的指导下进行，也可能是企业自愿以符合社会规范与期望的方式运作。[②]帕特里夏·沃海恩（Werhane H. Patricia）和爱德华·弗里曼（Freeman R. Edward，2001）认为，社会契约一直是企业承担社会责任的依据，社会契约方法一直被用来解决商业伦理中的具体问题。[③]唐纳森和邓菲（1991）强调指出："现实的或现存的社会契约构成了企业道德规范的一个重要的源泉，当这些现实的但通常非正式的社会契约以自由而明智的一致同意为基础，并且当它们

[①]　［美］理查德·A.斯皮内洛：《世纪道德：信息技术的伦理方面》，刘钢译，中央编译出版社1999年版，第111页。

[②]　E. Palmer, "Multinational Corporation and the Social Contract", *Journal of Business Ethics*, Vol. 31, No. 3, 2001, pp. 245—258.

[③]　［英］帕特里夏·沃海恩、爱德华·弗里曼：《布莱克韦尔商业伦理学百科辞典》，刘宝成译，对外经济贸易大学出版社2002年版，第639页。

提出的规范与更广泛的伦理学理论原则相一致时，它们显然就成了强制性的。"①

2. 社会契约维护了社会公平

社会契约着眼于维护社会公平和整个社会的利益与发展，要求企业的行为必须符合社会的期望，为减少其经营活动对社会和经济的危害而承担起相应的责任。谢珀勒（Scheppele K. L.）认为："社会契约的观点为人人拥有平等的机会加入金融市场提供了依据。"② 威廉姆森（Williamson E.，1975）主张："通过企业签约和市场签约的形式，解决各个经济组织间由利己动机、有限理性或信息不对称所造成的不确定性问题，通过签约这种契约形式使企业许下诺言进而兑现诺言，从而尽到社会责任，使诸如劳工等问题得以解决。"③ "在市场经济条件下，企业的契约关系表现为一种利益相关者平等交易的关系。"④ 也是企业社会责任的重要目标之一。

3. 社会契约促进了企业社会责任运动的发展

伴随企业规模的扩大和资源配置的全球化，社会乃至整个世界与企业之间的联系更加紧密，要求企业对社会承担起比以前更多的责任。联合国秘书长在 1999 年 1 月的世界经济论坛上，曾号召全球企业的领导者"采取并参与"《全球契约》（Global Compact），该契约概括了国际化经营活动在人权、劳工，以及环境领域的 10 项基本原则条款。《全球契约》论坛第一次高级

---

① ［美］唐纳森、邓菲：《有约束力的关系：对企业伦理学的一种社会契约论的研究》，赵月瑟译，上海社会科学院出版社 2001 年版，第 26 页。

② K. L. Scheppele，"It's Just Not Right—the Ethics of Insider Trading"，*Law and Contemporary Problems*，Vol. 56，No. 3，1993，pp. 73—123.

③ ［美］奥利弗·E. 威廉姆森：《资本主义经济制度》，段毅才、王伟译，商务印书馆 2002 年版，第 418—420 页。

④ 林军：《公司控制权的经济学与社会学分析》，经济管理出版社 2005 年版，第 46 页。

别会议于 2000 年 7 月召开，50 多家著名跨国公司代表参加会议，并承诺要以《全球契约》为框架，在建立全球化市场时，尽力改善工人的工作环境和提高环保水平。《全球契约》的制定极大地促进了企业社会责任运动的发展。

第二节　企业社会责任的实践依据

企业承担社会责任的现实依据主要表现在与企业经营机制密切相关的市场机制、政府行为、全球化、企业和社会的可持续发展要求等方面。

一　市场机制与企业社会责任

200 多年前，被称为"现代经济学之父"的亚当·斯密在其《国富论》里对市场机制有过理想的描述，他认为，追求个人利益最大化的"经济人"，在市场这只"看不见的手"的支配下，能够实现社会利益的最大化和资源的最优配置。此后，对自由放任经济思想极端推崇的法国经济学家萨伊还提出了著名的"萨伊定律"，认为在没有外来干预、完全的市场机制下，"供给能够产生自己的需求"。但经济社会发展的历史实践和现实实践证明，生产过剩、经济危机等几乎就是市场经济的伴生物，其造成的周期性的经济波动给社会带来了极大的困扰。追究其根源可知，理想的市场机制的运行条件必须是"完全竞争"，但市场机制自身的缺陷之一就是无法满足"完全竞争"，需要通过市场之外的其他因素来弥补其缺陷和不足。

（一）市场机制的缺陷

经济学把市场机制自身的缺陷和不足称为"市场失灵"或"市场失效"。市场失灵导致社会资源无法实现最优配置。具体而言，市场机制的缺陷主要体现在以下几个方面：

1. 不完全竞争

完全竞争市场在理论上需要有四个前提条件：一是价格既定，是指市场上有无数个生产者和销售者，其生产和销售的产品数量相对于整个市场规模而言可以忽略不计，致使其无法影响市场价格，而只能被动接受价格；二是产品同质，即市场中的同类产品在质量、性能等方面完全是同质的，无任何差异，产品之间可以完全替代。在此情况下，生产者和销售者稍微提高产品价格，就会造成销售量的大规模下降；三是要素自由流动，即生产所需的所有要素，包括劳动力、资本、自然资源等都不受任何限制、自由地进入或退出某个生产领域与企业；四是信息充分，是指无论是生产者、销售者，还是消费者，都完全掌握影响其进行经济决策的全部信息，包括技术条件、要素供给价格、产品质量和价格、消费者的偏好等。以上假设条件过于理想化，现实的市场机制根本无法满足其严苛的要求。

2. 外部性

外部性是指市场主体的经济行为对他人和社会造成的非市场化影响，有正外部性和负外部性之分。正外部性是指经济组织或个人的经济行为对外部环境产生了正效应，即经济主体的净收益小于社会净收益，而社会不必为此付费。负外部性是指经济主体的行为给他人和社会带来了负效应，即经济主体的净收益大于社会净收益，但企业并未为此承担成本，而是转嫁给社会或他人承担。外部性和不完全竞争被美国经济学家、诺贝尔经济学获奖者萨缪尔森看作"两个最重要的市场失灵的情况"。他指出："当经济活动溢出市场以外的时候，看不见的手还可能引导经济误入歧途。以空气污染为例，当一家工厂喷出的烟雾损害当地居民的健康和财产，而该企业又不为此支付任何费用的时候，就出现溢出或者外部效果的现象。"① 经济外部性，包括正外部性和负外部性都会给经济的正常运行带来干扰，导致社会的混乱和资源配置的低效率，因此，需要市场之外的力量给予矫正。

3. 价格信号失灵

传统的自由市场经济理论认为，价格既反映供求，也反映投资者、供应商、消费者的所有偏好。因而，在市场价格的引导下，企业可以自由获取资源，并有效使用资源，生产出满足消费者需要的产品或服务，同时实现企业利润最大化。也就是说，在完美的市场价格引导下，个人偏好满足的最大化、企业利润的最大化、资源配置效率的最优化可以同时实现。但事实上，对市场价格的上述认识具有很大的局限性，价格本身也难以完成上述所有功能。正如莫里根（Mulligan M. Thomas）所说："第一，自由市场理论把人的偏好视为'既定'的，且通过价格表达出来，通过交换得到满足。这种对人的偏好的理解过于简单化，并非每个人都带着既定的、现成的偏好进入市场。对大多数人来说，市场可能只是检验其初始需要的试验场，他们指望企业能创造和提供需要。企业要有责任创造出比市场事先提出的更具体、更真实的东西，也就是说，企业不能仅仅追随偏好，满足于把偏好转化成现实。第二，自由市场理论将市场价格不仅看作是衡量经济价值的可靠尺度，而且是衡量道德价值的可靠尺度，这种看法也是错误的。即使我们假定价格有时的

---

① ［美］保罗·A. 萨缪尔森、威廉·D. 诺德豪森：《经济学》，高鸿业等译，中国发展出版社1992年版，第77—78页。

确能够反映个人的偏好，但它仍然无法说明什么是道德价值的偏好。"①

4. 公共产品

公共产品是相对于私人产品而言的，是指收益具有正外部性，消费具有非竞争性和非排他性特征的产品。消费的非竞争性和非排他性决定了任何人可以不用付费同时使用该产品，也就是说该产品具有公共性。这又决定了价格在这里是无效的，价格无法引导任何以利益最大化的私人和经济组织供给这种产品。但公共产品对一个国家经济和社会的正常运转又是必不可少的，所以只能依靠市场之外的其他力量供给。

（二）市场机制的缺陷与企业社会责任的关系

不完全竞争、外部性、价格信号失灵、公共产品等问题是市场自身的产物，自然无法通过市场机制自身来解决。这就需要市场之外的政府和社会通过制定法律法规、实行道德监督等渠道纠正市场失灵。企业社会责任本身就是矫正市场失灵的伦理道德手段。

现代市场经济环境下，企业与企业之间、企业与社会之间的联系空前密切，这意味着企业的经济活动对其他经济组织、对社会的经济影响和社会影响，包括正面影响和负面影响也前所未有地增强。市场经济是基于人性中的自利天性而设置的经济运行方式和资源配置方式，它本身就暗含着人与人、企业与企业、企业与个人、企业与社会的冲突，因而需要有来自市场之外的力量来约束"经济人"，防止其在追逐自身利益最大化的同时，损害他人和社会的权利。外部约束首先是来自国家和政

---

① Thomas M. Mulligan, "The Moral Mission of Business", *Ethical Theory and Business*, Englewood Cliffs, NJ: Prentice – Hall, 1993, pp. 65—75.

府制定的法律法规、政策等强制性手段，再者就是来自人们习惯遵守的伦理道德。企业社会责任正是这种从道德角度对市场经济进行的外部约束，它要求企业在进行生产经营活动、追逐利益最大化的同时，兼顾社会利益和环境保护，尽可能地实现企业利益和社会利益的平衡。由此可见，正是市场机制在运行中暴露的自身缺陷，如不完全竞争、外部性、价格信号失灵、公共产品等及其给经济运行和社会发展带来的困扰和危害，才逐渐出现了企业社会责任的概念，产生了企业社会责任运动。

二 政府行为与企业社会责任

为了弥补市场机制的缺陷，政府需要在行使政治职能、社会管理职能的同时，行使包括宏观经济调控、提供公共产品、维护经济秩序等在内的经济职能。但与市场失灵一样，也同样存在政府失灵或政府失效。萨缪尔森认为，政府失灵主要表现为经济效率低下和不符合道德原则的收入分配。沃尔夫则认为："看不见的手"难以达到的目标，指望通过政府这只"看得见的手"来实现更不现实。

（一）政府失效的表现

概括地讲，政府失效表现为三个方面：一是政府的预期目标难以实现；二是政府目标虽然实现，但成本过高，效率太低；三是政府目标高效率地实现，但由此造成的负效应过大。具体到政府干预行为而言，政府失效是指政府干预过度、政府干预不足和政府干预无效。所谓政府干预过度，就是政府职能"越位"，是指政府行为超出了缓解和弥补市场失灵的需要和界限，造成阻碍市场竞争、浪费社会资源的不良后果。比如，政府过多的行政审批，就是政府取代市场进行资源配置的过度干预行为。所谓干预不足就是政府职能范围内应该做的事情没有做或者没有做好。比如，基础公共设施、环境保护、基础教育、医疗、养老、社会保障等公共产品和服务供给不足；市场监管不到位造成的经济秩序混乱等。所谓政府干预无效，是指由于政府干预的方向、方式、力度、范围不当，导致干预行为失效、干预目标没有实现。比如，当供给侧出现产品结构、要素供给结构、产业结构和收入分配结构失衡，导致经济持续下降时，出于政府行为的路径依赖或判断失误，政府依然注重需求管理，忽视供给管理，从而就会造成供需结构继续错配、潜在经济增长率下降的干预无效。

（二）政府失效的原因

如果说因为不完全竞争、外部性、价格信号失灵、公共产品等因素共同导致了市场失灵，造成政府失灵的原因则主要有信息缺陷、政策时滞、公共决策的局限性、政府行为的短期性、寻租活动的危害等。

1. 信息缺陷

政府行为和政府决策有效性的前提是所需信息必须具备完整性、及时性和准确性。但事实上，由于存在以下原因，上述条件很难达到：一是不完全信息。要保证政府决策的科学性，政府需要掌握经济和社会的未来走势、不同部门的特点和要求、不同产业发展的动态演进规律，不同区域的动态平衡状况，不同社会群体的多元需求等信息，而这些信息有的瞬息万变不可掌握，有的则需要花费巨大的经济成本和时间成本去搜集以至于造成事实上的不可能。信息不足会直接影响了政府决策的可行性和科学性。二是信息不对称。所谓信息不对称是指决策双方或交易双方掌握的相关信息在数量、真实性等方面是不对称的，在这里特指政府不掌握信息，但被决策部门或决策对象掌握信息的状况。在信息不对称情形下，或者由于搜寻成本高昂或者被决策部门或决策对象出于自利考虑故意进行信息隐瞒，从而导致政府行为的低效率甚至无效率。三是信息扭曲。这里特指决策客体有意将扭曲的、不真实的信息传递给政府，造成政府决策不科学、低效、无效甚至做出有害决策。例如，在我国，一些发达省市出于"肥水不流外人田"的地方保护主义，经常通过数字造假的方式，对中央政府隐瞒经济增长、税收和财政收入增长等方面成绩，而有意夸大其困难。一些经济欠发达的地区，为了从中央获取优惠政策或财政补贴，也想方设法隐瞒成绩信息。还有的欠发达地区出于政绩和官员职务升迁的考虑，在其成绩和优势方面夸大其词，而有意隐瞒其不足和面临的困难。

2. 政策时滞

即使政府政策是科学的，但由于存在政策时滞，也会导致政府行为低效。这些时滞主要体现在：一是认识时滞。相对于市场机制，政府行为具有预见性、计划性和事前性。但也只是相对而言，由于存在信息不全面、信息不对称和信息扭曲失真等原因，使政府对其应做之事和可能发生的经济社会危机无法及时识别和预测。二是政府决策时滞。是指任何政府决策的形成都不是一蹴而就的，而是一个过程，决策时滞导致政策出台不及时，从而造成时机延误或政策无效。三是政策执行和生效时滞。政策制定后，其执行和生效需要一定的条件和时机，导致政策实施的延时。总之，无论是认识时滞、决策时滞还是执行与生效时滞都会导致政府行为失灵。

3. 公共决策的局限性

除了信息缺陷和政策时滞等客观因素外，还存在导致公共决策局限的主观因素：一是任何种类的政府都存在公共决策局限。在阿罗不可能定理作用下，民选政府无法将所有选民的个人偏好加总为社会一致的集体偏好，从而使政府行为难以满足所有人的需要。政府往往只能代表一部分人的利益，而使另一部分人受损。二是按照公共选择理论，把政府想象为超越个人利益、只代表公共利益以弥补市场缺陷的假设是不成立的。因为国家机构和政府机构的各级工作人员也都是追求个人利益最大化的"经济人"，他们可以利用掌握的公共权力，通过扩大财政支出、设立名目繁多的政府机构等途径获取政府部门自身利益的最大化。而当政府这样做时，又不易受到外来的监督和制约。非民选政府，同样存在把部门利益凌驾于社会公共利益之上的现象，在权力过于集中又缺乏必要监督的情况下，公共利益部门化表现更突出，从而导致政策失灵。

4. 政府行为的短期性

政府行为和政府决策并不是总能代表民众的整体利益和长远利益。民选政府国家，为了获得胜选或连任，政府或官员往往对选民进行随意许诺和做出功利化的短期行为，从而损害社会的整体利益和长远利益。在我国，GDP 政绩激励下的地方政府和地方官员也时常出现政府行为的短期化，"一个将军一道令，今天挖沟明天平""新官不理旧账"等政府短期行为时常发生，造成了社会公共利益的损失和低效率。

5. 寻租活动的危害

政府在掌握一定的公共资源进行宏观经济调控、提供公共物品等行为过程中，会导致寻租、设租等行为的发生，这不仅诱导行贿受贿、贪污腐败等违法犯罪行为，还导致经济资源配置的扭曲、低效及社会公平的丧失。

（三）政府失效和企业社会责任

政府通过制定法律法规，规范企业生产经营活动和市场秩序，通过修建基础设施为经济社会的高效运转提供基本条件，通过建立和完善包括养老保险、医疗保险、失业保险、工伤保险等在内的社会保障体系为企业开展正常的经营活动解除后顾之忧。但政府失效同样会给企业的生存和持续发展带来困扰和障碍。基于政府和企业都是市场经济的重要运行主体，而且二者之间存在着相互依存的关系，企业理应承担起相应的社会责任，在弥补政府失效的同时为自身的可持续发展创造稳定的社会环境。

1. 企业承担基本社会责任以维护市场经济秩序

为社会提供高质量、安全健康的产品和服务，遵守国家和政府制定的法律法规是企业应承担的基本社会责任，有利于维持市场机制的竞争性、维护公平公正的市场秩序和提高社会资源的配置效率，以弥补政府行为因信息不足、行政性垄断、决策时滞、官僚主义等原因造成的政府失效，为企业自身正常运营提供有序的外部环境。

2. 企业承担应尽和愿尽的社会责任以补充政府行为的不足

为公民提供公平的基础教育、为社会弱势群体提供基本的社会救助、为应对突发灾害实施赈灾救灾等行为本是政府的分内之事。但受制于财力不足、效率低下等因素影响，政府在这方面的行为可能存在欠缺和不足。此时，企业通过诚信经营、社会捐助、扶贫救灾等途径履行道德和慈善责任可以弥补政府行为的缺失和不足，从而维护社会的和谐与基本稳定。

3. 企业承担社会责任以矫正政府失灵

遵守法律法规和政府制定的有关产业、环保等方面的政策是企业应承担的基本社会责任。但经济社会是个庞杂的系统，其发展错综复杂、形势动态多变，政府行为自身的局限性往往导致其制定的法律法规和政策滞后于经济社会的实际变化，从而使其失去对企业行为和社会经济发展的正确导向作用。这时，企业作为最敏感的市场主体，应该把企业对市场的感知加以提炼，形成系统化的建议后反馈于政府，以便助力政府及时修订原有法律法规、政策，或者形成新的规章制度，从而有效地引导经济发展。

总之，面对政府失效，企业应当以承担社会责任的形式予以回应。

三 经济全球化与企业社会责任

（一）经济全球化

20 世纪 80 年代后，世界经济一体化进程加速，并逐渐成为世界经济发展最鲜明的特征之一。针对这种现象，1985 年，特莱维首次提出经济全球化概念。此后，各国际组织、不同领域的学者试图从不同的视角和切入点对经济全球化进行解释，但至今还没有统一的、权威性的经济全球化定义。1997 年 5 月，国际货币基金组织（IMF）在一份报告中提出："经济全球化是指跨国商品与服务贸易及资本流动规模和形式的增加，以及技术的广泛迅速传播使世界各国经济相互依赖性增强。"经济合作与发展组织（OECD）则把经济全球化看作经济、市场、技术、通信形式的全球性增加和民族性、地方性减少的一种过程。尽管没有统一的定义，但并不影响人们对经济全球化这一世界趋势的共同感知和认同。本书从经济全球化的表现、原因、主体等角度综合分析，认为经济全球化主要包括如下要素：资本、技术、人员、商品等在内的要素和产品的全球自由流动；信息技术的物质支撑；作为载体的跨国公司的推动；各国加速市场化的体制机制推进；分工的深化和分工范围的扩大；各国经济发展的不平衡和差异化等。

（二）经济全球化与企业社会责任

20 世纪七八十年代，面对欧美各国劳工标准、环保标准的不断提高，以及政府规制的日益严厉，为规避不利的生产环境，一些跨国公司纷纷到国外寻求投资机会。此时信息技术的迅速发展为其提供了物质技术支撑，而各国政治经济发展的不平衡则使大规模的跨国投资和生产成为可能。跨国公司利用发展中国家劳动力丰富廉价，劳工标准及环保标准要求松懈等条件，投资成立了众多的代工厂和出口加工区。无疑，这客观上促进了发展中国家的经济增长和就业机会的增加。但是为了追逐超额利润，许多跨国公司违背了基本的商业道德，它们利用发展中国家的法律漏洞、人们维权意识淡薄等缺陷，大量非法雇用童工和未成年工人，对劳工进行强迫性劳动，随意压低、克扣、拖欠劳工工资，忽视劳工健康安全引起工伤和职业病多发等。无处不在的"血汗工厂"导致了发展中国家劳工地位急剧下降，劳工权益遭到严重破坏。著名的跨国公司李维斯和耐克在东南亚的代工厂则是被媒体公开曝光的"血汗工厂"的典型代表。与此同时，在发达国家，以低工资非法雇用移民的"血汗工厂"也时有出现。另外，跨国公司的生产经营还造成环境污染的扩散化和全球化。跨国公司在发展中国家的代工厂或出口加工区，往往也是水污染、空气污染和固体污染异常严重的地方。由于发展阶段落后、发展的总体水平和居民收入水平低，这些国家或地区的政府出于经济发展的考量，往往对此睁一只眼闭一只眼，导致其应有的劳工权益保护和环境保护的监管职能弱化或缺失。

由此可见，经济全球化在提高资源配置效率，推动社会生产力快速发展的同时，也导致了世界劳工标准和劳工地位的下降，劳工权益受损和劳资矛盾的激化，以及全球生态环境的恶化。与此同时，企业社会责任运动也呈蓬勃之势，在全球形成新的浪潮。这是因为，一方面，经济全球化导致的环境问题和社会问题引起了劳工组织、人权组织、消费者权益保护组织，以及环保组织等国际非政府组织的同情和关注，出于人道主义和人文关怀，上述组织通过劳工权益运动、人权运动、环保运动，以及消费者权益保护运动等形式（比如，出于保护劳工权益的反"血汗工厂"运动），纷纷向跨国公司和当地政府施压，敦促企业以制定内部"生产守则"的形式，对劳工、社会、环境承担起应有的社会责任。面对来自国际组织、社会大众乃至政府的强大外部压力，一些跨国公司为了挽回公司形象和维持其长远发展，于是不得不顺应外界的呼吁，纷纷承担起企业社会责任，并把社会责任管理逐渐扩展到包括供应商、销售商等在内的整个产业链。另一方面，为了维护本国遭冲击的夕阳产业的生存、发展和相应的就业岗位，一些发达国家打着提高劳工地位、维护劳工权益的旗号，不顾发展中国家的实际情况，强行把以发达国家为依据的劳工标准与国家贸易挂钩，给发展中国家造成了事实上的"劳工贸易壁垒"，从而削弱了发展中国家的竞争优势。

不仅如此，跨国公司推动的经济全球化、国际劳工组织推动的反资本全球化运动，以及多种国际非政府组织推动的企业社会责任运动相互交织，又促进了产品质量管理体系、环境管理体系以及劳工权益保护等方面的规范与标准的国际化，以及企业社会责任绩效验证的国际化。

总之，经济全球化导致了社会问题和环境问题的全球化，在国际非政府组织的推动和社会大众的期盼下，又推动了企业社会责任运动在全球的兴起，以及企业社会责任标准与验证标准的国际化。

四 可持续发展与企业社会责任

需要强调的是，这里所说的可持续发展既包括经济社会或人类的可持续发展，也包括企业的可持续发展。

（一）经济社会可持续发展与企业社会责任

1. 经济社会可持续发展

伴随企业规模的扩大，企业的生产经营活动造成的社会危害和自然环境危害已经严重威胁到人类的生存与发展。1972 年，联合国人类环境研讨会在斯德哥尔摩举行，会议首次提出了"可持续发展"概念。1987 年，世界环境与发展委员会在《我们共同的未来》报告中对可持续发展概念进行了阐述：既满足时人的需要，又不对后代人满足其需要的能力构成威胁。可持续发展的宗旨是通过控制人口规模、提高人口素质，保护人类赖以生存的自然环境，维护自然资源永续利用等途径，保证人类一代又一代永续发展。可持续发展理念一经提出就迅速获得了各国政府、非政府组织和社会大众的高度认可，并逐渐成为众多国家追求的战略目标。

2. 经济社会可持续发展与企业社会责任

不可否认，科技进步和现代企业组织的出现，极大地提高了社会资源的配置效率，推动了人类社会生产力的快速发展和社会财富的急剧积累，提高了人类的生活水平，促进了人的全面发展。但同样不可否认的是，企业的生产经营活动造成的社会和环境危害也是前所未有。在企业发展的初期，尽管其造成的外部不经济显而易见，但在自由放任经济思想和股东利益至上的传统观念支配下，包括政府、非政府组织、社会公众在内的利益相关者对此并没有提出太多的异议和不满。但是随着企业规模的扩张，企业的经济影响和社会影响也日益扩大，于是，社会公众对企业的作用和职能的看法发生了变化，对企业承担经济责任之外的其他社会责任的期望值在提高。因此，尽管实现社会可持续发展需要国家和政府制定可持续发展的宏观战略，但企业社会责任则是实现可持续发展的重要抓手。企业通过承担社会和环境责任，可以从源头上消除破坏自然环境的行为，或修复已经遭到破坏的自然环境，保证资源的永续利用和经济社会的可持续发展。

（二）企业可持续发展与企业社会责任

1. 企业可持续发展

关于企业可持续发展，目前还没有一个统一的定义。概括地说，企业可持续发展是指企业超越生命周期的永续竞争力和盈利能力。其一般包含以下因素：准确的企业战略目标定位，科学的管理，把握、开拓和满足市场需求的能力，技术和管理创新，和谐的内部关系，可预期的、稳定的外部环境。而要满足上述条件，作为社会重要组成部分的企业必须承担相应的社会责任。

2. 企业可持续发展与企业社会责任

实现可持续发展是所有企业追求的共同目标。企业社会责任是除了盈利责任外，企业还需要承担的其他责任。从短期和局部看，承担社会责任会增加企业成本，降低其利润率。但从长期和全局看，企业承担社会责任与其可持续发展是一致的。原因如下：

（1）从经济社会的可持续发展看，企业必须承担社会责任。如上所述，实现经济和社会的可持续发展已经成为全球共识，也是国家不可动摇的宏观战略目标。为此，各国都制定了相对完备和严格的法律法规体系和政策体系，即把企业应承担的社会和环境责任上升为强制性的法律责任。如果企业社会责任履行不利，势必会受到法律的严惩，从而影响企业的可持续发展。

（2）企业积极主动承担社会责任有利于建立和谐的内部关系和相对稳定的外部环境。一是企业对包括股东、管理者和员工在内的内部相关利益者承担社会责任。对股东承担责任有利于企业获得持续发展的投资；在信息不对称的情况下，对管理者承担责任有利于激励管理者把其个人利益与企业利益协调起来，为企业的可持续发展负责；对员工承担社会责任有利于增强员工对企业的认同感和归属感，提高企业的凝聚力和稳定劳资关系，从而提高企业的效率。二是企业承担包括供应商、采购商、消费者、社区、政府、环境等在内的外部利益相关者的社会责任。通过防欺诈的诚实经营，有利于获得供应商和采购商等商业伙伴的信任，进而有利于企业获取稳定的原料、能源等供应，以及稳定的销售市场；通过生产和销售消费者需要的，高质量、安全健康、价格合理的产品和服务，可以赢得消费者的信赖，为企业培养忠实稳定的客户群；企业通过资助社区教育、修建社区公共设施、帮助社区实现就业等途径积极承担社区社会责任，有利于获得社区的认可和支持，为企业的可持续发展赢得宽松的外部环境；企业通过清洁生产、废旧物品回收、循环经济等方式履行环境责任不仅为经济社会的可持续发展做出贡献，也会因此减少政府对企业的干预，从而最终有利于企业自身的可持续发展；通过遵守法律法规，根据国家战略导向、宏观政策或中观的产业政策调整自身的发展方向、引导自身的经营活动等途径履行对政府的责任，有利于获得政府的嘉奖和支持，从而策略性地推动企业的可持续发展。

总之，企业承担社会责任，从被动意义上讲，有利于消除来自包括政府、消费者运动、劳工权益运动、可持续发展运动、环保运动、社会责任投资运动、女权运动等各方面的干预，为自身发展创造稳定的外部空间和环境。从主动意义上看，则有利于树立企业良好的公众形象，提高企业的美誉度和市场竞争力，从而有利于企业可持续发展。正如戴维·J.弗里切（Fritzsche J. David，1997）所说："无论是从宏观角度还是从微观角度上讲，道德的行为都是商业长期成功所必需的。宏观理论主要考察伦理学在经济体系中的重要性，不道德行为会扭曲市场体系，导致资源配置低下。微观理论考察伦理学对单个企业的重要性，不道德行为会导致长期经营成果下降。"[①]

本章小结

本章主要从企业社会责任的理论依据和实践依据两个方面探讨了企业为什么承担社会责任。利益相关者理论、企业伦理理论和社会契约理论是企业承担社会责任的基本理论依据。利益相关者理论的基本观点是：利益相关者是指能够影响企业行为、决策、政策、活动或目标或者被企业行为、决策、政策、活动或目标影响的个人和团体。该理论认为，利益相关者都为企业投入了各类专用性资产，为企业的生存和发展做出了独到的贡献，因而，作为回报，管理者必须像对待股东利益那样，对利益相关者承担相应的社会责任。维护利益相关者合法权益是企业持续发展的基础，也是提高企业竞争力的关键。企业主要通过"共同治理"和合理的利益分配等途径承担对利益相关者的责任。企业伦理理论发端于20世纪70年代的美国，是管理学和伦理学的交叉学科。企业伦理理论探讨了股东、员工、管理者、消费者等个体利益相关者与企业之间，企业与各类经济

---

① ［美］戴维·J.弗里切：《商业伦理学》，杨斌、石坚、郭阅译，机械工业出版社1999年版，第10页。

组织之间，以及企业与社会之间的伦理关系问题。由于企业伦理理论与企业社会责任的目标一致，又凸显了以人为本的理念，因而促进了企业社会责任的发展。社会契约理论认为企业与社会之间存在着隐性契约，它是约束企业行为对利益相关者负责的隐性规则和假设。无论是企业内部契约还是企业外部契约，都会增强企业社会责任的义务，维护了社会公平，促进了企业社会责任运动的发展。本章分别从市场机制、政府行为、经济全球化和可持续发展四个方面探讨了企业社会责任的实践依据，市场机制自身缺陷导致的"市场失灵"，各种主客观因素造成的政府行为失效，都要求企业承担起社会责任，以矫正市场失灵和政府失效，维护企业生存和发展所需要的外部环境，实现企业自身的可持续发展。经济全球化和可持续发展运动则从发展趋势和外部压力两个方面推动了企业承担社会责任。

第三章　企业社会责任的基本内容

　　企业社会责任内涵不是一成不变的，而是经历了一个演进的过程。发展阶段、发展模式不同，企业社会责任的具体内容亦有所不同。企业社会责任演进大致经历了股东利益至上、遵纪守法、策略性的承担责任，以及自觉地承担社会责任四个阶段。企业社会责任的内涵在引入利益相关者理论之前是模糊不清的，也无法清晰界定企业应当对谁承担责任、承担哪些具体社会责任，更无从明确企业承担社会责任的作用。利益相关者概念和利益相关者理论明确界定了企业社会责任的范围，不仅为确认和分析企业社会责任问题提供了基本理论分析框架，更是将具有普遍意义的企业社会责任成功进行分解，使企业承担社会责任的对象和客体，承担社会责任的内容明确化、具体化。

第一节　企业社会责任的性质、特点和分类

一　企业社会责任的性质

　　进入 21 世纪后，公司，尤其是跨国公司的影响力不再局限于一国或一个地区，而是伴随经济全球化扩散至全世界，从而成为各国经济发展的主要动力引擎。高度全球化的世界经济政治的发展赋予了企业社会责任新的更丰富的内涵。

　　企业社会责任突破了企业只对出资者，即仅对股东经济利益负责的传统观念，而把包括员工、消费者、商业伙伴、环境、社区、政府等所有与企业活动相关主体的利益都考虑进去，都放进企业的视野范围内，保证企业盈利的同时为消费者、员工、环境、社会等做出应有的贡献。最基本的是不能损害环境和相关利益者的利益，以实现可持续发展的最终目标。企业社会责任的基本原则是尊重法律权威，承担法律法规规定的义务。

二　企业社会责任的特征

　　企业社会责任的基本特征是企业自愿地将社会和环境因素融合到其决策中，并对其决策和活动给社会和环境带来的影响负责。

（一）以利益相关者为对象

　　包括员工、消费者、环境、供应商、社区、市场、债权人、政府等在内的个人或团体，都直接或间接地受企业经营活动的影响，或者直接、间接地影响企业的决策和活动。因此，企业不仅要为股东利益服务，还要通过及时沟通了解其他利益相关者的利益诉求，对他们负责，保护他们的利益不受侵害。

　　重视利益相关方关系能给企业的发展创造良好的环境，而忽视二者之间的关系则会给企业在商业及信誉上增加潜在的风险。与利益相关方的沟通可以减少潜在的社会风险，同时提升企业形象。为此，第一，企业应构建一个合适的利益相关方沟通框架，并制定相应的沟通策略。第二，通过实质性分析识别企业社会责任中的重要沟通议题是企业与不同利益相关方进行有效沟通的核心和基础。

（二）以可持续发展为目标

　　所谓可持续发展就是既满足当代人的需求，又不损害后代的利益，且能满足他们需求的发展。可持续发展是整合了经济可持续增长、良好的生态、高质量的生活、社会公正和维持供给地球生物多样性能力的目标。这些经济、社会和环境目标相互依存，相辅相成。可持续发展既是一种全新的发展观念，也是一种生产和生活方式（对企业而言是生产方式），表达了全社会，甚至全人类共同的关切和期望，是被国际社会广泛认可的指导目标。

作为一种广泛的社会期望，可持续发展包括经济、社会和环境三个相互依存的方面。可持续发展需要企业以承担责任的方式给予重视。企业社会责任的首要目标就是促进可持续发展。同时，积极承担社会责任也是企业实现自身可持续发展的重要途径。

（三）强制性和自愿性相结合的原则

社会是企业存在的环境基础，企业依靠社会而存在、发展和壮大；反之，企业又以承担社会责任的方式来关注社会、回报社会，形成企业与社会的良性互动。在当前强化企业社会责任的国际潮流中，针对我国企业在社会责任履行方面存在的问题，政府有关部门应从被动应对转变为积极参与，通过立法的形式激励企业强化社会责任、约束其逃避社会责任的行为。同时，还要严格执行已经制定的法律法规，做到有法可依、有法必依、执法必严、违法必究。

在认清国际潮流和趋势的前提下，企业通过提高社会责任意识，强化社会责任管理等途径积极主动地接受和履行企业社会责任，将企业经济效益与社会效益有机地融为一体，则不失为一种成本最小、效果最佳的原则。

（四）尊重多样性和差异性原则

企业社会责任的内容不是固定的僵化的，相反，它是一个不断演进和发展的过程，这就决定了对其理解、认识、应用，以及评价是仁者见仁、智者见智，意见高度不统一。社会责任的早期概念集中于慈善活动，例如向慈善机构捐赠。随着时间的推移，企业社会责任的内涵也得到了扩充，如人权、环境保护、消费者权益、打击欺骗和腐败行为等。企业社会责任的基本特征是企业自愿地将社会和环境因素融合到其决策中，并对其决策和活动给社会和环境带来的影响负责。企业对象与目的的差异性、社会和环境的差异性、评审标准的差异性以及对社会责任认识与重视的差异性，必然导致企业社会责任的内容和侧重点不同。这要求企业结合自身的特点和所处的环境，有选择、有方向、有步骤，因地制宜地履行社会责任，而不能"一刀切"。不切实际的、公式化的"作秀"，不仅不能让企业真正地践行社会责任，还会导致企业社会公信力下降。

（五）与经济和社会的发展相适应

企业社会责任是企业参与社会发展所承担的、对应自身价值取向的一种文化认同，其关键因素在于企业发展与社会发展是相融的、不矛盾的。因此，企业社会责任的内容应该与经济和社会的发展相适应，也应与企业的性质、规模大小和所处环境挂钩。利益相关方有助于企业识别特定事项与企业决策和活动的相关性，通过与利益相关方的沟通与对话，有助于企业决定其社会责任的内容和范围。尽管如此，利益相关方不能取代更广泛的社会来确定企业社会责任的全部内容。一个企业对其所在的社会及环境影响方面的成就已经成为衡量该组织综合绩效和持续有效运营能力的重要部分。这在某种程度上反映了对确保健康的生态系统、社会公正和良好的组织管理方面日益增长的需求。

（六）遵守法律法规，并与国际规范相适应

法治是指任何个人或组织包括政府都不能凌驾于法律之上的思想和治理方式。企业社会责任的基本原则是先要尊重法律权威，承担法律法规规定的义务。然而，企业社会责任也使那些超越遵守法律和承认不具法律约束力义务的行为成为必要，因为这些义务出自广泛的价值和道德认同。随着全球化进程的加快，国际经贸往来的频繁，尽管对企业社会责任行为的期望会因国家和文化的不同而存在差异，但是承担相应的社会责任仍然是企业应遵守的国际行为规范。企业也只有适应国际市场的游戏规则，才能在国际舞台上占有一席之地，才有利于企业长远发展和国际竞争力的提升。

三 企业社会责任的分类

企业社会责任有多种分类，按照企业社会责任的性质，可分为四个层次，即法律责任、经济责任、道德责任和自愿责任等。其中，包括企业经营与生产活动中必须承担纳税、环保、控制合法经营范围的责任，以及支付工资、执行合同、劳动保护等在内的法律责任和经济责任是企业必做之事，也就是企业必须要履行的基本责任。道德责任是企业应该履行的伦理责任，是应做之事，主要是指秉承符合社会传统规范的价值观、主动遵守社会道德规范，以及出自个人修养和境界所形成的价值原则对企业行为的影响。道德责任并非总是有着严格的标准，而舆论和良心经常充当其标准。自愿责任则是企业出于自愿履行的责任，如慈善捐赠等，是愿做之事。

按照社会责任涉及的利益相关方又可以分为企业对员工、消费者、环境、政府、社区等方面的社会责任。本书多以此种分类为基础进行阐述。

第二节　企业对员工的社会责任

一　企业对员工社会责任的内容

（一）劳资

劳资方面涉及签订劳动合同、工时与工资等问题。

企业应与员工签订法律规定的劳动合同；劳动者每日工作时间不超过 8 小时，平均每周工作时间不超过 44 小时，并且每 7 天至少休假一天。用人单位安排加班，应当与工会和劳动者协商，征得其同意，且每天加班不超过 3 小时，每月不超过 36 小时，应保证加班能获得额外津贴；支付给员工的工资应该不低于法律或行业规定的最低标准。企业应该按时足额发放工资，不能克扣和无故拖欠员工的工资。企业不得以学徒工、适用期等为借口，克扣员工工资。

另外，企业还应建立薪酬增加制度。企业发放的薪酬是员工收入的主要来源，员工从企业获得的薪酬除了要养活自己及家人以外，还要用于自身的教育培训以适应企业的需要，用于子女的教育、医疗等方面的支出。企业建立薪酬增加制度，可以减轻员工在经济方面的压力，为员工生活与发展创造比较宽松的经济环境。

（二）健康与安全

企业应依法提供安全健康的工具和设施，并制定和完善健康安全管理制度。为此，需要有保障健康安全设施、完整的劳保用品的预算和支出计划。从长期来看，企业在职业健康与安全方面的支出对于保障员工的健康和安全、控制企业潜在风险、促进企业人力资本的积累等方面都会产生积极作用。因此，加大在此方面的预算和投入，对于企业的可持续发展有着重要意义。完善的健康安全管理体系不仅能指导企业在员工职业健康与安全方面事务的处理，而且能提高企业日常管理效率、降低企业在工伤、职业病等方面的经营风险、增强企业综合竞争力。

（三）社会保障

在社会保障方面，企业应依法参加各种法定社会保障；按比例缴纳社会保障费用；提供尊重当地文化习俗的必要福利；对员工生活中的困难提供额外帮助。

就我国而言，企业应该为员工按比例缴纳"四险一金"，即基本养老保险、失业保险、医疗保险、工伤保险和住房公积金（由于生育保险已经与医疗保险合并，原来的"五险一金"变为今后的"四险一金"），这从短期看能够增加企业支出，但是从长远来看利于企业的凝聚力和可持续发展。企业履行在社会保障方面的责任，不仅是法律责任，也是一个"花小钱，办大事"的明智策略，能够激发员工的工作热情和对企业的认同感，从而增强企业的综合竞争力。企业提供尊重当地文化习俗的必要福利，比如为员工发放节庆礼品，在员工生活出现困难时，提供必要的帮助，一方面可以稳定员工队伍，使员工能够全身心投入工作；另一方面有助于企业赢得公众的赞誉，为企业树立起良好的公众形象，提升企业的软实力。

经济新常态下，我国企业普遍面临着转型困难，社会保障缴费随之成为企业一大负担。在此情况下，中央政府着力推进供给侧改革，目的之一是减轻企业负担，激发企业的积极性和活力。具体措施是减税降费。2015 年以来，政府阶段性地降低了企业社保费率和住房公积金缴纳比例。政府规定，从 2016 年 5 月 1 日起两年内，对企业职工基本养老保险单位缴费比例超过 20% 的省份，将缴费比例降至 20%；单位缴费比例为 20% 且 2015 年底基金累计结余可支付月数超过 9 个月的省份，可以阶段性降低至19%。基本医疗保险、失业保险、工伤保险等费率都有相应地降低。可见，企业降低缴费费率，不是企业不愿承担社会责任，而是在无力承担的特殊时期政府给予的特殊政策。而且，企业降低缴费费率与职工无关，职工的缴费费率没有降低，也不影响职工的退休待遇。

（四）工会

企业应依法成立工会；为工会提供经费支持；支持工会活动，保障工会在民主管理、重大问题决策的权益，签订集体合同；与未建立工会的企业分享经验，协助其建立工会等。

依法成立工会是企业承担员工社会责任的核心内容。根据《中华人民共和国工会法》规定，所有符合条件的企业都应该依法成立工会。只有依法成立了工会，企业才有可能履行在工会组织方面的其他层面的责任。工会不仅是员工的维权组织，也是代表员工利益与企业进行谈判和沟通的桥梁。为工会提供经费支持，支持工会活动，保障工会在民主管理、重大问题决策的权益，签订集体合同，与未建立工会的企业分享经验、协助其建立工会等有助于工会的正常运转和各项职能的有效发挥，有助于提高企业管理效率、减少与员工的摩擦、增强员工对企业的认同感，树立企业负责任的公众形象，增强企业的影响力，从而推动企业软实力乃至责任竞争力的提升。

（五）培训与发展

为员工提供一般岗位培训和特殊培训，提高员工的职业技能和职业素养，是企业社会责任的重要内容。其在提高员工个人的能力和职业发展空间的同时，也为企业的长远发展奠定人力资源基础。为此，企业应当制定科学合理的经费预算制度，为员工的教育、学习、培训提供足够的财务支持。以贡献为基础的职务升迁制度是员工实现良好的职业成长和增加企业向心力、凝聚力的重要激励制度，因此，企业还应建立公开、公正、透明的职务升迁制度。《中华人民共和国劳动法》《中华人民共和国职业教育法》等法律法规对员工培训都有具体规定，企业应该根据自身的行业特点依法执行。

二　企业对员工社会责任的改进与提高

作为社会的一个细胞，企业应当从其成立之初就牢固树立起对员工社会责任的意识。但是由于企业性质、行业特点和企业发展阶段等不同，每个企业所能承担的员工社会责任也会有所不同。企业应本着以人为本的理念，务实而客观的态度，根据其自身的能力和行业特点践行自己本应承担的员工社会责任，从思想意识到实践全方位推进企业对员工责任的改进与提高。

（一）有选择地吸收和践行先进理念，提高企业在履行对员工和其他各项社会责任方面的自觉性和主动性

企业是员工就业和成长的依托单位，员工是企业的主要经营者，二者之间是共生共荣的关系。但日常情况是，企业与员工之间的劳资冲突时常发生，于是，劳资矛盾也成为《劳动法》立法的现实基础和调控的主要对象。从短期看，企业与员工的确存在对立的一面，比如，为了节约成本，企业希望以低工资、低劳动保护雇用员工，而员工则希望企业能根据效益增加及时提高薪金和改善劳动条件。当二者不能就共同关心的问题达成一致意见时，冲突不可避免，甚至一拍两散。频繁的劳资冲突对企业的稳定发展以及员工的职业成长都是一种伤害。事实上，劳资双方并不是实力对等的关系，相对于资方，劳方一般处于劣势。但是处于劣势的劳方仍然可通过频繁流动的方式造成企业的不稳定。实践也证明，积极履行对员工的社会责任，善待员工，甚至以高工资聘用员工的企业，因为稳定的劳

资关系和员工的忠诚度而获得了稳定的发展前景。企业支付给员工的，高于平均水平的工资，在劳动经济学上被称为效率工资，顾名思义，适当的高工资可以带来企业的高效率。因此，企业应从思想上认识到员工的重要性和对员工履行社会责任的必要性。

（二）完善劳动合同制度，构建和谐劳动关系

构建和谐的劳动关系是企业的社会责任之一，也是企业稳定发展的基本条件，更是构建和谐社会的微观基础。构建和谐劳动关系主动方在于企业，就是企业应依法与劳动者签订集体合同和劳动合同，维护员工合法权益。目前我国的劳资矛盾十分尖锐，尤其是在中小民营企业。重要原因是这些企业忽视《劳动合同法》，设法逃避监管，不与员工签订法定劳动合同，致使劳工在工资、工伤、职业病、劳动保障等方面的合法权益得不到应有保护。

（三）强化职业安全措施，切实保护员工身心健康

企业应增加职业安全的资金投入，加强劳保用品的配备和管理，严把采购、验收、发放和使用关，确保防护措施落实到位。企业还要尽到职业病防治宣传教育义务，让员工对从事该职业的危害以及如何避免危害有充分的了解。制订完善的职业病防治计划和实施方案尤其重要。目前，我国企业在维护职业安全，保护员工身心健康方面的作为差强人意。有的不但不予保护，还设法隐瞒职业风险，给员工的身心健康造成巨大的伤害。如近几年，在煤炭、有色、机械、建材等行业经常出现的"矽尘肺"职业病就是典型的反面案例。

（四）参加员工社会保障体系，落实员工权益保障政策

企业应为每位员工提供各种法定社会保障项目。在提高公司经营绩效的基础上不断改善员工福利，尽可能考虑员工工作

和生活的每个细节，为员工提供应对意外伤害、疾病、住院等多重保障，设计更合理的员工福利，让员工无后顾之忧地全身心投入工作，实现公司和员工利益的共同增长。

（五）建立适用的用人机制，完善人才培训体系

建立激励和约束兼容的人才机制，保证优秀员工脱颖而出，并获得应有的职业升迁和优厚的薪金待遇。对于经过有针对性的培训仍不能胜任职业的员工应及时转岗或淘汰。完善员工培训体系，提供员工学习、成长所需的各种教材、课程和相关设施，挖掘员工职业潜力，尽可能地创造条件为员工的成长和发展服务。

（六）搭建并完善有效的沟通机制，实现和谐卓越发展

尊重员工、善待员工的前提是随时了解员工的想法和期许，为此，在企业内部建立完善的沟通机制十分必要。同时，建立在相互平等、相互尊重前提下的沟通也能够及时发现企业在生产管理方面的问题和潜在的风险。当然，工会作为员工利益的代表，其独立性和工作方式创新对于其职能的发挥意义重大。企业应经常与工会保持沟通，充分发挥工会组织的桥梁纽带作用，切实解决员工的利益关切。

总之，实现企业健康成长和践行企业的社会责任靠的是企业中的每一名员工，只有员工的战斗力和积极性被有效地调动起来，企业才能持续稳定健康发展。

第三节　企业对消费者的社会责任

作为营销目标群体，消费者是企业最重要的利益相关方之一。满足和回应消费者的合理期许与要求是企业履行社会责任的重要内容之一，正像现代管理大师德鲁克所说：企业唯一正

确的目的是创造和满足顾客。消费者（顾客）是企业生存和发展的基础，企业积极履行对消费者的社会责任对于增强自身的竞争优势具有极为重要的意义。企业对消费者履行责任的意识、意愿、绩效、能力等，直接影响到消费者对企业形象的感知及其对企业产品的购买意愿，因此，企业所承担的社会责任活动就应该与其营销目标群体的期望保持高度一致。

一　企业对消费者社会责任的内容

企业对消费者的社会责任，其核心是不能损害消费者的权益。为消费者提供符合质量和安全要求的产品、建立完善的客户服务体系、向消费者提供充分的信息和开发满足消费者需要的新产品等，是企业对消费者应负的主要社会责任。可以概括为两方面，一方面企业要对消费者承担必要的产品和服务责任；另一方面企业有义务引导消费者的责任消费行为。

（一）产品责任

1. 产品与服务

首先，企业应该为消费者提供符合质量和安全要求的合格产品或服务。

作为生产者，企业向社会提供健康安全、品质可靠、货真价实的产品和服务是其最基本的法定义务。为此，企业都要遵守和执行国家有关的强制性标准，确保自己的产品或提供的服务质量符合要求，以维护消费者的权益。

其次，企业对产品或服务制定合理的价格。

价格公道、童叟无欺是企业应遵循的基本商业道德。但现实中通过虚抬价格、以次充好来欺骗消费者的行为时有发生。原因是经营者与消费者之间的交易存在着严重的信息不对称。作为经营者，企业是知己知彼，对商品的性能、市场行情、顾客心理有着比较全面的了解。而消费者因缺乏必要的知识和信息（消费者获取这些知识和信息的代价非常之高，以至于几乎不可能）而处于非常被动的地位。这给了不法企业搞价格欺诈以可乘之机。此等现象在我国的许多行业，如药品和保健品行业十分突出。在信息和地位不对称的情况下，企业应主动承担对消费者的社会责任，在进行产品和服务定价时，考虑消费者利益，倾听消费者协会的意见，倾听各界消费者的意见，包括农村消费者、残疾人消费者、儿童消费者。

再次，建立提高产品或服务质量的制度体系。

建设产品或服务质量制度体系，不断提高产品或服务质量监管能力。如，建立健全产品质量监督抽查制度和重点监管产品目录，扩大监督抽查覆盖面，建立产地证明管理制度，加强市场准入管理，推进产销管理对接，强化市场监管，建立生产、流通、销售、消费等环节的全程追溯体系和责任追究体系，建立覆盖全社会的产品质量监管网络，切实加强产品或服务的质量安全。进一步完善体系，健全监管机制，全面提升产品或服务质量水平。

最后，研发可持续的产品或服务。

可持续产品不同于"生态设计""清洁产品""环境友善产品"等概念，它是在环境优化理论的指导下，全面考察产品及其各项功能是否为人类所真正"必需"。通过对资源的破坏性利用进行根本的反省，对资源进行更好的管理，改变资源利用方向，使资源配置更有效，以满足可持续发展的需要。产品不仅要满足人们的日常需求，同时也要为气候变化、资源浪费、公共卫生等问题的解决做出贡献。研发可持续产品可以提高利润，降低材料和资源的消耗并因此获得更低的材料成本，减少生产过程中废物排放，降低废物处理成本和生产成本。此外，研发可持续产品还可以产生改进顾客或供应商关系，提供有力的营销工具等非直接经济效益。正是潜在的重大成本节约及环境效益促使企业积极研发可持续产品和服务，为企业持续发展奠定坚实的基础。

2. 产品信息

首先，企业应该提供真实、完整、准确的产品或服务信息。在目前信息不对称和市场不完备的环境下，企业在出售商品时，有责任和义务在性能、功效、生产方法、采用技术等方面向消费者提供真实、完整和准确的产品、服务信息，不做虚假宣传，不隐瞒或夸大产品的信息。只有了解产品或服务的真实信息，消费者才能做出正确选择，才算是进行真正的自主购买和自主消费行为。

其次，以合理的营销成本向消费者提供产品、服务信息。企业不能以浪费甚至哗众取宠的方式推销商品，应该将关注的焦点放在如何生产出好的商品而不是把过多的精力投入营销过程中。

最后，采用有效渠道向消费者提供产品和服务信息。企业对发布相关产品信息的渠道应该有所选择，要通过合法合理、行之有效的方式向消费者提供真实的信息。进一步完善企业的信息披露制度，保护消费者的知情权，使社会监督主体能够充分的实施监督权。同时，在提供产品或服务信息时，要考虑特殊群体的要求。

（二）引导消费者进行责任消费

责任消费是指当消费主体意识到其消费行为可能对社会产生或积极或消极的影响时，会主动敦促企业生产更符合社会健康长远发展的产品和服务的行为。责任消费是健康的理性消费行为，是企业履行社会责任的动力和压力。引导消费者进行责任消费是企业履行消费者责任的最高层次责任，也是提升企业竞争力的需要。传播消费知识、开展消费指导、提供责任产品是企业引导责任消费的主要途径。

二 企业履行消费社会责任的意义

马克思主义政治经济学认为，生产决定消费，消费反作用于生产。西方经济学认为，所有的人或组织要么是生产者（企业），要么是消费者，即生产者与消费者是最主要的市场主体。作为交易的双方，企业与消费者之间的关系既是基本的经济关系，也是基本的社会关系。企业积极承担消费者社会责任，对消费者利益负责，是企业可持续发展的根本，也是构建社会主义和谐社会的基础。

（一）有利于企业的生存和发展

生产力低下导致物质产品短缺的年代，生产者基本居于绝对优势地位。但在市场经济充分发展、社会生产力高度发达的今天，相对于生产者，消费者通常都处于主动的优势地位，消费者成为企业生存发展的基础。生产者之间争取更大的市场份额、更多的消费者的竞争越来越激烈。从这个意义上看，没有消费就没有生产，没有消费者就没有企业。古老的"萨伊定律"，即生产会创造自己的需求，也会因条件的变化使其适用性降低。消费者的需求是企业经营和提供商品、服务的前提，企业则是根据消费者需求进行生产和经营，在满足消费者需求的同时，也在引导和创造新的消费需求。因此，消费者是企业存在的基础，企业履行对消费者的社会责任是企业存在和稳步发展的基础。

（二）有利于提高企业竞争力

企业履行消费者社会责任的基础是尊重消费者的各项权利。

对消费者负责，首要是为消费者提供符合他们需要的、价格合理、安全可靠的高质量产品和服务。否则，企业将被消费者抛弃，从而威胁其自身的生存发展。因此，为消费者供给安全可靠的高质量产品和服务既是企业的法定责任，也能增加消费者对该企业的信任度和对企业产品的忠诚度，有利于获得稳定的客户源，为企业永续发展创造更广阔的空间。

（三）有利于民主法治社会的形成

企业主动承担消费者社会责任，要自觉遵纪守法，履行基本的法律责任。构建和谐社会离不开法制这种强制性的调节手段。企业不能主动遵守法律法规，本身就是对法制的践踏。不仅造成对消费者权益的伤害，也会导致消费者和企业之间的矛盾冲突，最终要被消费者抛弃而伤害企业自身。强制企业执行法律法规又会带来巨大的社会成本。低成本地营造和谐消费关系的最优途径是企业主动承担消费者责任，自觉遵守消费者权益保护法，保障消费者最基本的消费权利。总之，企业履行对消费者的社会责任，有利于民主法治社会的形成，并最终降低交易成本。

（四）有利于构建以人为本的和谐社会

从企业与消费者的关系看，所谓以人为本，就是企业在设计和制造产品、提供服务的过程中，充分尊重消费者的自由选择权，在做好市场调查的基础上，使其产品能满足消费者年龄、性别、职业、心理、文化习俗、审美需求等各个方面的要求。这一过程同时体现了和谐社会"以人为本"的基本要求，有助于促进人的全面发展及和谐社会根本目标的实现。

三　企业对消费者社会责任的改进与提高

企业对消费者社会责任的改进与提高要基于全面责任管理

的战略，全面履行对消费者的必尽、应尽和愿尽责任。

（一）增强企业履行社会责任的意识，促使企业自觉履行社会责任

自觉遵守法律法规是企业该做之事。保证产品质量安全、提高服务质量、依法经营、诚信经营是主动自觉遵守法律法规的体现，也是尊重和维护消费者权益的基本要求。消费者是企业的根本，企业应意识到，随着消费者维权意识的增强，消费者的信任和支持对企业的发展壮大起着举足轻重的作用。在思想上意识到企业对消费者社会责任的重要性，体现在企业生产和经营的各个环节上就是要考虑消费者之所需，把消费者权益放在企业经营的首位。

（二）完善相关法律，提高执法力度和效率，加强对企业的监督

尽管从长期和整体看，企业和消费者之间本质上是共生共存的关系，但是从个别企业看，损害消费者利益可能给企业带来短期的不当得利。许多企业由于责任意识不强、机会主义倾向严重，并不心甘情愿地承担消费者责任，而是在舆论压力和法律威慑下的被动履行。只要稍微有机会，他们就会做出危害消费者利益的行为。因而，制定完备的消费者权益保护法规并严格执行，是防止企业机会主义、推动其承担社会责任的底线。就我国而言，在立法层面上，像产品质量法、食品安全法、消费者权益保护法等与消费者权益相关的法律法规比较健全。但现实中各类侵犯消费者利益的企业行为时有发生、屡禁不止，问题主要出在执法和监管环节。有法不依、执法不严、违法不究、监管不力，使不良企业的违法成本很低。这不仅损害了消费者利益，而且对其同类企业起到了负面的示范效应，扰乱了市场秩序，失去了消费者的信任，造成了巨大的消费外溢。因

而，只有完善相关法律，尤其是严格执法、严格监管，才能提高企业的违法成本，使其更好地履行消费者社会责任。

（三）提高产品质量和服务安全水平

提高产品质量和服务安全水平是企业社会责任的关键。伴随经济社会的发展，我国已经从中低收入阶段转向中高收入阶段，居民的消费能力不断增强，消费结构不断升级。与之相伴的是个性化、多样化、高质量、安全性的产品或服务需求日益增多。这就要求企业应了解消费者的需求，市场的需要，不断推出消费者满意的产品或服务来回应消费者，并在此过程中提高企业的竞争优势。为此，产品质量要符合国家相关质量标准，确保消费使用安全；向消费者提供充分的消费资讯，保证消费者的知情权和建立在此基础上的消费自主权。完善售后服务体系，对问题产品及时召回，并通过多种方式给消费者合理的补偿。

（四）增强消费者的维权意识与能力

除了依靠立法、执法、监管，以及提高企业主动履行消费者责任意识和积极性之外，消费者维权意识的高低及维权能力的大小对于保护自身利益，预防和纠正企业违规经营至关重要。由于早期国际消费者组织的推动，加之法律法规比较健全，西方消费者的维权意识和能力普遍高于我国。伴随经济社会的发展，我国消费者维权意识和维权能力有所提高。但总体而言，消费者维权参与意识还比较薄弱，维权能力较差、维权渠道太窄。一方面，由于信息不对称造成的企业强势、消费者弱势，使消费者对侵害行为难于觉察和知晓；另一方面，许多消费者即使清楚地了解到其所受的利益侵害，除非是严重侵害，一般本着多一事不如少一事，大事化小、小事化了的心态处之。这就给违法企业以可乘之机，纵容了他们的违法行为。当然，维权知识欠缺、维权成本太高、维权渠道不畅也是重要原因。因此，应该通过普及消费者权益保护法、公布维权信息等形式增强消费者的维权意识；通过普及维权基本知识、告知维权程序、传授维权技巧等途径提升消费者维权能力；通过推动社会维权组织的发展，及时解决维权纠纷等渠道提升消费者维权的信心。

（五）强化政府宏观调控职能

推动企业自律的同时，对于涉及国计民生的基本产品和服务，必要的情况下，应该推行政府定价或政府指导价。政府相关部门应用相关的经济杠杆保护诚信企业，严惩违法企业，避免"劣币驱逐良币"现象的发生。对于较好承担消费者责任的企业在年检手续、行政许可、政府采购等方面给予优先权。

第四节　企业对环境的社会责任

企业的环境责任是指企业在谋求自身盈利最大化及股东利益最大化的同时，还应当履行保护环境和维持社会可持续发展的责任。因此，该责任也可以被称为未来的责任。旨在增加企业对环境承担责任的联合国全球契约（UNGC）于2000年正式启动。2005年2月，第一次以法规的形式限制温室气体排放的《京都议定书》正式生效，意味着国际社会在推动环保、改善人类生存环境方面的合作有了进一步的实质性推进。2015年12月，200个缔约方在巴黎达成新的、旨在应对全球气候威胁的《巴黎气候协定》，协定明确提出：相较于前工业化气温水平，在21世纪末，通过减排温室气体把全球平均气温升高控制在2摄氏度之内，并为把升温控制在1.5摄氏度之内而努力。有必要指出的是，尽管我国还未完成工业化，但作为温室气体排放大国、也是负责任的发展中国家，出于维护全球环境安全的决心和意志，中国政府与美国一同首先在《巴黎气候协定》上签字，对该协定的最终达成和实施做出了突出贡献，得到了世界一致的称赞。随着环保理念的不断深化，环保政策和行业标准得到逐步完善和提高，控制污染、改善环境逐渐成为我国经济社会发展的重要目标。

一　企业对环境社会责任的内容

环境责任是人类生存和繁荣的前提，企业环境责任属于企业社会责任的一个重要方面。企业的生产经营活动离不开资源能源的消耗和废弃物排放，可以说，企业行为天然具有环境效应，而且在长期还有可能产生多种严重的社会问题。企业对环境的责任主要包括预防污染、资源的可持续利用、缓解和适应气候变化，以及保护和修复自然环境四个方面。

（一）预防污染

生产是企业活动的核心部分，但企业环境责任并不完全集中于生产环节，生产前预防污染同样包含着重要内容，甚至在某种程度上决定着整个企业环境责任的履行效果。企业使用原材料和能源的质量不仅决定了产品自身的质量，而且对于生产废弃物的种类和数量有着重要影响。为防止污染，企业应尽量使用可再生原材料与能源，通过对工作对象的设施、工序进行环境评价，尽可能地采用污染可能性低的生产方式。企业还应制定防止污染目标，并且通过自主管理来积极实现。

企业必须依法获取原材料，不超标使用有毒有害物质，这就要求企业必须建立原材料采购、验收制度，原辅料供方的信用和风险评价制度，从原料来源渠道预防污染，杜绝生产中的环境事故。

企业应当设立环评预算和设施预算。从资源节约和环境保护的角度出发，选择和使用原材料和能源，从战略的高度综合考虑成本、适用性等因素。企业应当在年度预算中设立原料采购环节的环境测评预算，确保清楚不同种类和质量的原材料有可能对环境造成的危害，以及危害程度等方面的情况，为生产环节的质量和环保控制提供指标参照。

每个项目必须进行环境影响评估，确保在规划和拟订发展计划的每个阶段，都将环境因素考虑在内。为推行策略性发展，环保机构应组织相关人员就环境事宜提供意见，为项目进行环境影响评估，执行协定的环保措施，提供所需的法规，协助制定发展策略。

企业应支持可再生能源的研发。只有研究开发出可再生的替代能源，不可再生能源的耗尽危机和污染性能源的替代才能从根本得到缓解和解决，从而实现资源的回收再利用，起到节约成本，提高效益，预防污染等一举多得的成效。

（二）自然资源的可持续利用

作为人类开发利用自然资源的一种新型理念，资源的可持续利用是指充分、合理、节约、高效利用现有自然资源，不断开发新的替代资源，以保证维护人类赖以生存的资源永续利用。

作为人类赖以生存的自然资源，总体上是稀缺的。伴随全球经济的快速发展，资源总需求量和总耗费量迅速增加。如何有效利用稀缺资源，是摆在资源使用和消耗的主要主体——企业面前的重要研究课题。节约原有资源、开发替代资源是应对资源短缺的重要途径。

为节约资源，最大限度地保护环境，企业应改变资源利用格局，提高资源供给能力，实现发展与资源环境相协调，把企业发展对资源的消耗和对生态环境的影响降到最低程度。为此，除了从根本上彻底转变经济发展方式外，还应通过技术创新、科学管理等途径推动产品结构、生产要素结构的优化升级，提高全要素生产率，并在资源综合利用上走可持续循环发展之路。

制造过程是主要的资源消耗过程，为减少资源消耗，最大限度使资源重复再利用，应该在生产的全过程中，积极推进清洁文明生产。为此，企业应加大节能技术的研究与推广应用力度，加强对已有生产装备的改进与创新。

从末端控制上，加大废弃物的综合利用。在资源保护上，企业应节约和开发并举、保护与扩张并重，最大限度地提高资源回收率、利用率，走一条"高效率、低消耗、低排放、可持续发展"的新型工业化之路。企业应以循环经济和转变生产方式为立足点，加强循环经济的技术支撑平台和产业发展基地建设。反过来，企业要在资源利用上"精打细算""精雕细刻"，以资源管理和利用方式的转变促进企业经济发展方式转型，以资源可持续利用促进经济社会可持续发展，给未来一个未来。

（三）缓解及适应气候变化

人类活动过度导致的全球变暖在一定程度上是不可避免的。不幸的是，全球变暖已经成为事实，海平面的上升、某些低海拔岛国国土面积的进一步缩小、冰川的快速融化等就是鲜明的佐证。从气候变化影响的广度和范围来讲，已经渐渐威胁到人类赖以生存的食物、饮用水、居住地等基本元素。这促使我们致力于降低和控制能引发热效应的温室气体的排放，于是，缓解和适应现有的气候变化状况成为一个新的挑战。

企业是能源等自然资源的主要消耗者和温室气体等污染物的主要排放者。伴随消费者环保意识的增强，其对产品的碳排放影响日益关注，对企业的减排要求日益强烈。作为全球供应链的一部分，为世界市场提供产品和服务的中国企业，也必然受到供应链减排的影响。一些发达国家对我国产品提出征收碳关税的要求，给众多企业带来直接的压力。因此，我国企业今后势必面临更加严格的环保标准和排放要求，企业应该丢掉幻想，顺势而为，变压力为动力，努力提升碳价值链条每个环节的内在价值，力争成为未来低碳经济的领跑者。

缓解气候变化之于企业，主要途径为：一是使用清洁能源、注重新能源开发；二是重视清洁生产，使整个生产过程对气候的负面影响降至最低；三是生产清洁产品，引导消费环节的能源和资源节约；四是采用合理方式回收和再利用废旧物品，减少其对气候和环境的二次污染。为此，企业应通过战略管理、资金投入、研究开发、生产工艺改造等各个环节给予协调配合，以提高环境约束下的企业核心竞争力。

（四）保护和修复自然环境

一方面，我们应采用多种方式阻止对生态和环境的进一步破坏；另一方面，对于已经造成的、威胁到人类生存发展的生态环境破坏应进行刻不容缓的修复。自然环境的修复包括对环境影响的回避、减轻、必要的补偿措施等。生态修复是自然环境保护中的重要技术（包括通过化学、物理、生物等技术对遭到污染的水、大气、土壤等进行修复），但在施工过程中和工程建成后要进行调查以确定效果，必要时要采取补救措施。从战略的角度对稀有物种和濒危物种的栖息地主动地、有计划地进行保护。企业施工过程中要使地形变化最小化，尽量避免或减少由于施工场地地形变化导致生物栖息地的消失或缩小。施工应选在对生物损害最小的时期进行。

二　企业履行环境责任的意义

环境（大自然）是人类和企业赖以生存的基础。就企业而言，其生产经营所需要的基本要素，包括健康的劳动力、土地、资源等无不是大自然的馈赠。但受益于大自然的企业不但没有给环境以应有的回报，反而在漫长的生产经营历史中对环境索取无度、不断地破坏自然环境，以至于最终影响到人类和企业自身的生存和发展。恩格斯在《自然辩证法》中曾警告人类："我们不要过分陶醉于我们对自然的胜利。对于每一次这样的胜利，自然界都报复了我们。每一次胜利在第一步确实取得了我们预期的结果，但是在第二步和第三步却有了完全不同的，出乎意料的影响，常常把第一个结果又取消了。"不幸的是，企业的行为、人类的实践一再证实了恩格斯警告的预见性和真理性。

以近几年的我国空气污染为例，自 2013 年起，一种被称为"雾霾"的空气污染逐渐被人们所熟知。其先是对京津冀地区的生产和生活造成严重影响，之后的几年，"雾霾"的浓度逐渐加强，且扩散范围逐渐南移。冬季的北方挥之不去的"雾霾"已经深深地伤害了人们的身心健康，而作为"雾霾"制造主体的一些企业也没能幸免。2016 年，"雾霾"严重之时，政府不得不采取行政命令限产停产，给相关企业带来了巨大的经济损失。据调查，地处石家庄的华北制药因"雾霾"停产造成的经济损失就高达 5000 多万元。由此可见，企业积极主动履行环境责任不仅对人类社会的长远发展具有重要意义，而且会在很大程度上推动企业自身的发展。反之，则会丧失人类和企业的未来。

以建设生态文明为主要内容的绿色发展时代，呼唤着我国更多的企业主动承担环境责任。

三　企业履行环境责任的改进与提高

（一）做好环评工作，从源头上减少和杜绝环境污染

从源头上杜绝环境污染的治本之策是对重大建设项目进行环境影响审查和评价。改革开放后，与我国快速推进的工业化

进程相伴而生的是严重的环境污染和生态危机，为了从源头遏制愈演愈烈、迅速蔓延的环境污染，我国于 2002 年出台了《中华人民共和国环境影响评价法》，2016 年 7 月第十二届全国人民代表大会常务委员会第二十一次会议对该法重新修订。改进和提高企业环境社会责任首先是敦促企业严格遵守《中华人民共和国环境影响评价法》，在产业布局、项目建设之前依法进行环评，做好环境影响报告书。政府则无偿地对报告书进行审核、审批、备案。对于故意弄虚作假的报告书和对环境有巨大潜在威胁而又事后无法补救的项目和产业不予审批，对位于环境敏感区域的建设项目慎重审批。

（二）健全法制，实行污染者付费，强制企业保护环境

开展环境保护和论证等方面的立法工作，尽快制定环境保护的配套法规，建立健全符合我国国情的环境保护法规体系。完善环境保护的管理制度体系建设，建立健全管理制度。以推行行政执法责任制和理顺执法体制为重点，推动综合执法；加大执法力度，加强环境问题的预防和处理。根据企业活动对环境造成的影响程度和所需的补救措施承担污染费用，并努力使企业把污染费用内部化。

（三）提高环保认识，摆正环境与经济效益的关系，促使企业自觉保护环境

企业须全员努力，通过各种途径培养、提高员工高效使用资源和能源的主动意识。加快推进制度创新，选取不同地区、不同类型的模范企业开展示范点建设，及时把行之有效的做法和成功经验，总结、规范、提炼，上升为制度规范。进一步修改完善环保活动指标标准体系及考核办法，学习其他国家和地区有效的环保政策和经验，以新的视野、新的角度审视环保责任，将环境责任管理融入企业全过程管理之中，建立起完善、

合理的环境管理体系，通过有效管理来履行保护环境的责任。

（四）企业依法回收处理废旧产品

全球范围内关于企业废旧产品处理的法律当前还未形成绝对统一的认识。作为全球制造业中心和世界工厂的中国，大量固体废旧物的产生和长期存在对环境造成了巨大的现实威胁和潜在威胁。为了节约资源和减少固体废物对环境造成的二次污染，我国在废旧产品领域制定和出台了包括《固体废物污染环境防治法》《清洁生产促进法》等在内的多层次的法律法规，为敦促企业回收处理废旧产品提供了基本法律依据。同时，为使法律法规的贯彻实施更加可行，在全球范围内，许多国家正在研究和出台关于废旧产品回收的技术标准，希望为企业履行产品环境责任提供基本依据。

（五）建立企业环境管理体系，开展全面环境管理

实现经济与环境协调发展，企业层面的有效途径之一，是建立科学完善的环境管理体系，提高环境管理水平。这不仅可以减少企业经营活动对环境的负面影响，还能促进国际贸易的交流，避免非关税贸易壁垒，尤其是环境壁垒。环境保护主管部门，应进一步提高对加快推进企业贯彻环境管理体系标准意义的认识，采取有力措施，积极营造良好的认证环境，进一步促进环境管理体系工作的全面开展。环境保护主管部门通过征求相关机构和行业协会的意见，向社会推出专业能力突出、信誉好的环境管理体系认证机构，以及认证良好行为企业，以引导并督促企业实施环境管理体系认证。对获证企业出现污染事故和存在环境违法行为的，通过媒体进行对外公布，并由环保部门进行处罚。

第五节　企业的其他社会责任

一　企业对社区的社会责任

企业的经营运作离不开特定的环境，在企业与所在社区的环境及其社区居民之间便形成了最为密切的关系。企业的社区社会责任表现为企业对经营所在地的利益相关方所承担的各层次责任，社区的主要利益相关方包括当地社区、行业组织和其他民间团体等。企业在实现盈利目标的同时，应该以社区的一员为出发点，对社区进行保护，避免对环境造成破坏，对居民健康产生不利影响。企业对社区的影响力和企业的社会责任，是企业生存和发展的最基本底线。不能为了利润而忽略当地的环境和社区居民的生活质量。

（一）企业对社区的社会责任内容

企业在组织生产时，必然会和周围的环境发生种种联系，而社区就是这种环境的总称。社区的发展和建设能为企业生产带来便利条件，因而企业有责任协助社区建设，这不仅是从企业自身经济利益出发，也是企业在社区获得发展的重要意义所在。

企业应该做到依法利用社区资源。企业所处的社区会为企业提供诸如医疗、公共卫生、环境保护、基础设施等方面的辅助性条件，企业在利用这些资源的时候，必须做到依照相关法律法规合理利用、节约利用，不只是考虑企业本身的生存和发展，更重要的是应该和社区中的其他企业在同样的约束条件下协同发展，保障社区的持续发展。

企业有责任推动地方经济发展。企业的生存和发展与地方经济紧密相连，地方经济发展好，企业自然受益。地方经济发展速度快、水平高，可以为企业在市场、供应链及生产等各个环节搭建很好的平台，创造好的环境，进而使企业在市场上保持竞争优势。因此，企业有责任为地方经济大环境的发展多做贡献，积极推进地方经济发展。

企业有责任推动社区的建设和发展。一个秩序良好、各方面公共设施运转正常的社区可以为企业提供良好的服务，解决企业后顾之忧，促进企业生产。社区可以为企业搭建顺畅沟通的平台，实现资源共享，从而降低企业成本。

（二）企业对社区责任管理的改进与提高

企业对社区责任的改进与提高可从以下几个方面推进和实施：

1. 推行全面责任管理

社区作为涵盖面最广的企业利益相关方，从各个领域对企业产生着直接或间接，或大或小的影响，对企业长远经营目标的实现起着举足轻重的作用。因而，企业在履行社区责任的过程中，须以全面责任管理为导向，推动企业全面履行对社区的社会责任。企业要客观评估自身履行对社区责任的现状，针对性地弥补不足，在企业内部全面推进社区社会责任，把保护社区环境作为企业经营战略的重要内容，建立有效的应急机制。

2. 完善企业社会责任战略体系

企业社会责任战略是企业整体发展战略的重要组成部分，是提升企业责任竞争力的核心措施和推进企业社会责任具体实践的指导性纲领，在企业的发展过程中占有重要的地位。包括战略分析、战略定位、战略实施在内的企业社会责任战略体系，其构建是一项系统工程，需要企业从决策层、管理层、执行层，从理念、方法、实践，从人力、物力、财力予以全方位的支持。

3. 借鉴吸收国际企业社会责任理念

积极借鉴国外比较成熟的企业社会责任理念，结合自身实际情况有选择地吸收。通过这种方式，既可以避免企业资源的浪费，又可以加快企业履行社会责任的进程，推动企业更好地履行社区责任。

国际权威组织提出的规则或倡议，值得我国企业学习和借鉴，对于企业履行社区社会责任同样有着重要的指导意义。以国际标准化组织制定的 ISO 26000 社会责任指南为例，该指南将企业对社区的责任总结为社区的社会发展、社区的经济发展和社区参与三大方面。在此基础上，对各个方面的责任进行细化，构建出一套完整的企业对社区所应承担责任的指标体系，这无疑对于指导中国企业履行社区社会责任具有重要意义。

4. 企业积极参与社区建设

要实现企业与社区的和谐共存与共同发展，企业的基本责任是保护社区环境。此外，还需要积极参与社区基础设施建设，关心社区居民，尽可能地帮助他们解决就业、养老、医疗、教育等方面的困难，形成社区与企业之间的良性互动。

二　企业对政府的社会责任

履行对政府的社会责任是企业生存与发展的必要条件。企业实施商业行为和获取利润是以遵守法律和公共政策为前提的，政府正是这些法律和政策等"游戏规则"的制定者。企业是社会中的重要成员，是经济责任、法律责任和道德责任的统一体。企业积极响应政策的制定和执行，通过与政府的沟通来对政府的政策形成反馈，从而达到检验政策效果的目的。

（一）遵守法律法规以及相关政策

不同于任何组织，国家拥有制定和实施法律的独特权力。

国家的角色是确保法律法规的有效实施，以此来培育合规的文化。政府在很多方面可以协助企业以为社会负责的方式运营。只有作为社会经济基本细胞的企业成为遵纪守法的一员，整个社会才能以成本最小的方式和谐运转。

（二）照章纳税

企业对国家的建设和发展担负着重要的经济责任，整个国家机器的维护、公共产品的提供、职能部门的运转都需要经济基础的支撑。企业缴纳的税收构成公共财政的重要基础，因而按时主动照章纳税是企业的必尽责任之一，也是企业享有政府公共服务的合理支付费用。

（三）响应政策倡导

政府的经济职能，包括促进产业发展、增强基础建设、提高人民收入水平、调控宏观经济形势，以及缩小贫富差距等方面都需要企业积极配合和参与。企业应响应政府所倡导的产业投资活动，如产业扶贫、基础建设等。企业可以通过同行业的合理竞争及政府政策的适当倾斜来实现产业扶贫，而企业的发展和纳税则能够为基础建设提供必不可少的经济支持。

（四）向政府提出合理化建议

积极回应政府号召的慈善公益活动。一个负责任的企业应该以促进国家发展为己任，总结自身经验，积极向政府提出合理的建议。当国家、人民遇到灾难的时候，企业应响应政府号召积极捐助，缓解政府面临的压力。

本章小结

本章在界定企业社会责任的性质、概括企业社会责任的特征和分类的基础上，以利益相关者理论为支撑，重点探讨了企业对员工、消费者和环境社会责任的内容、意义和改进措施。其中，企业对员工的社会责任主要涉及劳资、健康与安全、社会保障、工会、培训与发展等内容，需要通过提高理念、完善劳动合同、强化职业安全措施、参加员工社会保障体系、完善人才培训体系，搭建有效沟通机制等途径改进和提高企业的员工社会责任。企业对消费者社会责任的首要内容是提供符合消费者要求的、高质量、安全可靠、价格合理的产品和服务，并在此基础上引导消费者进行责任消费。增强企业消费者责任意识、完善法律法规、提高产品质量和服务安全水平、增强消费者维权意识、强化政府监管职能是改进和提高企业消费者责任的有效途径。预防污染、保证自然资源的可持续利用、缓解和适应气候变化、保护和修复自然环境等是企业履行环境社会责任的重要内容。企业承担环境社会责任有益于人类、社会和企业自身的可持续发展。做好环评工作、健全相关法律法规、依法回收处理废旧产品、建立企业环境管理体系是改进和提高企业环境责任的途径和方式。

第四章　我国的企业社会责任

现代企业社会责任起源于西方社会，20世纪90年代，企业社会责任的概念传入我国。伴随我国对外开放度和开放水平的提高，企业社会责任运动对我国产生了越来越明显的影响，也引起了我国企业、政府和学术界乃至社会大众的广泛关注。

第一节　现代企业社会责任运动对我国的影响

一　现代企业社会责任运动的兴起逐步引起我国的关注

（一）企业社会责任从提法到"工厂守则运动"

企业社会责任，自20世纪初提出，历经多年的演进，到20世纪80年代，终于在欧美发达国家兴起了包括劳工、环保、人权等方面的企业社会责任运动。面对来自各方面的责任压力，许多跨国公司根据自身的情况和发展需要，通过制定社会责任守则，对社会做出必要的承诺来回应社会压力，并进一步发展为守则运动。

企业社会责任运动最初源自劳工和人权组织发动的反"血汗工厂"运动。20世纪90年代初，针对制衣制鞋业对劳工和消费者的无情盘剥和奴役，美国劳工和人权组织发动了反"血汗工厂"运动，之后逐渐演变为企业生产守则运动，也叫企业行动规范运动或称工厂守则运动。促使企业履行社会责任是运动最明确的目标。

（二）可持续发展理念引发的新一轮社会责任浪潮开始影响我国

可持续发展理念提出并成为各国一致认可的基本价值观后，企业社会责任运动的新浪潮接踵而至。主要表现在：联合国各职能部门积极努力地宣传和推动；国际非政府组织（NGO）包括国际环保组织、消费者组织、工会组织、人权组织和宗教组织等，纷纷推出各种指导原则和标准；各国政府主动参与并引导相关活动；一些共同基金机构投资者发起了社会责任（SRI）基金，等等。正是因为这些机构和组织积极参与、高声呼吁和不懈努力地推动，企业社会责任运动才得以在全球逐渐兴起，并由最初的所谓"先锋运动"转变为一种被社会大众普遍接受的常规运动。在此背景下，一些跨国公司承受了巨大的外部压力，促使它们在制定社会责任守则、加大公信力和透明度、接受社会舆论监督、开始更好地承担社会责任方面，迈出了更大的步伐。与此同时，《福布斯》《财富》等权威商业媒体，在对企业进行评比排名时，增加了社会责任标准。越来越多的主流商学院开始在其核心课程设置上，加入了关于"企业社会责任"的课程，以培养未来的企业领导者和管理人员的社会责任意识。

现代企业社会责任运动作为一种国际潮流日渐深入，直接或间接地影响到已经对外开放并向市场经济迈进的中国，也引起有关方面和有识之士的关注。比如，我国国资委等部门为准备在央企实施社会责任，组织了长时间、大规模的调查研究，其中就包括对20世纪90年代以来国际社会责任运动浪潮等方面的调研，并在调研基础上提出关于中央企业履行社会责任的指导意见。

二　《企业社会责任的国际标准》拉近了我国与国际企业社会责任运动的距离

（一）《企业社会责任的国际标准》的推出

《企业社会责任的国际标准》，简称"SA 8000"。它是由总部设在美国纽约的民间机构即社会责任国际（简称 SAI）于 1997 年 10 月提出和推行的，同时对外公布了 SA 8000 第一版，并规定原则上该标准每四年修订一次。以后经过欧美多数跨国企业认可并加以推动，SA 8000 作为一项企业道德标准，逐渐成为全球第一个企业社会责任认证标准。SA 8000 对企业工作时间、工作环境、员工健康与安全、薪酬、培训、工会权利等方面都设置了最低标准，要求企业在获利的同时，对利益相关者、环境等方面也要承担相应的社会责任，并明确提出其宗旨是"赋予市场经济以人道主义"。

2014 年 7 月，SAI 正式颁布了 SA 8000：2014 标准，目前正在新旧标准的转换期。关于企业社会责任的规定，最新版本包括涉及不使用童工、不强迫劳动、健康与安全、结社自由和谈判权利、不歧视、不使用惩戒性措施、工资报酬、遵守劳动时间、管理评审和监控等领域的内容，对标准的目的和范围等方面的规定更明确、更宽泛、更具体了一些。参见下页表1。

（二）SA 8000 标准对我国的直接影响

据统计，截至 2014 年 6 月，全世界通过该标准认证的企业 3388 家，其中我国共有 601 家，这些企业分布在纺织、服装、鞋类、化工等行业，涉及除青海地区的所有省、直辖市。

总的看来，SA 8000 标准的制定和推行，对企业社会责任运动的发展起到了一定的推动作用，但远未达到制定者和推动者预期的效果。一方面，它还没有被国际劳工组织和其他国际标准机构正式认可，还不能被视为真正的权威性的国际标准，因而至今还没有一个国家的政府包括标准制定者总部所在地美国在内将其作为强制标准加以推行；另一方面，人们对它的认识分歧严重，众说纷纭，可谓说好说坏、肯定否定、部分肯定部分否定的都有，并成为管理学、法学、社会学等理论界和企业界争论的焦点。讨论的重点集中在 SA 8000 标准的权威性、适应范围和未来发展趋势等方面。

表 1   SA 8000：2014 标准特点

条款 1——童工	未有重大变更
条款 2——强迫与强制劳动	·新版要求：不得由工人支付雇佣费用或成本。
条款 3——健康与安全	·对改进流程要求进行了重构和扩充，重点在于预防。 ·条款 3.2 中提到"组织应委任一名高级管理者代表负责确保为所有人员提供一个安全、健康的工作环境"，其中"所有人员"还包括了哺乳期女工。 ·条款 3.3 强调了在降低或消除健康与安全危害后提供和使用个人防护设备。 ·新版要求 3.5 规定成立由按合理比例分配的管理者代表和工人组成的健康与安全委员会。 ·条款 3.6 强化了当技术更新和/或引进新设备引发新的风险时反复进行培训的必要性。 ·条款 3.7 扩充了一条说明：组织有责任处理居住场所、房产及工作场所发生的事故。 ·条款 3.8 在员工免费就餐场所列表中增加了适当放宽就餐时间的内容。
条款 4——结社自由与集体谈判权	未有重大变更。
条款 5——歧视	微小变更。
条款 6——惩戒措施	未有重大变更。

条款 7——工时	未有重大变更。
条款 8——薪酬	微小变更。
条款 9——管理体系	·对要求进行了重构和扩充，以对要求进行解释并加深对何为有效的管理体系的理解。 ·条款 9.1 扩充了一条要求：制定执行 SA 8000 标准的方针与程序，并在居住场所和其他财产处张贴政策声明。 ·新版要求 9.2 要求建立一个由管理者和 SA 8000 工人代表组成的社会绩效组。社会绩效组应参与风险的识别与评价、工作场所持续监视和纠正措施的执行。 ·新版要求 9.3 要求社会绩效组定期进行书面风险评价及与外部利益相关者进行沟通，向高层管理者推荐应对风险的措施及依据识别出的风险的严重程度安排好采取这些措施的优先顺序。 ·新版要求 9.4 强调了社会绩效组在负责监视风险应对措施、促进例行内审和定期召开会议以评审进展程度与识别所需的潜在改进方面的作用。 ·新版要求 9.5 规定了必要的内部沟通。 ·新版要求 9.6 强调了为所有人员和利益相关者建立书面非报复性投诉机制的必要性。 ·新版要求 9.7 包括了组织须全面配合通知与不予通知审核的实施，并强调了与利益相者方共同参与审核的必要性。 ·新版要求 9.8 规定组织应建立管理预防措施，充分利用预防与纠正措施及识别社会绩效组的作用的方针和程序。要求还指出了保留有关 SA 8000 不符合项，根本原因分析及纠正与预防措施的记录的必要性。 ·新版要求 9.9 强调了组织需要制订风险评价培训计划，包括度量评价功能与定期评价，以维持体系的有效性。 ·新版要求 9.10 阐明了组织在管理其供应链方面的责任，并将尽职审查这一概念引入供应链管理中。

资料来源：http：//tbt. testrust. com/library/detail/18027. html。

持否定态度的企业界人士认为该标准有"劳工贸易壁垒"色彩，难以执行。另有人认为该标准缺乏考虑国情基础上的差别化原则，只适合发达国家的标准，发展中国家的许多企业难以做到。有的认为认证费用太高，认证过程繁杂，难于应对。

有的机构和学者持肯定态度，认为制定和推行 SA 8000标准是人类社会的一大进步，它使企业社会责任有了质的界限和量化标准，不再像过去那样的笼统模糊，因此应积极推广执行。有些专家认为，应当从各国经济社会必然继续向前发展的角度，即用发展的眼光看待 SA 8000 标准。专家们据此推论 SA 8000 标准最终会成为国际性标准，而且呼吁我国出口企业着眼未来，未雨绸缪，积极与 SA 8000 标准做好对接工作。

我国国内有许多媒体、学者及机构对 SA 8000 标准持肯定意见。如《标准信息服务通讯》就认为，随着对 SA 8000 标准的不断修订完善，该标准将会发展成为一个覆盖社会、道德和环境等范围更广的标准。之所以这样看，是因为他们认为 SA 8000标准具有如下八个方面的优点：满足客户强制性要求；确保与改善客户和供货商的长期合作关系；提升企业竞争能力；尊重员工生命和人权，提升企业形象；提升员工凝聚力和向心力；改善与工会及相关者的关系；顺应国际形势，追求企业持续发展；环境、质量及社会责任管理系统的全面整合等。

尽管 SA 8000 标准确因其自身的不足和外部的阻力，运行不畅，成果有限。但它所引发的大讨论有利于催生新的更具权威性的国际标准，有利于深化人们对企业社会责任的认识，而且在一定程度上推进了包括我国在内的世界企业社会责任运动，并使其开始向标准化方向发展。从这个意义上讲，虽然大家对

SA 8000 褒贬不一,其预期目标也远未达到,但它至少起到了抛砖引玉的作用。

三 《联合国全球协约》受到我国的积极响应

(一)《联合国全球协约》受到我国各界的认同

1999 年 1 月,在瑞士举行的世界经济论坛上,时任联合国秘书长的安南提出了企业界的《全球契约》,明确要求企业界领导人在企业经营管理中,维护人权以及正当的环境和劳工标准,"接受和制定"一套普遍原则。在此基础上,三年后,联合国又正式发布了《联合国全球协约》。该协约围绕劳工、人权、环境三个方面规定了 9 项原则。联合国提出的这个《全球协约》,受到了包括我国在内的世界各国以及企业界的重视和响应,我国的许多企业也加入了这个协约,把社会责任作为企业责任的重要组成部分开始成为企业广泛的共识。人们普遍认识到企业生存于社会,社会与企业是密不可分的命运共同体。这要求企业在发展中必须承担社会责任,而且只有在全面履行社会责任中才能谋求企业持续发展。这个结论和共识,既来自企业社会责任运动的外部影响和推动,也来自国内外惨痛的历史教训与无数重大责任事故。

就现代意义上的社会责任而言,与西方发达国家相比,我国的社会责任意识和社会责任行动还相对滞后。这与我国的社会制度、发展阶段、发展程度等因素有关。但这不等于说我们的企业全无社会责任可言,即使从新中国成立到改革开放前这个阶段来看,也是如此。社会制度决定了彼时的企业只有社会责任,没有自己的利益,国家办企业,企业办社会,企业的社会责任可谓无所不包。不过,这种做法与现在所讲的社会责任在目标和范围、形式和内涵等方面都有很大的差别,我国的企业实际上是在完成指令性任务时执行了社会责任。这不是谁的过错，甚至不能说是过错，而是由历史条件和当时的国际环境所造成的一种特殊现象。尽管如此，由此养成的责任观念也不失为一笔精神财富，如果继承或加以合理利用，今天的企业社会责任运动在我国的发展也就成为理所当然、顺理成章的事情，做起来也会变得容易和顺利。论述这段历史的目的不在于肯定或否定什么，主要想说明，我国上下各界尤其是企业界，在提高企业社会责任认识的基础上，是能够也乐于顺应国际潮流，响应联合国的倡议，把企业社会责任运动广泛深入地开展起来，使发展可持续，使社会更和谐。

（二）我国通过实际行动努力履行联合全球协约

一是在立法中，我们的许多法律法规如《中华人民共和国环境保护法》（1989）、《中华人民共和国工会法》（1992）、《中华人民共和国劳动法》（1994）、《中华人民共和国合同法》（1999）、《中华人民共和国职业病防治法》（2001）、《中华人民共和国安全生产法》（2002）、《禁止使用童工的规定》（1991）、《工伤保险条例》（2003）、《最低工资规定》（2004）等，都或多或少地体现了目前国际上普遍关注的社会责任方面的某些内容，在一定程度上约束和规范了企业行为，为企业履行社会责任提供了一定程度的法律依据和保障。

二是国家领导人重视社会责任工作，我国国家主席和总理不断在国内外多种场合明确阐述社会责任理念及其必要性、必然性，强调企业必须承担社会责任。比如，国际标准化组织第39届大会于2016年9月12日在北京国家会议中心成功召开，国家主席习近平代表中国向大会发去贺信，强调中国将积极实施标准化战略，以标准助力创新发展、协调发展、绿色发展、开放发展、共享发展。中国愿同世界各国一道，深化标准合作，加强交流互鉴，共同完善国际标准体系。

三是在国际潮流的冲击下，作为"先知先觉"人群，我国知识界在社会责任方面最先开始了行动。相关研究机构、行业协会和专家学者率先对社会责任进行潜心研究，著书立说，大声疾呼，呼唤企业社会责任运动在中国的兴起。早在 2002 年，北京大学经济观察研究中心主任仲大军就发表了《当前中国企业的社会责任》，产生了较大的影响，应该是国内第一篇系统研究企业社会责任的文章。此后，越来越多的人开始关注和研究企业社会责任问题，相关理论专著和文章也如雨后春笋般出现在报刊和书架上。这些研究和论著各有侧重，又各有所长，提高了人们对企业社会责任的认知度，为社会责任铺设必要的理论基础，对促进实践发展有先导性的重要作用。

四是在国际企业社会责任运动推动下，在国内日趋高涨的呼声中，一些行业协会和研究机构加紧了对我国自身的社会责任管理体系、企业社会责任标准的研究制定工作。最早对企业社会责任进行系统性研究的浙江华盟文化，从 2003 年开始密切关注、跟踪企业社会责任理论研究和各种企业案例。并于 2004 年正式成立浙江华盟社会责任研究中心作为专门的研究机构，开展了系统的理论、数据的查阅、分析和研究工作。他们通过举办论坛、成立中国企业社会责任联盟等形式，获取了大量理论和市场资源。历经数年理论研究和管理实践，根据我国经济社会发展现状，制定了《HM3000 中国企业社会责任标准体系》，简称"HM3000"。这是我国自行制定的、国内首部系统的企业社会责任标准，标志着从 2007 年 7 月起，世界企业社会责任标准建设领域有了中国的声音。许多组织期待它能得到普遍认可，并在实践中得以推广应用。此外，在此期间，中国纺织工业协会于 2005 年推出了《中国纺织企业社会责任管理体系》

（CSC 9000T），随后在该行业中推行。CSC 9000T 是我国第一个行业性的社会责任管理体系。经过试点、扩面、帮助中小纺织企业进行社会责任培训和培养社会责任管理人员，CSC 9000T 逐渐被该行业更多的企业接受并实施。这说明，我国在企业社会责任意识、研究、管理、标准制定等方面都已经有所进展，而且发展前景良好。

四　经济全球化加快了我国企业社会责任运动的进程

（一）经济全球化带来了企业社会责任的先进理念

伴随经济全球化的推进和我国加入 WTO，我国融入世界的深度和广度前所未有，并且中国与国际社会形成了你中有我，我中有你，交流合作，互利共赢的良好局面。在这种局面下，世界范围内几乎所有重大事件和运动，必然波及和影响到全球，社会责任运动自然也不例外。作为世界最大的发展中大国的中国更无法完全置身事外或独善其身，否则很难立足于世界民族之林。正如中国人民大学常凯教授 2004 年 2 月在《经济全球化与企业社会责任运动》一文中所说：“经济全球化将市场经济的经济规则推向了全球范围，但同时也将市场经济内在的基本矛盾——劳资矛盾，播向了世界各地。如何协调和解决这一矛盾，已经成为各国经济和社会发展所面临的最为突出的问题之一。与此同时，作为缓和协调劳资矛盾手段之一的企业社会责任运动，也从欧美兴起并开始进入中国。如何评价、把握和应对这一运动，是中国入世后必须要面对的问题。”[①]

经济全球化给我们带来了先进的经营管理经验、技术和

---

① 常凯：《经济全球化与企业社会责任运动》，《中国远洋航务》2004 年第 4 期，第 3—35 页。

发展模式，同时也带来了成熟市场经济国家重视社会责任的先进理念。这种理念推动下的企业社会责任建设也必然成为中国的发展趋势，不管我们愿意不愿意，不管国际社会是有意还是无意。

(二) 跨国公司对我国企业的推动作用

在经济全球化进程中，跨国公司始终是主导全球经济的最重要力量，扮演着无可替代的重要角色，而他们又是最早进入我国市场的主力军。因此，观察经济全球化对我国企业社会责任的影响，在很大程度上是看跨国公司对我国企业社会责任的影响。我国对外开放后，重视引进外资，外商特别是跨国公司直接投资快速增长。迄今为止，几乎所有的世界 500 强公司都在我国设立了企业或机构，甚至设立了总部，如沃尔玛、惠普、微软等企业。于是，跨国企业在社会责任方面的理念和做法，逐渐影响到我国企业。在出口导向型国家开放战略背景下，基于劳动力丰富而廉价的比较优势，我国低技术含量、劳动密集型的制造业具有了全球性的竞争优势。但在长期的 GDP 迷信和追求经济高速增长的过程中，忽视了劳工权益保护。甚至，低工资、低劳动保护恰恰成为增强我国企业在国际市场上的竞争力和推动经济高速增长的重要因素。然而，经济全球化不仅是资源配置的全球化，也是包括企业社会责任标准在内的国际标准的全球适用化。伴随经济全球化的推进和跨国公司活动范围的扩大，企业社会责任运动也越来越深刻地影响我国。全球社会责任运动的重要内容之一是推动企业执行 SA 8000 等国家标准，保护劳工权益。在此背景下，包括劳工组织、人权组织、消费者组织等在内的国际社会组织，纷纷表达了对我国企业社会责任状况的严重不满，向中国政府和企业施压。一方面，针对我国出口加工企业的劳工问题，他们专门制定了可供遵守的工厂守则；另一方面，又联合起草了《中国商业原则》，并促使多家跨国公司签署。《中国商业原则》明确要求，国际劳工组织制定的基本劳工标准和联合国有关公约规定的基本人权标准，应该而且必须在中国的商业活动中被尊重和严格遵守。进入 21 世纪后，企业社会责任运动进一步发展和深化，迫于压力和公司内部发展的需要，跨国公司纷纷开始对其上游供应商实施企业社会责任审核和评估，而且把这种审核作为是否与其合作、进而成为商业伙伴的前提条件。比如沃尔玛，其在我国的供应商达 6000 多家，经评估审核，40% 左右的供应商因达不到规定的社会责任标准而被淘汰，还有很多被限期整改。跨国公司进入我国后的这一系列做法，迫使我们的企业特别是作为跨国公司供应商的企业必然要积极应对，这就自然而然地推动了我国企业社会责任运动的发展。

跨国公司进入我国也造成了一些负面影响，例如由于我国的社会责任工作刚刚起步，社会公众要求不严，企业管理偏松，政府监督不力，法律法规还不健全，有不少漏洞和空子可钻，一部分来自发达国家的大企业并未按其在母国的标准在我国承担社会责任，而是漠视以至推诿这种责任。他们在母国能很好地承担社会责任，满足社会的期待。但一旦踏上我国国土却开始钻法律的空子，不承担或打折扣地承担社会责任。由于跨国公司的世界影响力大，他们的一举一动都受到全球关注，因此跨国公司在承担社会责任的选择性做法和机会主义行为，使我们的社会责任问题变得越发严重，受到国际社会的广泛诟病。不过这种负面影响也是一种促进剂，促使我们从反面更加清醒地认识到开展社会责任工作的必要性和现实性，有利于我们尽快全面加强社会责任建设。

第二节　我国实施企业社会责任
的必要性和现实意义

一　实施企业社会责任的必要性

(一) 全球经济一体化的需要

在经济全球化的进程中，中国作为国际社会大家庭的重要成员必然要参与其中，并在与世界各经济体的相互依存和交流合作中发展自身。正如上文所述，这种一体化进程也必然促进我国的企业社会责任发展。中国的发展离不开世界，离不开全球经济一体化。正是经济全球化，我国的劳动力优势才转化为国际竞争优势，使我国综合国力迅速提升，并超越日本成为世界第二大经济体。反之，全球经济一体化也意味着交易规则和标准的统一，作为仅次于美国的第二大经济体，我国需承担应有的企业社会责任，与国际社会一道共同应对全球面临的各种社会问题、环境问题和资源问题等。

(二) 市场经济发展的需要

改革开放以后，我国资源配置方式由计划经济逐渐转向市场经济。竞争是市场经济体制的内在要求和基本特征。市场经济提倡在企业内部、企业之间、国与国之间进行公平竞争。与此同时，市场经济体制下的社会化分工与交换，又造成了全社会普遍的相互依存关系。企业在谋求自身发展和利益的同时，占用了大量社会资源。提倡竞争，但不提倡无序竞争，企业应以不损害他人和公共利益为前提进行公平竞争及生产经营活动。如果反之，以追求利润为唯一目标，甚至为此进行恶性的无序竞争，不惜损害他人和社会公共利益，生产销售假冒伪劣甚至有害有毒产品，置他人生死于不顾，这种企业不论大小，不论名气多大，迟早必将受到法律制裁，并被社会所淘汰。令人扼腕叹息的是，这样的事情已经频繁发生。为减少由不当竞争引发的类似恶性事件，建立法律法规，完善法制成为必要。从这个意义上讲，市场经济就是法制经济。除了法律手段之外，解决上述问题的另一有效途径是开展企业社会责任运动，倡导所有企业必须全面履行社会责任。

（三）构建和谐社会和企业自身发展的需要

构建社会主义和谐社会，是中国特色社会主义"五位一体"战略布局的重要一环，是平安中国的期盼，是摆在全社会包括企业面前的重大而迫切的战略性任务。企业作为社会的"细胞"，其生存和发展离不开社会，因此，积极主动参与和谐社会建设责无旁贷。当然，企业也是最有能力作出特殊贡献的社会组织。正因为如此，构建和谐社会的系统工程特别需要企业以负责任的行为参与并作出其应有的贡献。不言而喻的是，企业也必将从中收获相应的回报，使自己拥有和谐的发展环境。

构建和谐社会的重要途径之一是要求企业切实履行社会责任。构建和谐社会离不开政府和全社会的努力。企业作为市场主体和重要的社会成员，不但有义务通过善待员工等途径妥善解决内部各种矛盾，以达到内部和谐，而且必须担负起消费者、环境、社区、资源、公益事业等方面的社会责任，为社会和谐作出贡献，做到取自社会，回馈社会。企业承担社会责任体现的是以人为本、以社会和谐为己任的先进理念，树立的是良好的企业公民形象。

企业承担社会责任并非单方面付出，也是自身发展的必然要求和必行之策。试想，没有和谐的社会环境、自然环境、生产和消费环境、充足的资源和企业内部的和谐关系，何来企业的自身发展，更何谈持续发展？所以，履行社会责任既是建设和谐社会对企业的必然要求，也是企业自身生存和长远发展的内在需求。总之，企业履行社会责任利国、利民也利己。在利己方面，具体而言，就是有利于预防和控制经营风险、激发员工的向心力和创造活力、促进企业创新发展、提高社会的信任感和美誉度、增强企业竞争力，为企业可持续发展创造基本条件。

（四）科学发展观和可持续发展的需要

科学发展观，就是坚持以人为本，全面、协调、可持续的发展观。科学发展观是以邓小平理论和"三个代表"重要思想为指导，立足社会主义初级阶段基本国情，总结中国发展实践，借鉴国外发展经验，适应中国发展要求而提出的重大战略思想。科学发展观也是为了全面建设小康社会和转变经济增长方式而提出的、关于发展的新理念。统筹人与自然，实现经济、社会与环境的协调，实现可持续发展等是科学发展观的基本要求。

实施可持续发展战略是我国政府的重大决策，不仅符合中国国情和长远发展目标的需求，也符合当今的国际潮流。可持续发展日益成为发达国家企业社会责任的核心内容。国际国内和社会各界越来越清醒地意识到，以大量的劳力、环境、资源投入换取的经济高增长是不可持续的。企业既是社会财富的创造者，也往往是损害环境、浪费资源的责任人。企业在经济社会的这种独特地位，决定了其在转变经济增长方式、建成全面小康社会、实现可持续发展目标的战略任务中扮演着重要角色。企业能否积极履行社会责任，能否选择正确的经营方式和利润增长点，直接关系到企业是否落实科学发展观，是否走可持续发展之路，是否成为公认的形象良好的社会"企业公民"。由此可见，企业长久发展之计是在谋求经济效益的同时承担社会责任。相反，以逃避社会责任的舍义取利，必将祸国殃民害人害己，并走向不归之路。

实践也证明了企业承担社会责任与其财务价值呈高度正相关关系。有大量正反两方面的案例可以证明。例如：丰田汽车开发的名为普雷斯的油电混合动力车，就是企业履行社会责任赢得竞争优势的典范。普雷斯车排放的有害污染物仅相当于传统车辆的10%，汽油消耗量减少50%。它为丰田公司赢得了显著的领先优势，在客户中树立了独一无二的地位，并且顺利地把它的技术发展成为世界标准，福特和其他许多世界知名汽车公司都引进和推广了这种技术。相反，曾经作为中国三大乳业巨头之一的三鹿集团，由于责任意识严重缺失，甚至是良心泯灭，不仅导致其产品对消费者（最弱势、最需要社会保护的婴幼儿）的健康乃至生命造成无可挽回的伤害，使企业受到严厉的法律制裁，而且也导致其声名狼藉，甚至臭名远扬，最后在市场上彻底销声匿迹。这足以说明，企业与社会已经成为一荣俱荣、一损俱损的命运共同体，企业要想永续发展，不能只承担经济责任，而必须全面履行社会责任。

（五）供给侧结构性改革的需要

伴随后危机时代的来临，我国经济进入新常态，经济增长面临持续下行压力，以往行之有效的需求管理因其边际效益下降，对此亦无能为力。在此背景下，2015年11月10日召开的中央财经领导小组第十一次会议上，习近平总书记提出：在适度扩大总需求的同时，着力加强供给侧结构性改革，着力提高供给体系质量和效率，增强经济持续增长动力，推动我国社会生产力实现整体跃升。把供给侧结构性改革作为改革和经济发展主线是认识新常态、引领新常态的战略思维和战略举措。

当前，我国供给侧结构性矛盾集中表现为产品结构不合理：高端产品供给不足，中低端产品供给过剩；产品有效供给不足，无效供给过剩。这导致近年来我国钢铁、煤炭、水泥、房地产等行业存在严重产能过剩和高库存的同时，出现了每年上万亿元的、规模巨大的消费外溢。不合理的产品结构，其实质是生产要素结构中技术、管理、创新不足导致的全要素生产率低下，以及产业结构合理化和高度化不够的微观表现，是供给体系质量和效率欠佳、对需求结构变化的适应性和灵活性不强的具体体现。供给侧结构性改革正是针对上述经济结构问题，从供给侧着手推动的改革，目的是提高供给体系的质量和效率，使其更好地适应需求结构的变化，最终推动社会生产力的发展。

如果说需求侧管理的的作用对象是消费者、购买者，供给侧管理的作用对象则是生产者和销售者，也就是企业。从政府的角度看，供给侧结构性改革是通过减税，创造更加公平、公正的市场环境，以调动企业的积极性。但提高供给体系的质量和效率，最主要的是企业对消费者承担起应有的责任，包括通过进行创新投资提高企业创新能力，诚实地为消费者提供价格合理的高质量产品。目前，愈演愈烈的"海购潮"，分析其供给侧原因，除了因技术、创新、设计等落后，导致产品供给不能满足消费结构升级后的有效需求外，假冒伪劣、粗制滥造、以次充好的商品与服务充斥市场，肆无忌惮地危害消费者权益同样是不可忽视的重要因素。在信息不对称、投诉渠道不畅且成本高昂的情况下，部分消费者因对国内市场丧失信心转而选择海外市场。为此，企业应正视现状，通过积极承担起对消费者的社会责任，生产和销售货真价实、多元化、个性化、价格公道的高质量产品，在赢得消费者的信赖和支持的同时，维护企业的长远发展。

二 实施企业社会责任的现实意义

（一）有利于提高企业竞争力、降低经营风险

如前所述，利益相关者理论、社会契约理论、企业公民理论等都从各自的角度说明企业履行社会责任的必要性。而企业社会责任实践则证明了企业履行社会责任的可行性。实践证明，对多数企业而言，承担社会责任短期内可能增加企业成本，进而影响企业短期利益。但长期看，企业履行社会责任的状况与企业的财务价值呈高度的正相关性。原因主要是：企业履行社会责任可以促进经济社会的良性发展，从而为企业的进一步发展提供良好的宏观环境；企业在承担社会责任的过程中，会受到社会的普遍尊重和支持，从而提高企业的品牌价值，赢得忠实客户等。因前文有所说明，此处不再赘述。

（二）有利于节约资源、发展循环经济和建设生态文明

随着人口增长、经济快速发展和工业化进程加快，面临着越来越大的资源和环境压力，于是，建设生态文明成为中国特色社会主义"五位一体"建设布局的重要内容，"绿色"成为推动经济社会发展的重要理念。企业既是市场生产主体，也是资源消耗和环境污染的主体，所以国际社会、政府和环保组织通过各种方式不断向企业施压，要求其重视资源节约和环境保护工作。面对来自法律、政府、社会公众期盼带来的压力，企业理性的选择不是回避，而是积极承担起包括资源和环境责任在内的全面的社会责任，以造福于当代和子孙后代，维护自身和人类社会的可持续发展。

（三）有利于我国发展国际政治经济关系和中国企业顺利走向国际舞台

改革开放近 40 年，我国经济取得了举世瞩目的巨大成就，并于 2010 年超越日本，成为全球第二大经济体。不可回避的现实是，在我国企业和产品进入国际市场的同时，我国企业也不得不遵守国际通行的准则和全球协定。进一步发展国际政治经济关系，落实中国企业"走出去"和"一带一路"战略，需要政府和企业共同努力。

在国际政治经济关系方面，处于国家实力上升期的我国政府由于积极承担国际责任，赢得了国际社会对我国大国地位的认同，为我国的和平发展营造了良好的国际环境。但是，只有政府承担责任是远远不够的。在世界经济一体化的今天，企业的价值取向和发展诉求，在一定程度上代表着国家的价值取向和发展诉求。是否承认国际社会责任、能否履行企业社会责任标准，代表并考验着我国企业及企业家的胸怀、气量、魄力和能力。比如，社会责任被国际社会公认为是现代企业家的核心要素，而中国企业的劳工问题一直备受发达国家诟病。实际情况是在一些非公经济组织尤其是出口加工企业确实存在延长工时、不付加班费、克扣或拖欠工资乃至雇用童工、不提供应有的劳动保障等违法问题，为国际社会和跨国公司指责我国企业提供了口实，如此等等，不一而足。有的问题在国际社会造成恶劣影响，甚至损害了国际社会对中国和中华民族的认同。中国企业如果不能赢得世界的认可，受影响的必将是整个中国。此外，走出国门或即将走出去的企业，带给世界的不仅是中国的产品、技术和劳务，更肩负着讲好中国故事、传承中华友谊、推动国际合作的政治使命。在海外的中国企业，如果出现社会责任缺失的行为，不但会严重阻碍本企业自身的发展，而且有可能将个别企业行为上升为国家行为，进而影响中国的国际形象和"和谐世界"理念的实现。

伴随经济全球化进程，国外企业走进来、国内企业走出去的步伐日渐加快。呈现在我国企业面前的是既合作又竞争的复杂局面，突出的难题是企业社会责任与国际社会客观存在的差距。面对来势汹汹的国际企业社会责任运动浪潮，我国企业只有顺应这种潮流，积极承担社会责任，才能平衡国家之间、企业之间以及企业与社会之间的利益关系，才能在国际市场上有立足之地和实现企业的长远发展。进入 21 世纪后，大多数西方知名跨国企业在选择合作伙伴时，都对其全球相关供应商实施企业责任评估和审核。仅据对 56 家跨国公司的不完全统计，他们已对中国沿海地区作为他们供货商的企业进行社会责任检查的达数千家之多，并淘汰了其中的一大批不合格供应商。企业履行社会责任的现实必要性，由此可见一斑。所以，中国企业要想扭转不利的国际形象，以公正、公平、健康、负责的全新形象参与国际竞争，就必须切实履行社会责任。

2008 年国际金融危机爆发以来，世界经济复苏乏力，且进入"大停滞"时期。各国为了自保，纷纷举起贸易保护主义的大旗，逆全球化浪潮涌起。西方发达国家更是把企业社会责任与订单直接挂钩，致使我国出口受阻。为此，一方面，企业应克服短期困难，努力按照国际惯例承担起应有的社会责任，减少贸易摩擦给企业发展带来的损失；另一方面，我国企业应该组织起来，积极参与制定包括企业社会责任在内的国际规则，制定符合我国发展阶段、具体国情的企业社会责任标准。

实施企业社会责任的重要性和现实意义，是显而易见的，也是多方面的。这里仅以上述几个方面为例并略加说明。

第三节 我国企业社会责任的演化、
特点及存在的问题

一 我国企业社会责任的演化和基本特征

（一）19 世纪下半叶到民国成立

我国的现代企业产生于晚清时期，即 19 世纪下半叶，是在传统封建力量的压制以及西方列强侵略的环境中艰难成长起来的，并承担了特定历史背景下赋予企业的社会责任。

受英美等国不断在我国开设贸易公司的影响，一部分中国人逐步认同了公司这一经济组织方式，于是，一些具有前瞻意识和世界眼光的本土企业在我国开始了公司制实践。清政府于1904 年颁布《公司律》之后，我国企业进入一个新的发展时期。据统计，1904—1908 年的四年间，大约有 272 家各类公司在我国注册成立。

晚清时期的中国企业，不可能有现代意义上的、完整的企业社会责任。其承担的社会责任具有鲜明的晚清时代特色。归纳起来，大致有三种：

一是企业的保利权责任。晚清时的中国近代社会在外交、军事、政治、经济、文化等方面面临着巨大的外来冲击。事实上，这是先进的工业文明对走向衰落的农业文明的冲击，是现代资本主义制度对走向末路的封建制度的冲击。晚清政府部分开明官僚和有识之士，如李鸿章、张之洞等透过这种文明冲突认识到富国裕民的重要性，纷纷通过兴办企业与洋人竞争，以期实现"保利权"的目标。"收回利权""分其利权""以保利权"正是轮船招商局、上海机器织布局、滦州煤矿等企业兴建的重要目的。

由此可见，近代中国公司制企业发展之初就承担了过多的非营利性职能，使营利功能服从于甚至让位于广泛的社会、政治功能。这便是当时企业的"保利权"责任。

二是企业的官利责任。西方股份公司企业被移植到中国后，投资人利益分配制度变成了"官利"制度。所谓官利，即只要持有股票成为股东，就有按固定利率获取"官利"的权利，而不管企业经营状况如何。也就是说，"官利"一旦确定，其征收与否、征收多少不取决于企业经营状况，是与企业盈利完全脱钩的。因为"官利"的计算和派送是事先的、企业营业利润结算之前进行的。

三是企业的报效责任。晚清政府规定，凡是经政府允许或支持开办的企业，除了缴纳税金和厘金之外，还必须通过缴纳一定比例报效金的方式对政府承担回报责任。报效的范围主要是承担慈善、替代政府提供无偿公共服务等，报效金的征收对象先是官助商办企业，后扩大到商办企业，最后全部企业都必须上缴。企业的报效责任打击了私人投资者创办或参股新式企业的积极性，削弱了企业扩大经营规模的能力。企业的报效责任是一种带有浓重封建经济伦理色彩的责任制度，一直沿用到清朝，最后土崩瓦解。

（二）民国时期到新中国成立

在辛亥革命后的近40年时间内，中国经历了频繁的政府更迭、持续多年的军阀混战、残酷的外敌入侵、驱逐鞑虏后的国共内战。与此同时，中国企业面临的是历史上罕见的、错综复杂而又不断变化的社会经济政治环境，并在困境中曲折发展，且有了集团化的趋势。在此背景下，企业的社会责任也经历了不同阶段并有不同特点，主要体现在：

一是承担实业救国使命。孙中山较早地意识到实业救国的重要性，他说："余观列强致富之源，在于实业。今共和新成，兴实业实为救贫之药剂，为当今莫要之政策。"因此，在孙中山的影响和领导下，民国政府在成立之初的1912年就出台了奖励兴办实业的措施。此时，"振兴实业""实业救国""挽回利权"逐渐成为广大民众和一些企业家的共识。因此，特殊的社会环境使企业承担起了非营利性的政治、社会功能。例如，简氏兄弟本着强烈的"实业救国"愿望创办了南洋兄弟烟草公司。我国的公司制火柴业，在民众纷纷提倡国货的形势下乘机长足发展，终于取代了日商在我国火柴业的统治地位，挽回了大部利权。

二是企业的盈利责任。是南京国民政府成立后，于1929年12月颁布了《公司法》，1931年7月该法生效施行。《公司法》从法律角度明确提出了公司的目的和责任就是盈利，对以往公司承担的官利责任和报效责任给予了否定。从这个意义上讲，《公司法》是对企业认识的突破和提升，促进了企业本性的回归和还原，不仅有利于企业自身的成长、社会营商环境的改善和宏观经济的发展，也是企业社会责任的一个进步。《公司法》规定的企业盈利责任，即相当于我们现在所说的企业经济责任。

三是企业履行慈善责任。乐善好施、济贫扶弱是中华民族的古老优良传统。民国时期的中国，内忧外患、战乱不断、自然灾害频发，此时人们的慈善意识进一步提高，慈善事业进一步发展。除了兴办实业，很多企业家和企业还通过慷慨捐款捐物，资助教育、慈善等途径积极履行社会责任。据对当时慈善资金捐款来源的统计分析，其中70%以上来自企业和企业家。

（三）新中国成立到开始改革开放

新中国成立后，百废待兴，又面临着资本主义阵营对我国采取的政治孤立、经济封锁、军事包围的遏制政策，为了保证政治、经济局势的稳定，优先发展重工业，建立完备的工业体系成为当务之急。重工业的特点是投资大、周期长，在原始资金匮乏、外来援助微弱的情况下，采取高度集中的计划经济，通过国家权力配置包括资金、劳动力等在内的稀缺资源也就顺理成章。于是，形式上作为经济发展主体的国有企业事实上成为国家和政府的行政附属单位。在这种情况下，企业社会责任就发生了一些变异，有的被弱化，有的则被强化。这突出地表现在两个方面：

一是以削弱企业经济责任为代价的企业社会责任。在计划经济体制下，国有企业理应承担的经济责任被削弱或者说忽略了，反而承担了过多的非经济责任。一方面，是效率低下和资源浪费削弱了企业的经济责任。企业的长期发展以至日常生产经营的决策权，都集中在政府主管部门，企业是事实上的行政附属单位，没有自主权，缺乏发展活力和积极性。相对于企业，职工同样缺乏应有的权力，在干多干少、干好干坏都一视同仁的平均主义分配制度下，职工既无压力也无动力，缺乏工作积极性，与企业一起同吃国家的"大锅饭"；另一方面，国有企业承担着稳定社会、实现充分就业、员工社会保障等多种多样的政策性社会负担。政策性负担过多超出了企业自身的能力、也削弱了企业本应承担的经济责任，致使企业的良性循环受阻，整个经济社会也陷入长期的物质短缺困境。

二是企业办社会式的企业社会责任。"企业办社会"是计划经济体制的伴生物和必然现象。由于企业不是真正的市场主体，而是国家和政府的行政附属物，政企不分和政府职能错位在所难免。企业办社会使企业承担了本应由政府承担的教育、医疗等公共服务职能，企业原本的经济责任却被政府错位地承担。最初，企业办社会是伴随着一些大企业的建设而产生的，如

"三线"建设中的一些工业企业迁入内地，要办学校、建医院和社区活动场所等，初步有了"企业办社会"的格局。随后，这种现象蔓延到了所有的国有企业，于是，"企业办社会"蔚然成风。而且企业承担的社会职能越来越全，企业所设的附属机构也越来越多，俨然成为一个"小社会"，严重偏离了企业应有的原始属性，超越了企业社会责任的范畴。

（四）改革开放之后

党的十一届三中全会后，我国开启了市场取向的经济体制改革。随着经济社会的转型，民营企业与国有企业一并成为中国特色社会主义市场经济的重要主体。顺应时代潮流和体制转型的新形式，企业社会责任的特点也发生了变化。

一是国有的经济责任明显增强。无论是最初的放权让利扩大企业自主权、还是后来采用的承包制、租赁制、股份制以及如今的混合所有制，国有企业改革自始至终的目标是强化其经济责任，即提高其经济活力和保值增值的能力。在国有企业改革进程中，企业的社会职能被逐渐剥离，我国的企业社会责任也发生了历史性的改变和发展。

除经济责任外，国有企业还同时具有控制经济命脉和稳定社会的特殊功能。因而，从整体上划分国有企业的经济职能和非经济职能并不容易，这也是历经多年，国有企业改革的预期目标难于理想实现的重要原因。基于此，新一轮国有企业改革决定对国有企业先进行分类，再逐步推进。即将国有企业分为商业类和公益类。通过划分类别、界定功能，实行分类改革、分类定责、分类监管、分类考核、分类发展等，以期提高改革的针对性，推动国有企业同市场经济深入融合，促进国有企业经济效益和社会效益有机统一。

二是快速发展中的民营企业的社会责任感有所增强。民营企业是经济体制改革的产物。在改革开放之初，由市场催生的民营企业异军突起，但作为体制外新生事物，其在资金获取、政策支持等发展环境上远不如国有企业。为了生存和发展，追逐利润成为其唯一的目标，根本不想或者无暇顾及其他社会责任。在经营发展一个阶段之后，一些民营企业和企业家才逐渐认识到社会责任的重要性并有所行动。在类似汶川大地震和相继发生在其他地区的灾害中，我们看到了那些民营企业家激情洋溢、慷慨解囊、默默奉献的动人场景和身影，就是很好的例证。此外，从民营企业总体看，他们除了对国家整体经济增长、国家财政收入增长和繁荣市场等方面有重要贡献之外，还为缓解就业压力、改善就业结构做了突出贡献，在慈善责任上民营企业也取得了较大的进步，只是这种进步还需要在整体上普及推广，在社会责任上全方位提高，推动民营企业为社会作出更多贡献的同时，促进民营企业自身得以健康成长。

《企业社会责任蓝皮书：中国企业社会责任研究报告（2016）》指出，2016 年，中国企业 300 强社会责任发展指数为 35.1 分，同比提高 0.7 分；自 2009 年至今，中国企业社会责任的发展指数持续增长，但增速出现进一步下降的趋势。国有企业 100 强，尤其是中央企业社会责任发展指数持续领先于民企 100 强、外企 100 强，并呈不断扩大趋势。与 2015 年相比，民营企业和外资企业社会责任发展指数均出现不同程度的下降，分别为 2.7 分和 0.1 分。外资企业社会责任指数存在较大差异，相对于欧美地区企业，东亚地区企业表现较好。

报告认为，目前我国企业的责任管理继续领先于责任实践。2016 年，中国企业 300 强责任管理指数为 36.4 分，责任实践指数为 34.5 分。自 2010 年来，我国企业责任管理指数和责任实践指数一直呈上升趋势，但责任管理指数出现了近六年来的首次下降。报告分析，在企业运营压力日益增加的背景下，企业对社会责任管理这种长期综合管理模式的重视程度可能有所减弱。

二　当前我国企业社会责任存在的主要问题

（一）对消费者不负责任，假冒伪劣产品招摇过市

消费者最关心的是商品的安全性，最痛恨的则是假冒伪劣商品横行。尽管一系列法律法规的出台在很大程度上规范了企业的行为，全国上下也在不断推出严厉措施打击假冒伪劣商品，但伪劣商品却常常屡禁不止。与此有关的恶性案件更是此起彼伏，甚至到了肆无忌惮的地步，一再冲击着法律底线和消费者的心理底线。制假售假、虚假广告、仿冒欺诈、商标侵权、商业贿赂，无所不敢；假粮种、假桑种、假农药、假化肥、假兽药、劣质肥料、劣质饲料，无假不做，无劣不为；更甚者，假酒、毒酒、毒奶粉等一度也大行其道。假冒伪劣商品充斥市场严重侵害了消费者利益，致使他们的生命安全和财产安全受到严重威胁和伤害。比如，假种子造成农作物受损乃至绝收，假酒毒酒毒奶粉伤害消费者甚至导致其身亡的案件也时有所闻。另据 2017 年的"3·15"曝光，中国有一万三千多家企业非法进口来自日本的核污染食品。真可谓恶劣至极，消费者利益如此被践踏，企业的良知何在？责任何在？

当然，实事求是地讲，假冒伪劣产品尽管令人痛恨，但只来自一部分缺乏良知、丧失责任心的企业，有的还可能是自然人所为，大多数企业应该是规范经营、注重质量、对消费者负责的，这也正是部分企业能持续发展、长盛不衰的根本原因。

（二）对职工健康安全不负责任，安全责任事故不断发生

在我国经济快速发展过程中，安全责任事故，甚至恶性责

任事故频发。多年来，虽然政府特别是中央政府不断加大整治力度，但由于某些企业只重视经营效益，轻视社会责任，知法犯法，不但不予职工应有的健康安全保护，甚至明知有隐患却不认真加以排除，仍然让工人冒险作业，导致煤炭、冶金、建筑、交通等领域内特重大安全事故接连发生，伤亡人数触目惊心。不少事故的发生，不仅违背了社会责任的基本要求，就连起码的安全生产规定也未能遵守。如，震惊中外、造成重大伤亡、令无数国人痛心的，"8·12"天津港瑞海公司危险品仓库特别重大火灾爆炸事故，其直接原因是公司无视职工和周围群众安全，违背基本常识，将不同危险品堆放一起导致的典型责任事故。

（三）不履行环境保护责任，污染环境现象严重

在环境污染和生态破坏日益严重的形势下，仍有不少企业环保意识淡薄，因而更谈不到承担环保责任了。环境污染源主要来自环境意识淡薄，违法乱纪的企业，而这样的企业还为数不少。美国《时代》周刊选出的"2006年度全球最具影响力100人"中，我国的马军赫然在列。马军成功入选的原因是绘制了《中国水污染地图》。该图揭示的中国水污染状况及水污染主体的构成让人触目惊心。在我国当时2700家污染水体的企业中，就包括33家跨国公司和"世界500强"中的在华企业。2010年11月3日《半岛都市报》以"是'明星企业'，也是污染大户"为题发了特稿，并刊载记者报道：梅花味精厂污染河北霸州千亩农田，村民每年损失过百万。厂家周边烟尘污染严重，能见度不足百米，空气令人窒息。十余个村庄居民饮用水受到不同程度的污染。村民说"我们不敢喝地下水已经很多年了"。该厂被当地政府树为"明星企业"，也是世界最大的味精制造企业之一，年产味精50万吨，2009年净利润2亿元，缴税

1.72亿元。由此推测，该企业长期违法超标排放污染物，严重危害当地群众的身心健康却得不到有效治理，与地方保护主义也不无关系。

（四）不履行节约资源责任，浪费乃至掠夺资源相当严重

在水资源日趋紧缺的情况下，仍有不少企业没有采取切实有效的节水措施；在土地资源日渐减少、耕地面积逼近18亿亩红线的严峻态势下，仍有人在任意浪费土地资源，有的不惜以圈占土地而又长期不用的方式来挥霍耗费耕地；在矿产资源越来越匮乏的状况下，乱开滥采的仍大有人在，甚至不惜施展掠夺式的开采手段，使有限的矿产资源遭到破坏性的浪费。这一方面是因为行政监管不力，法律法规不到位，资源价格不合理（既不反映资源稀缺性，也不反映供求状况），而企业因资源保护责任和节约责任缺失更是难辞其咎。

（五）不履行节约能源责任，能源浪费惊人

从总体而言，我国作为发展中的、负责任大国，经多年节能减排的努力取得了相当可观的成绩。而且，2015年，中国为旨在减少全球温室气体排放的巴黎气候协议成功签署做出了卓越贡献，获得国际社会的一致赞誉。但这方面存在的问题还是不少，能源浪费依然严重，节能减排的潜力还很大。解决问题、挖掘潜力，主要还是要靠企业承担起节能减排的社会责任，而且需要全体企业齐动并与社会互动，我国的节能减排工作才能取得更大的成效，为全球缓解气候变暖及其带来的灾难和压力做出更大的贡献。

（六）不认真履行对利益相关者的责任，引发了多方面的问题

在一些企业特别是一部分民营企业中，企业与员工关系紧张，劳资矛盾突出。如延长工时，超负荷增加劳动定额，克扣

工资奖金；私招乱雇工人，不依法签订劳动合同或故意签违法合同，随意解雇工人；有的甚至肆意侵犯人身权利，任意打骂工人，侮辱人格；有的忽视安全生产，导致工伤不断；随意拖欠工资特别是农民工工资现象相当严重；企业内部收入差距拉大，普通职工收入滞后于企业效益提高导致其收入偏低。造成这种现象的原因是多方面的，但毋庸置疑，企业社会责任意识淡薄，履行社会责任不利是其重要原因。

还有一些企业在社会上重利轻义、不讲诚信，有的成为"老赖"，有的甚至走上诈骗犯罪歧途。中国轻骑集团的信用证诈骗案是典型案例之一。该集团从1995年开始在多地多家银行骗开信用证294笔，开证金额达40亿余元，给银行造成近8亿元损失。这家资产规模150亿元的国有特大型企业，最终沦落为亏损36亿元、不良资产和潜亏34亿元的"空壳"企业。其董事长张家岭于2009年2月11日被济南市中级人民法院依法判处无期徒刑，近40名管理人员被查处。

第四节 推进我国企业社会责任的 影响因素及发展趋势展望

一 推动我国企业社会责任的积极因素

目前，推动我国企业社会责任的积极因素不断增多。随着社会公众、新闻媒体、政府部门、消费者、企业员工、非政府组织、投资者、研究人员、行业协会等企业利益相关者社会责任意识的普遍增强，针对企业在追逐利润过程中的违法和败德行为，纷纷向企业施压，要求其全面承担和履行应有的社会责任。利益相关方已经形成一股强大的推动力，积极影响着企业社会责任运动在中国的发展。

（一）政府

政府主要是通过立法和执法等形式，迫使企业关注环境、资源和社会问题。迄今为止，由国家、国务院及各部委，地方政府围绕企业社会责任制定的法律法规已渐成体系，有力地推动了我国的企业社会责任的发展。这些法律法规的颁布和修改情况详见第七章企业社会责任管理（二），此处不再赘述。

不仅如此，中国政府特别关注中国企业在海外履行企业社会责任的状况。比如，2014 年 5 月，李克强总理在访问非盟总部时强调，中国会关注和敦促我国企业履行自身的社会责任，在绿色及低碳方面加强与非洲的合作，要求企业遵守非洲的环保法律，严厉打击违法行为。

（二）消费者

消费者是促进企业履行社会责任的最积极最活跃的影响因素，他们"用脚投票"，以"拒购"为手段，迫使企业为了市场份额不得不遵从消费者的价值取向。随着消费者自我保护意识的增强和消费者权益保护运动的深入发展，消费者对生产、销售企业和各种新型服务企业有了更高的要求，促使企业必须更好地履行社会责任。

（三）环境保护运动

自然资源的消耗和自然环境的污染是当今国际社会、政府和环保组织关注的焦点，他们通过各种方式向企业施压，要求企业重视环保，减少污染。我国政府跟随世界潮流积极行动，从中央到地方出台了一系列重要措施，比如 2014 年，被称为史上最严的环境保护法出台（修订）为企业履行环境责任提供了法律依据。因此，全球性的环保运动已经并将继续推动我国企业更好地履行环保责任。

（四）员工力量

企业履行员工社会责任的好坏，直接关系到员工切身利益。在企业内部，员工主要通过工会组织与企业进行集体谈判和平等协商等形式，迫使企业遵守劳动法、劳动合同法等法律法规，签订集体合同，以此推动企业履行社会责任，保护员工利益。这样能有效避免劳动关系的无序行为，有利于稳定劳资关系，有利于企业内部的和谐。

（五）媒体监督和责任评价

作为重要的舆论监督力量，新闻媒体以其广泛的影响力，通过曝光违法企业，或宣扬守法企业的方式监督企业履行社会责任，发挥了无法替代的重要作用，推动了企业社会责任的发展。比如，在假冒伪劣商品横行市场时，中央电视台的黄金栏目《东方时空》在揭露企业恶性事件，监督企业履行社会责任方面曾发挥了巨大作用。"事情一报道，世人都知道，问题一曝光，企业就发慌"应该是对其作用的形象形容。国内外各类机构的责任调查和评价活动，也给企业履行社会责任施加了压力或起到了激励作用。

除此之外，社会责任投资、行业协会和企业组织、商业伙伴、社会责任研究者等也以各自的途径和方式推动着企业社会责任的发展。

二　影响我国企业社会责任的消极因素

与发达国家相比，我国企业社会责任还处在初级阶段。阻碍企业社会责任发展的不利因素依然存在，并且导致我国的企业社会责任运动进展缓慢。概括起来，这些不利因素主要在以下三个方面：

（一）认识上有误区和偏差

主要表现为：认为企业社会责任没有实质性内容，是在"作秀"、搞"花架子"，所以有些企业以不愿作秀、不搞花架子为借口拒绝承担社会责任；认为企业社会责任就是参与公益活动，所以参加了捐赠和公益活动就万事大吉了；认为企业的唯一责任是赚钱，是利润最大化，承担除此之外的其他责任会危害企业的生存发展；把企业权利，即把自主权和效益与企业社会责任对立起来，认为承担了社会责任就削弱了自己的权利；简单地认为只要纳税就是尽责了；认为社会责任是一种额外负担。这些认识误区和偏差从思想源头上就已经阻碍了企业社会责任的发展。

（二）法律法规不到位和执法不严

虽然已有法律法规已经渐成体系，而且或多或少都有社会责任的规定和要求，但有的只是笼统规定，还很不具体，执行起来有难度。有的虽有一些具体目标要求，但行政执法又不严格。这是企业社会责任工作进展不快的一个重要原因。目前最急需的是对企业社会责任专门立法。这样，才可能保证我国企业社会责任运动得以顺利推进。

（三）地方保护主义对企业社会责任的消极影响

可以断言，凡是长期污染得不到有效治理的地方，必有地方保护主义存在。在这些地方，企业社会责任很难有所作为，行政执法往往是形同虚设。不仅在环境污染方面有地方保护主义，在矿产资源开发中，重大责任事故频发而又长期得不到有效治理等方面，地方保护主义或多或少，或明或暗都有所作用。

三 我国企业责任运动的未来展望

综上所述，我国企业社会责任虽然取得了很大成就，但整体还处在初级阶段，与发达国家的差距还很大。但这并不能让我们丧失信心，相反，展望未来，我们应当对我国企业社会责任运动的美好前景充满希望。根据趋同论原理，差距意味着发展和进步的空间。只要我们认清趋势，正视存在的客观问题，努力克服阻力，企业社会责任运动在我国定会获得快速发展。这是因为：

（一）有中国特色社会主义理论体系的指导

包括邓小平理论、"三个代表"、科学发展观及习近平治国理政战略思想在内的中国特色社会主义理论体系是指导企业社会责任顺利实施的重要思想武器。中国迄今取得的巨大成就让我们有足够的理论自信。在这个理论指导下，我国企业社会责任运动必将发生质的飞跃。

（二）破解发展难题的理论设计——"五大发展理念"的提出

分析企业社会责任在我国比较滞后的宏观背景可以发现：我国参与全球竞争的比较优势、我国的发展阶段、GDP 增长理念、粗放式的经济发展方式等是重要原因。伴随传统比较优势的逐步丧失，我国进入工业化中后期和收入增长的中高阶段以及环境承载力的下降，原有的发展理念和发展模式已经难以为继。为了破解发展难题，如期建成全面小康社会，顺利实现中国现代化和中华民族的伟大复兴，党的十八届五中全会提出了"创新、协调、绿色、开放、共享"的发展理念。"五大发展理念"是发展观的升华，也是新一届政府的一大理论创新。最重要的是，"创新、协调、绿色、开放、共享"的发展理念与企业社会责任的要求完全契合。这必将引领中国企业更加关注、重视其应该承担的社会责任，从而推动企业社会责任运动在我国的发展。

（三）我国政府治国理政的能力不断提升，经验更加丰富

经过改革开放后近 40 年的发展，我国综合国力不断增强的同时，国家和政府治国理政的能力也在不断提升，经验也更加丰富。因此，就像抓改革开放和经济建设那样，政府一定会推动我国企业社会责任赶上时代潮流，且逐渐成为企业社会责任运动的全球支持者、引领者。

（四）我国的优良传统

重伦理、讲道义、反对见利忘义是我国悠久的历史文化传统。"富则兼济天下""己所不欲，勿施于人"等传统和古训，作为我国传统文化的精华，过去、现在和将来一直在影响着一代又一代中国民众和工商界人士。新中国成立前荣氏兄弟等一批民营企业家，现在的一些优秀企业家，如曹德旺，他们的行为深受这种传统理念的影响。在高度重视传统文化的今天，在习近平总书记"光大生长于中华文化沃土的道德光辉"的倡导下，这些优秀的文化和道德传统必将被企业、社会、个人进一步挖掘和继承，从而推动符合全人类道德习俗的企业社会责任运动在我国的发展。

（五）法律法规的进一步建立和完善

全面依法治国是"四个全面"战略布局的重要组成部分，在此指引下，我国全国人大常委会和各级政府加紧了包括涉及企业社会责任在内的立法步伐，法律法规体系不断完善，这将为企业全面履行企业社会责任提供更有力的法律保障。随着全社会守法、用法、执法意识的提高和执法力度进一步加强，企业依法履行社会责任也将变被动为主动。与此同时，伴随转变政府职能、中央政府与地方政府财权和事权的理顺、地方政府收入体系的重构等改革的推进，一些地方保护主义会逐渐减少甚至消失，从而减少我国企业社会责任运动的阻力，推动其顺

利发展。

上述优势，加之国际潮流的拉动，我们就有理由相信，企业社会责任在我国一定会成为蓬勃发展的潮流。届时，人与社会、人与自然，人与人，人与自身的和谐必将出现一个崭新的局面。

本章小结

本章从可持续发展的理念和运动、企业社会责任的国际标准、联合国全球协约、经济全球化等对我国的影响，阐述现代企业社会责任运动在我国的兴起和发展。从全球经济一体化、社会主义市场经济发展、构建和谐社会、科学发展观、可持续发展、供给侧结构性改革等多个角度探讨了企业社会责任的必要性。从提高企业竞争力和降低企业经营风险、生态文明建设以及我国发展国际政治经济关系三个层面说明企业履行社会责任的现实意义。本章对19世纪下半叶以来我国企业社会责任的演化进程和基本特征进行了简单梳理，从假冒伪劣产品对消费者权益的损害、安全事故频发对员工权益的损害、因为环境意识淡薄和违法乱纪导致的环境污染及资源浪费等方面说明当前我国企业社会责任存在的突出问题。本章还从政府立法、消费者权益意识觉醒、环保运动加快、员工力量增强、媒体的监督和责任评价等方面详细列举了我国企业社会责任的积极因素，企业的认识误区和偏差、法律法规不健全且执法不力、地方保护主义等则是影响我国企业社会责任的消极因素。有中国特色社会主义理论体系和"五大发展理念"的指导，有扶危济贫的中华优良传统，加之我国政府治理能力的不断提高和法制的不断健全，我国的企业社会责任运动一定会有良好的发展前景。

第五章　企业社会责任国际标准和指导

第一节　企业社会责任国际标准

伴随企业社会责任运动在全球的发展，来自利益相关者的压力日益增大，很多公司开始制定自己的社会责任守则。与此同时，许多地区性、行业性、全国性乃至全球性的非政府组织和行业组织也制定了各不相同的守则。公司在推行本公司社会责任守则的同时，为了应对不同利益相关者的需要，还要兼顾和遵守其他守则。为此，不得不重复接受审核。不同的守则，其定义和内容各不相同，使守则缺少可比性，加之企业缺少经过专业训练的审核员，不但造成了人力、物力、财力及时间上的极大浪费，而且也不利于公司与公众的沟通。于是，制定一个统一的、全球通用的社会责任标准，提高社会责任的透明度和公信力成为众望所归。在此背景下，各种企业社会责任国际标准相继出台。受篇幅所限，本章仅选取 SA 8000 社会责任标准和 ISO 26000 社会责任国际标准进行简单介绍。

一　SA 8000 标准

SA 8000 是 Social Accountability 8000 的英文缩写，意为"社会责任标准"。1997 年 10 月，全球首个社会责任认证标准，即

SA 8000公布，它是由国际劳工组织公约、世界人权宣言和联合国儿童权益公约联合制定的、全球第一个社会道德领域的国际规范标准。其宗旨是基于保护人类基本权益，确保供应商所提供的产品或服务，皆符合社会责任标准的要求。

SA 8000适用于全球任何企业，与ISO 9000质量管理体系及ISO 14000环境管理体系一样，是可供第三方认证的、统一的、可核查的国际标准。它关注的重点是人，是劳工权益，而不是产品和环境。社会责任国际，即SAI（Social Accountability International），是SA 8000国际统一的唯一认证机构，也是致力于自愿性验证社会责任标准的发展、实施和监督的非营利性组织。

（一）SA 8000的产生

1. 产生背景

在包括资本全球化、贸易全球化、生产全球化、金融全球化等在内的世界经济一体化浪潮的推动下，全球配置资源已经成为现实。与此同时，以生产和出口低技术的、劳动密集型产品为主的发展中国家，普遍性地出现了劳工地位下降、劳工权益受侵害的现象，并且劳资冲突日趋加剧，这引起了有关国际人权组织的同情和关注，认为通过建立全球统一适用的劳工权利标准变得十分必要。与此同时，基于工资低、劳工保护水平不高等低成本比较优势，来自发展中国家的产品，尤其是劳动密集型产品对发达国家的传统优势领域形成巨大的冲击，造成失业增加，并导致西方反资本全球化劳工运动浪潮的兴起。以提高发展中国家的劳工地位、保护其劳工权益为借口而制定的非关税壁垒，可成为顺势打压和降低发展中国家竞争力，提升发达国家传统产业竞争优势的贸易保护工具。于是，出于人文关怀和国际竞争格局失衡的双重背景和原因，制定全球统一的社会道德责任标准或规范，对企业进行社会道德责任审核成为必要，同时，发达国家把劳工标准与国际贸易及其对发展中国家实施的普惠制挂钩也渐成趋势。

2. 产生过程

欧美的商业及相关组织于 1996 年 6 月召开了首次会议，拟定了制定新标准的备忘录。此后，围绕制定新标准的议题，又举行了多次会议。作为非政府组织的经济优先领域理事会（CEP）参加了最初的几次会议，被指定负责维护新标准。为了及时跟踪、监督、审查新标准制定的进展情况，CEP 于 1997 年初设立了标准和认可咨询委员会（CEPAA）。该委员会于 2001 年更名为社会责任国际（Social Accountability International, SAI），负责起草社会责任国际标准，其成员由来自 11 个国家的 20 个大型商业机构、非政府组织、人权及儿童组织、工会、会计师事务所、学术团体及认证机构组成。在纽约召开的首次会议上，SAI 就提出了标准草案，最终命名为 SA 8000 的社会责任国际标准于 1997 年 10 月正式公开发布。2001 年 12 月 12 日，经过为时一年多的公开咨询和深入研究，SAI 发表了第一个修订版，即 SA 8000：2001 标准。此后，又于 2008 年 5 月和 2014 年 7 月分别公布了 SA 8000：2008 标准和 SA 8000：2014 标准。2016 年 1 月 1 日至 2017 年 6 月 30 日为 SA 8000：2008 标准到 SA 8000：2014 标准的转换期。

（二）SA 8000 的内容

SA 8000 共设有四章：

1. 目的与范围（第一章）

目的：制定、维持并执行政策、程序及举措，在公司可以控制和影响范围内管理有关社会责任的事务；向利益相关者证明公司政策、程序及举措符合本标准的规定。

适用范围：本标准各项规定具有普适性，不受地域、产业类别和公司规模限制。

2. 规范性原则及其解释（第二章）

公司应遵守国家及其他适用法律、公司签署的其他规章以及本标准。当国家及其他适用法律、公司签署的其他规章以及本标准所规范议题相同时，以其中最严格的条款为准。

公司也应尊重《国际劳工组织公约》《世界人权宣言》《联合国儿童权利公约》《联合国消除一切形式歧视妇女行为公约》中的相关原则。

3. 定义（第三章）

（1）公司或组织：任何负责实施本标准各项规定的商业或非商业团体，包括其董事、主管、经理、监察以及非管理类人员等在内的所有员工，即不论是直接聘用、合同制聘用还是以其他方式被公司雇佣的人员。

（2）供货商或分包商：给公司提供产品或服务的任何个人或团体，它所提供的产品或服务构成公司生产的产品或服务的一部分，或者被用来生产公司产品或服务。

（3）下级供货商：在供应链中直接或间接向供应商提供产品或服务的任何单位或个人，它所提供的产品或服务构成供应商或公司生产的产品或服务的一部分，或者被用来生产供应商或公司的产品或服务。

（4）补救行动：给 SA 8000 所涵盖权益受侵害的工人或前雇员的补救。

（5）纠正措施：为确保给不符合提供及时、持续的补救而实施的系统化的改进或解决措施。

（6）利益相关者：关心公司社会行为或受此影响的个人或团体。

（7）儿童：任何 15 岁以下的人。如果当地法律所规定的最低工作年龄或义务教育年龄高于 15 岁，则以较高年龄为准。若当地法律规定最低工作年龄为 14 岁，并符合国际劳工组织第 138 号公约有关发展中国家的例外条款，则以较低年龄为准。

（8）青少年工人：任何超过上述定义的儿童年龄但不满 18 岁的工人。

（9）童工：由低于上述儿童定义规定年龄的儿童所从事的任何劳动，符合国际劳工组织建议条款第 146 号规定的除外。

（10）强迫劳动：任何个人在各种惩处、威胁下，被榨取的非志愿性工作或服务，或作为偿债方式的工作或服务。

（11）救济儿童：为保障从事童工和已被终止童工工作的儿童的安全、健康、教育和发展而采取的所有必要的支持及行动。

（12）家庭工人：与公司签订了显性或隐性合约，但不在公司经营场地内为公司做工的人员。

4. 社会责任要求（第四章）

（1）童工

　　a）公司不应雇佣或支持使用符合上述定义的童工。

　　b）如果发现有儿童从事符合上述童工定义的工作，公司应建立、记录、保留旨在救济这些儿童的政策和措施，并将其向员工及利益相关方有效传达。公司还应给这些儿童提供足够支持以使之接受学校教育直到超过上述定义的儿童年龄为止。

（2）强迫性劳动

公司不得使用或支持使用强迫性劳动，也不得要求员工在受雇起始时交纳"押金"或没收其身份证件。

（3）健康与安全

　　a）公司应提供一个健康、安全的工作环境，并应采取必要的措施防止潜在的健康安全事故、职业伤害或职业病。

b）公司应组建由一名高层管理人员负责、员工参与的健康安全委员会，负责本标准有关健康与安全的各项规定的落实。

c）保证面向所有员工的、常规化的健康与安全培训，并应记录在案，对于新进及调职员工应进行重新培训。

d）建立起检测、防范及应对危害员工健康与安全的潜在威胁的机制。

（4）结社自由及集体谈判权利

a）公司应尊重所有员工自由组建和参加工会以及集体谈判的权利。

b）在结社自由和集体谈判权利受法律限制时，公司应允许工人自由选出自己的代表，并协助员工通过类似渠道获取独立、自由结社以及谈判的权利。

c）公司不能因为某些员工是工会成员或组织参与工会活动而受歧视、骚扰、威胁，应保证此类员工在工作场合与其所代表的员工保持接触。

（5）歧视

a）在涉及聘用、报酬、培训机会、升迁、解职或退休等事项上，公司不得从事或支持基于种族、民族或社会血统、区域社会等级、国籍、宗教、身体残疾、性别、性取向、工会会员、政见、年龄或其他任何可引起歧视的情况。

b）公司不能干涉员工行使遵奉信仰和风俗的权利，和满足涉及种族、民族或社会血统、区域或社会等级、国籍、宗教、身体残疾、性别、性取向、工会会员、政见、年龄所需要的权利。

（6）惩戒性措施

公司应给予所有员工以尊敬和尊重，不得参与或纵容对员工的体罚、精神或肉体协迫及言语侮辱。不允许以粗鲁的、非人道的方式对待员工。

（7）工作时间

公司应遵守适用法律、集体谈判协议及行业标准有关工作时间的规定。正常的周工作时间应依循法律规定但不得超过 48 小时。员工每周至少应有一天休息时间。所有加班时间都应付法定额外报酬。但每个雇员每周加班不得超过 12 个小时。

除了公司与代表众多所属员工的工人组织（依据国际劳工组织定义）通过自由谈判达成集体协商协议，公司可以根据协议要求工人加班以满足短期业务需要外，所有加班必须是自愿性质。

（8）报酬

a）公司应当遵守员工获得生活工资的权利，保证在一标准工作周内所付工资总能至少达到法定或行业最低工资标准并满足员工基本需要，以及提供一些可随意支配的收入。

b）公司应保证不以扣减工资的方式达到惩戒目的，支付给员工的工资、福利构成应清晰、详细；保证工资、待遇与所有适用法律相符；工资、待遇应以方便员工的形式支付，不得以优惠券、抵用券或本票代替等。

（9）管理系统

包括政策、程序和记录，社会责任绩效团队，风险识别和评估，监督，内部参与和沟通，投诉管理和解决，外部审核和利益相关方参与，纠正和预防措施，培养和能力建设，供应商和分包商管理等十个方面的准则，也是内容最丰富的、涵盖面最广、规定最细致的社会责任要求。在此不再赘述。

（三）SA 8000 的性质

SA 8000 是将世界公众普遍认可、尊重的社会价值引入和融入组织实践的重要标准，是继 ISO 9000 质量管理体系及 ISO 14000 环境管理体系之后，世界上第一个可供第三方审核认证的社会道德责任的国际标准。SA 8000 不仅为公司提供了社会责任规范，更重要的是用于对全体公司履行社会责任开展一致性审核。

关于 SA 8000 的性质和本质，制定者和接受者、发达国家和发展中国家、大公司或跨国公司与中小企业、商界和学术界、商界内部以及学界内部一直存在着巨大的争议而难以统一。概括起来主要有三种观点：一是认为 SA 8000 是继技术壁垒、绿色壁垒之后，针对打压发展中国家劳动力比较优势而制定的新的、社会道德领域的非关税壁垒。这种观点认为，提高劳工地位、保护劳工权利仅仅是制定和推行 SA 8000 的旗号或幌子，其实质是趁机提高发展中国家劳动力成本，降低这些国家劳动密集型产业、企业和产品在国际市场上的价格竞争力，以此达到维护发达国家夕阳产业的生存和发展，以及由此带来的非技术工人的就业问题。许多发展中国家的企业和学者倾向于此种观点；二是认为 SA 8000 不是非关税壁垒，不是贸易保护主义的新工具，其性质或实质是在经济全球化背景下，世界性的劳工权益情况日益恶化，且已经严重威胁到他们的身心健康的情况下，出于人道主义和人文关怀的高尚情操，由关注劳工人权的国际非政府组织制定的、旨在防止企业进一步侵犯劳工利益的、约束性的道德规范。其最终目的是保护劳工权益不受侵害。发达国家的消费者和企业多倾向于此类观点；例如，据调查，一半以上发达国家的消费者愿意使用他们手中的"购买权利"倡导劳工权益保护，宁肯以较高的价格购买获得 SA 8000 认证企业的产品，也不愿消费所谓"血汗工厂"的廉价商品。在美国和加拿大，有上述意愿的消费者比例接近 90%；三是认为 SA 8000 制定和出台是基于劳工权益恶化和世界经济格局失衡的双重背景，因而其性质同样具有保护劳工权利和非贸易壁垒的双重性，且二者很难区分。针对经济快速发展过程中我国劳动力的权益保护现状，我国学者多持此观点。

（四）SA 8000 对我国的影响及应对

自 1997 年 10 月 SA 8000 颁布和推行以来，给我国企业带来了巨大影响。这些影响既有积极的，也有消极的。一方面，针对 SA 8000 认证，我国企业通过提高工资、改善工作环境、加强劳动保护、严格执行国内的劳动法、安全生产法等途径，改善和提高了职工的生产环境和生活质量，不仅促进了职工的全面发展，也为减少劳资冲突、构建和谐的劳资关系，推动和谐社会建设提供了宽松的环境。企业接受 SA 8000 审核、获得 SA 8000 认证后，其美誉度和竞争力也得以提高，为获得国内外更多的市场份额打下基础。另一方面，基于劳动力成本比较优势的制造业一直是我国对外贸易的主导产业，长时间内占出口份额的 90% 以上。由于我国于 2001 年加入世贸组织（WTO）后，对外出口迅速攀升，此时在我国推行 SA 8000，很大程度上减少了部分企业的国际订单、增加了企业的劳工成本，使企业在国际市场上的竞争力大幅度削弱，造成极大的经济利益损失。

经过近 40 年的改革开放和经济的高速发展，中国与世界已经深度地融合在一起。在国际企业社会责任运动的推动下，SA 8000 在全球的推广已成不可阻挡之势，而不管其公平与否，我们喜欢与否、愿意与否。

事实上，SA 8000 的推行，对我国而言既是机遇又是挑战。

我们必须审视自己，顺应趋势，通过多种途径积极应对，趋利避害，变被动为主动，正向引导社会责任标准对我国的影响方向，并在此过程中促进我国企业更快地成长和提升国际竞争力。

1. 正确认识、积极研究

面对 SA 8000 的推行给我国企业造成的不适，正确的态度是正视之、研究之，并结合企业自身的情况，通过强化企业战略管理使之与组织的决策和活动融合起来，主动承担社会责任。标志着劳动力由供过于求到逐渐短缺的刘易斯转折点已于 2012 年在我国出现，这也意味着在二元经济结构时代靠压低劳动者工资、无偿延长加班时间、弱化劳动保护来实现企业利润最大化的时代一去不复返。再者，企业履行劳工社会责任，促进企业与员工共同成长也是人类社会文明进步的体现。面对同样的压力，我国有些企业已经身体力行，做出了表率，起到良好的示范效应。如中远集团，其社会责任报告已经于 2007 年荣登联合国全球契约典范榜。

2. 主动参与国际多边谈判

客观地看，尽管我国在劳工问题上存在着自身的问题，但因没有考虑到国别差异，SA 8000 的某些标准（不是所有标准，因为我国法律法规关于劳工权利的有些条款甚至严于 SA 8000 标准）的确不适应我国现阶段的社会、经济、文化等国情。为此，一方面我们应该尽力执行 SA 8000 标准；另一方面，在世贸组织的协商机制和框架下，还应主动参与全球企业社会责任标准的讨论和起草活动，为中国未来的发展争取更多的合理利益，也为我国企业转型升级和健康成长提供一个缓冲期和相对宽松的环境。

3. 完善法律法规，积极与国际标准对接

经济全球化不仅意味着资源在全球进行配置，也意味着交易规则和相关规则的国际化。在此过程中必然带来国内法律法规与国际规则的冲突。为应对推行 SA 8000 给我国企业造成的冲击，政府应加强国际劳工标准特别是核心劳工标准的研究，吸收其合理成分，尽快完善我国的《劳动法》等相关法律法规，使其尽量与国际标准对接。此外，应加快制定、清理和完善《劳动合同法》《社会保险法》《劳动监察法》《工资法》《集体合同法》等单项法，形成比较完善的劳动法体系，将企业社会责任运动纳入法制轨道。

4. 通过供给侧结构性改革提高供给体系的质量和效率

将劳动力比较优势通过对外开放和对外贸易转化为国际竞争优势，是发展中国家现代化进程中的常规发展战略。我国作为劳动力丰富的发展中国家，自然也不例外。正是顺应经济全球化和世界经济周期的上升期，我国成功地将劳动力优势转化为国际竞争优势，维持了持续几十年的经济高速发展，并于2010 年超越日本成为仅次于美国的全球第二大经济体。但是，伴随农村劳动力由供过于求转向供不应求，劳动力比较优势逐渐丧失。与此同时，我国企业并没有预见性地做好产品结构和要素结构转型升级的准备，而是试图将劳动力成本优势固化，甚至庸俗化，习惯性地依靠压低工资、延长加班时间等形成的低成本、低价格来获取市场竞争优势。当优势不再，工资因此不断上涨时，企业却一味地抱怨，甚至试图通过依赖政府的行政手段和立法手段阻止工资上升势头。这势必从微观角度造成我国供给体系的质量和效率低下，产品无法满足居民消费结构升级后的有效需求，造成巨大规模的消费需求外溢。正是基于中国目前的困境，中央提出着力加强供给侧结构性改革，提高供给体系的质量和效率，以适应需求结构的变化。供给侧改革的作用对象主要是各类企业，通过创新、提高全要素生产率和调整产品结构，打破以往锁定的价格竞争惯性，转而依靠产品质量、品牌来重新获得国际竞争力。由此看来，推行 SA 8000 对转型时期的中国企业而言，短期内是成本是负担，但长期看，可以以此迫使企业转变观念，通过研发、创新投入等渠道加速其转型升级，而不是依然痴迷于低劳动力成本的价格竞争。

5. 建立社会责任管理体系

建立社会责任管理体系是公司实施 SA 8000 标准的前提和基础。企业社会责任管理体系涉及企业的远景与使命、企业文化和企业发展战略，是事关企业长远发展的重大任务，一般包括社会责任的组织管理体系、日常管理体系、指标体系、业绩考核体系、信息披露体系、能力建设体系等六个方面。关于社会责任管理体系建立将在本书有关企业社会责任管理的章节中详述，此处不再赘述。

二　ISO 26000 标准

2010 年 9 月 12 日国际标准化组织 ISO 26000 社会责任国际标准最终草案（FDIS）得以通过。同年 11 月 1 日，国际标准化组织（ISO）在瑞士日内瓦举办了社会责任指南标准（ISO 26000）的发布仪式，该标准正式出台，标志着涉及全人类可持续发展的第一个社会责任国际标准的正式诞生。

（一）ISO 简介

ISO 来源于希腊语 "ISOS"，即 "EQUAL"，意思是平等。ISO 是 "国际标准化组织" 的英语简称，其全称是 International Organization for Standardization。中国于 1978 年加入 ISO，2008 年 10 月，正式成为该组织的常任理事国，代表中国的组织为中国国家标准化管理委员会（Standardization Administration of China，SAC）。作为全球性的非政府组织，ISO 成立于 1947 年 2 月，它是世界上最大的自愿性标准制定机构。表 1 为 ISO 26000 情况的简单介绍。

表1	ISO 的基本情况
性质	世界上最大的自愿性标准制定机构，全球性的非政府组织，全世界标准化工作的核心之一。
机构	全体大会（最高权力机构）、中央秘书处（日常办事机构）、政策发展委员会、合格评定委员会（CASCO）、消费者政策委员会（COPOLCO）、发展中国家事务委员会（DEVCO）、特别咨询小组、技术管理局、技术委员会（TC）、理事会等。
宗旨	在世界上促进标准化及其相关活动的发展，以便于商品和服务的国际交换，在智力、科学、技术和经济领域开展合作。
主要功能	为人们制定国际标准达成一致意见提供一种机制。
主要任务	制定国际标准，协调世界范围内的标准化工作，与其他国际性组织合作研究有关标准化问题。
主要合作伙伴	联合国经济及社会理事会，联合国贸易和发展理事会（ISO 是其最高级别的咨询组织），世界贸易组织（WTO）。

迄今为止，ISO 已经发布了 10000 多种国际标准，几乎涉及工业、农业、建筑、交通、机械、信息、计算机和通信技术（硬件、软件）等所有传统领域。其中著名的标准体系有 ISO 9000 质量管理体系标准和 ISO 14000 环境管理体系标准。有别于以往的技术和管理领域，ISO 26000 社会责任指南标准则是 ISO 首个涉及社会道德领域的指南，无论是对社会责任运动，还是对 ISO 自身，都是里程碑式的突破。

（二）ISO 26000 的开发历程

ISO 26000 的开发有着特殊的背景，经历了一个漫长而复杂的历程。

伴随经济全球化的发展，作为经济全球化主要角色的跨国公司，其跨国经营过程中出现了涉及劳工条件、环境、社会利益等方面的严重问题，面临迫切的社会责任管理，这引起了国际消费组织的关注。

ISO 下属的消费政策委员会（COPOLCO）于 2001 年向 ISO 理事会提交了社会责任标准化申请报告，得到批准后设立了战略顾问组（SAG），直接介入和负责该项工作。随后，该委员会对于社会责任标准化的市场需求和可行性进行了前期调研，并于 2002 年提交了社会责任标准化可行性报告。2003 年，由各个利益相关方参与的社会责任特别工作组完成了对世界范围内的社会责任倡议和相关问题的全面纵览。2004 年开始进入实质性工作阶段，由 ISO 成员单位巴西技术标准协会（ABNT）和瑞典标准化委员会（SIS）联合领导 54 个国家、33 个联络组织开展社会责任标准制定工作，试图就社会责任标准的框架、程序性问题达成一致。

ISO 社会责任标准第二次会议于 2005 年 9 月在泰国曼谷举行，使标准的开发进入了实质性阶段。此次会议确定了 ISO 26000 标准最终草案的完成时间和发布前的工作安排，确定了制定标准的机构和主要内容。2006 年 5 月，社会责任标准第三次会议在里斯本召开，拟定了标准的第一稿。2007 年 1 月在悉尼召开的社会责任标准第四次会议上，确定了标准的核心内容。2009 年 5 月的魁北克第七次会议，将委员会草案上升为国际标准草案（DIS）。2010 年 9 月 12 日，社会责任国际标准（ISO 26000）最终草案（FDIS）通过，2010 年 11 月 1 日，ISO 在瑞士日内瓦国际会议中心举办了 ISO 26000 的发布仪式。

中国政府高度重视 ISO 26000 社会责任国际标准，并积极参与 ISO 26000 的讨论、制定、执行和推广。为此，国际标准化组织将其第 39 届大会会址设在中国，并于 2016 年 9 月 12 日在北京国家会议中心成功举行了大会的开幕式。国家主席习近平代表中国向大会发去贺信，强调中国将积极实施标准化战略，以标准助力创新发展、协调发展、绿色发展、开放发展、共享发展。中国愿同世界各国一道，深化标准合作，加强交流互鉴，共同完善国际标准体系。

（三）ISO 26000 的内容

ISO 26000 的基本内容是明确了社会责任主体、社会责任相关概念、履行社会责任的七大原则（担责、透明度、道德行为、尊重利益相关者利益、尊重法律法规、尊重国际行为规范、尊重人权）、社会责任两大基本实践（识别社会责任和辨别利益相关方并促其参与）、履行社会责任的七大核心主题（组织治理、人权、劳工、环境、公平运营实践、消费者问题、社区参与和发展）、社会责任融入整个组织的操作指南。

ISO 26000 标准除了前言、引言、附录以及参考文献外，共设有七章内容：

1. 范围（第一章）

ISO 26000 的适用范围：明确指出此国际标准为所有各种类型的组织（企业和公共组织）提供指南，不论其性质如何、规模大小、所处何地。应用 ISO 26000 的某些限制和除外情况。

2. 术语和定义（第二章）

识别并定义了关键术语，为理解社会责任和应用该国际标准奠定了基础。本章中的部分术语和定义：

（1）组织：赋予责任、权威和关系以及可识别目标的实体或人员群体和设施的集合。

注：a）组织不包括政府在制定和实施法律、行使司法权力、履行建立公共政策或者信守国家国际义务的职责方面的主权作用。b）在 SA 8000 的 3.3 中，对中小型组织有更清晰的定义。

（2）环境：组织运营所在的自然环境，包括空气、水、土地、自然资源、植物群、动物群、人类、外部空间及他们的相互关系。

注：在这样的背景下，环境从一个组织内扩展到全球系统。

（3）合乎道德的行为：在特定背景下，与权利或者良好行为公认原则一致的行为，与国际行为规范一致的行为。

（4）组织影响：全部或部分由组织过去或者现在的决策或者行为导致的，对社会、经济或环境的积极或消极的改变。

（5）影响范围：政治、合同、经济或者其他关系的范围或程度，通过这些关系组织有能力影响个人或者组织的决策和活动。

注：a）影响能力本身并不表示施加影响的责任。b）在本国际标准中出现这个术语，总是要通过标准的上下文理解。

（6）国际行为规范：关于对社会负责任的组织行为的期望源自国际习惯法、普遍接受的国际法原则、普遍承认或近乎普遍承认的政府间协议。

注：a）政府间协议包括条约和公约。b）尽管国际习惯法、普遍接受的国际法原则和政府间协议主要针对的是国家，但它们表达了所有组织可追求的目标和原则。c）国际行为规范会与时俱进。

（7）社会责任：通过透明和合乎道德的行为，组织为其决策与活动给社会及环境的影响而承担的责任。这些透明和合乎道德的行为主要有：有利于可持续发展，包括健康和社会福利；考虑利益相关方的期望；符合适用的法律，并与国际行为规范一致；全面融入组织并践行于其各种关系中。

注：a）行为包括产品，服务和过程。b）关系是指组织在其影响范围内的行为。

（8）利益相关者：在组织的任何决策或者活动中有利益关

系的个人或团体。

（9）利益相关者参与：为创造组织与一个或多个利益相关方对话机会而从事的活动，目的是为组织的决策提供信息基础。

（10）可持续发展：既满足当代人的需要又不损害后代满足他们自身需要的能力的发展。

注：可持续发展是融入了高质量生活、健康和伴随社会进步的繁荣等目标，以维持地球生物多样性的能力。这些社会目标、经济目标和环境目标之间相互依存、相辅相成。可持续发展是一种表达了全社会更为广泛期望的方式。

3. 理解社会责任（第三章）

回顾了社会责任发展的历史背景，描述了社会责任的最新趋势、利益相关者在社会责任中的作用、社会责任和可持续发展以及国家的关系。此外还介绍了社会责任概念、特征以及如何应用于组织。

（1）组织的社会责任：历史背景

社会责任的内容反映了特定时间社会的期望，因此可能发生变化。随着社会关注的改变，社会对组织的期望也随之改变。

（2）社会责任的最新趋势

全球化、流动性和获取性的日益容易、即时通信的日益普及、经济和金融危机时期组织的发展要求、利益相关者对组织的压力和其他因素形成了社会责任的背景。

（3）社会责任特征

a）概述

社会责任的基本特征是组织自愿地将社会和环境因素融合到其决策中，并对其决策和活动给社会和环境带来的影响负责。

　　b）社会期望。

　　c）利益相关者在社会责任中的作用。

　　d）社会责任整合。

　　e）社会责任和可持续发展的关系

　（4）国家与社会责任

　　本国际标准不能取代、更改或者以任何方式改变国家在公共利益方面的义务；不为受法律约束的义务提供指导；也不为只有通过政治机构才可以解决的问题提供指导。

　　4. 社会责任的原则（第四章）

　　解释了社会责任的担责、透明度、道德行为、尊重利益相关方的利益、尊重法律法规、尊重国际行为规范、尊重人权七大原则。

　（1）概述

　　当着手处理或者实践社会责任时，组织的首要目标是最大限度地贡献于可持续发展；在运用这一国际标准时，组织应当考虑社会、环境、法律、文化、政治和组织的多样性，以及经济条件的差异，同时要遵守国际行为规范。

　（2）担责

　　组织应当为其对社会、经济和环境造成的影响负责。这一原则表明，组织应当有义务接受适当的审查并且回应审查。

　（3）透明度

　　组织的决定和行为对社会和环境产生的影响应当是透明的。组织应将其决策和活动对各利益相关者的利益产生的已知的和可能产生的影响及时、真实地以清晰客观的方式呈现给利益相关方。

　　透明原则不要求公开专有信息，也不涉及保密信息或者违反法律、商业、安全或者个人隐私的信息。

　（4）道德行为

　　a）组织的行为应该合乎道德。

b）组织的行为应该以诚实、公平和诚信的价值观为基础。这些价值观意味着要考虑到人、动物和环境，并允诺承担其决策和活动对各利益相关方的利益的影响。

（5）尊重利益相关者的利益

组织应尊重、考虑和回应其利益相关者的利益。

虽然组织的目标局限于其雇主、会员或客户的利益，但是也需考虑到利益相关方的利益。

（6）尊重法律法规

组织应当承认尊重法律法规是强制性的、义务性的，任何个人或组织，包括政府都不能凌驾于法律法规之上。在社会责任背景下，尊重法律法规意味着组织应当首先了解适用的法律法规，并且采取措施遵守这些法律法规。

（7）尊重国际行为规范

组织应当尊重国际行为规范，同时遵守尊重法治的原则。

（8）尊重人权

组织应当尊重人权，并且承认人权的重要性和普遍性。

5. 识别社会责任和利益相关方参与（第五章）

论述了社会责任的两大基本实践：组织对其社会责任的识别和辨别利益相关者并促其参与。为组织、利益相关者和社会间的关系，识别社会责任核心主题和议题以及组织的影响范围提供了指南。

（1）概述

社会责任的两大基本实践：组织识别社会责任和辨别利益相关者并促其参与。

（2）识别社会责任

a）识别社会责任时，组织应当理解影响、利益和期望的三种关系：组织与社会之间的关系，组织与其利益相关者之间的关系、利益相关者与社会之间的关系。

b）组织识别社会责任的有效方式是熟悉七个核心主题中有关责任的议题。

c）承认社会责任还包括确定组织的影响范围。

（3）辨别利益相关者并促其参与

a）辨别利益相关者参与是处理组织社会责任的核心。

b）利益相关者参与基本特征是它涉及组织与利益相关者的双向沟通。当具备以下条件时，利益相关者的参与会更有意义：明确理解利益相关者参与的目的；辨别利益相关者的利益；确定在组织和利益相关者之间由利益所产生的直接的和重要的关系；确定利益相关者与可持续发展的关联性和重要性；确认利益相关者获得必要的信息，并且明白自己的决定。

6. 社会责任核心主题指南（第六章）

为了界定组织社会责任的范围，组织应当处理以下七个核心主题，识别相关议题并确定其重点。

（1）组织治理

组织治理是使组织为其决策和活动产生的影响负责和将社会责任融入组织和其关系中最关键的因素。

（2）人权

承认和尊重人权被广泛认为是法治和社会公正公平必备因素，也被看作社会最基本的制度；组织在其影响范围内，有责任尊重人权。

议题1：尽职调查

议题2：人权风险形式

议题3：避免共谋

议题4：解决投诉

议题5：歧视和弱势群体

议题6：公民权利和政治权利

议题7：经济、社会和文化权利

议题8：工作中的基本原则和权利

（3）劳工

创造就业机会，以及支付完成工作的其他报酬，是组织最重要的经济和社会贡献之一。

议题1：雇用和雇佣关系

议题2：工作条件和社会保障

议题3：社会对话

议题4：职业健康和安全

议题5：人力的发展和培训

（4）环境

组织的决策和活动总是对环境有影响。环境责任是人类生存和繁荣的前提，是社会责任的重要方面。

议题1：预防污染

议题2：资源的可持续利用

议题3：减缓和适应气候变化

议题4：保护环境，生物多样性和恢复自然栖息地

（5）公平运营实践

公平运营实践关系到组织与其他组织交往中的道德行为，关系到组织使用与其他组织的关系以促进积极的结果的方式。

议题1：反腐败

议题2：负责任的政治参与

议题3：公平竞争

议题4：促进价值链中的社会责任

议题5：尊重知识产权

（6）消费者问题

议题1：公平的营销、真实公正的信息和公平交易

议题2：保护消费者的健康和安全

议题3：可持续消费

议题4：消费服务、支持、投诉与纠纷处理

议题5：消费者信息保护和隐私

议题6：获得基本服务

议题7：教育和意识

（7）社区参与和发展

社区参与和发展是可持续发展的两个不可分割的组成部分。

议题1：社区参与和发展

议题2：教育与文化

议题3：创造就业和技能发展

议题4：技术开发和利用

议题5：创造财富和收入

议题6：健康

议题7：社会投资

7. 社会责任全面融入组织指南（第七章）

提供了将社会责任融入组织实践方法，包括理解组织的社会责任、将社会责任全面融入组织中、社会责任沟通、提高组织社会责任的可信度、审查社会责任的进展并改进其实践、评估社会责任自愿性倡议等。

（1）概述

（2）组织特征与社会责任的关系

（3）理解组织的社会责任

　　a）尽职调查

　　b）确定核心主题和议题对组织的相关性和重要性

　　c）组织的影响范围；建立处理问题的优先次序

（4）将社会责任融入整个组织的实践

　　a）社会责任意识的提高和能力建设

　　b）确定组织社会责任的方向

　　c）建立社会责任融入组织的管理，体系和程序

（5）社会责任沟通

　　a）沟通在社会责任中的作用

　　b）与社会责任相关信息的特征

　　c）社会责任沟通的类型

　　d）利益相关者关于社会责任沟通的对话

（6）提高社会责任的公信力

　　a）提高公信力的方法

　　b）提高社会责任报告和声明的公信力

　　c）解决组织与其利益相关者之间的冲突或分歧

（7）审查和改进组织的社会责任行动和实践

　　a）概述

　　b）监控社会责任活动

　　c）审查组织社会责任的进展和绩效

　　d）提高数据和信息的收集与管理的可靠性

　　e）改进绩效

（8）自愿性社会责任倡议

　　a）概述

　　b）参与的自愿性

　　c）注意事项

附录 A 注解

附录 A　社会责任自愿性倡议和工具案例

介绍了一系列非全面的社会责任自愿性倡议和工具。这些

倡议和工具论述了社会责任的一个或若干个核心主题，或者将社会责任融入整个组织的问题。其中 A1 适用于跨行业，A2 仅适用于具体行业。

附录 B　术语缩写

该国际标准中使用的缩略术语

参考文献

包括权威性的国际文书和 ISO 标准，其中 ISO 标准作为原始材料被引用在 ISO 26000 主体中。

（四）ISO 26000 的特点

ISO 26000 的公布无论对社会责任运动，还是对 ISO 自身都是里程碑式的，标志着全球社会责任运动发展到一个新阶段。

相对于 SA 8000，ISO 26000 具有鲜明的特点：

1. 广泛的适用性

社会责任的定义是整个 ISO 26000 的核心和灵魂。ISO 用社会责任（SR）代替企业社会责任（以下简称 CSR），扩展了企业社会责任的范围，使以往只针对企业的指南扩展到所有类型的组织，无论该组织性质如何、规模大小、所在何地。这是里程碑式的变化，极大地提高了其重要性，为企业社会责任的全球化发展提供了广泛的共识。但是 ISO 26000 也声明，该标准不能取代、更改或者以任何方式改变国家在公共利益方面的义务，不为受法律约束的义务提供指导，也不为只有通过政治机构才可以解决的问题提供指导。

2. 利益相关方的广泛参与和非常规的开发模式

该标准的制定历经五年，由九十多个联络组织和来自 40 多个国际和区域组织的 400 多名专家共同参与和制定。这些专家代表着 6 个利益相关者，即政府、企业、消费者、劳工、非政府组织和科技、支持及服务等（SSRO）。同时，ISO 26000 具有独特的制定流程，确保了利益相关者的广泛参与和利益相者方的平衡，使该标准具有前所未有的合理性和权威性，也是其最终高票通过的关键。

3. 内容系统全面

ISO 26000 标准整合了自 1948 年以来的 68 个国际公约、声明和方针，制定了 10000 多种国际标准。主要内容包括与社会责任有关的术语和定义、与社会责任有关的背景情况、与社会责任有关的原则和实践、企业社会责任的主要方面、社会责任的履行、处理利益相关方问题等。相对其他社会责任国际指南和标准，ISO 26000 的内容更加全面系统，与全球契约十项原则的要求更接近。

4. 不适用于认证

ISO 26000 的引言中强调，ISO 26000 不是管理体系标准，只是为组织履行社会责任提供"指南"和指导方针，不适用于认证，不能作为规定和合同使用。任何关于 ISO 26000 的认证或符合性声明都应视为对该标准的误用。此国际标准不为任何法律行为、控告、防卫或其他任何国际、国内或其他诉讼程序索赔提供依据，不会阻止国家标准的发展，国家标准更具特性，要求更严格，是另一不同类型的标准。

5. 可操作性强

标准探讨了社会责任融入组织的具体方法，附录 A 中也给出了自愿性的倡议和社会责任工具，为社会责任融入组织提供了全面、详细、实用和可操作的指导，从而为组织履行社会责任提供了明确的方向。标准强调组织在处理和践行社会责任时，首要目标是最大限度地为可持续发展贡献，强调社会责任绩效成果及其改进的重要性。该国际标准是对其他社会责任相关的原则和先例的补充，而并非取代以前的成果。在运用这一国际标准时，组织应当考虑环境、社会、法律、文化、政治和组织的多样性，以及经济条件的差异，同时要遵守国际行为规范。

6. 广泛的合作关系

ISO 和联合国全球契约办公室（UNGCO）、联合国的国际劳工组织（ILO）、经济合作与发展组织（OECD）、贸易和发展理事会等都签署了谅解备忘录，同时和社会责任国际（SAI）、全球报告倡议组织（GRI）等建立了广泛而深入的联系，确保这些组织参与到指南的制定过程，使得指南不是替换，而是补充和发展了国际上存在的原则和先例。

7. 尊重多样性和差异性原则

ISO 26000 标准指出，在应用本国际标准时，建议组织要考虑社会、环境、法律、文化、政治和组织的多样性以及经济条件的差异性，同时尊重国际行为规范。标准旨在为支持组织为可持续发展做出贡献。在承认遵守法律是任何组织的基本义务及其社会责任重要内容的同时，鼓励组织进行超越而不只是满足于遵守法律。

（五）对我国的启示

ISO 26000 的出台，使得社会责任拥有了国际统一标准。虽然其不是强制性的，也不适用于第三方认证，但它的出台对于组织融入社会责任，推动人类建设一个更美好的未来至关重要。同时，ISO 26000 的目标和宗旨也同我国的和谐社会建设、五大发展理念、供给侧结构性改革、生态文明建设等最终目的高度一致。我国相关组织，尤其是企业应主动了解、研究、实施 ISO 26000 标准，以助力我国企业加快转型升级，为提升未来在国际市场中的竞争力奠定规则基础。为此：

1. 推动 ISO 26000 的研究、培训及普及工作

ISO 26000 是中国社会必须了解的新思维方式、新知识体系、新决策规则、新运作模式、新全球话语体系、新组织决策环境。[①]

对企业社会责任的认识和理解在我国社会各界一直存在着严重分歧，很大程度上干扰了企业对社会责任的推行。ISO 26000 的特点和优势之一是统一了社会责任概念，并对与社会责任有关的术语、定义、原则、核心议题、将社会责任融入组织的方法和使用等做了清晰界定或明确规定，其内容更是全面系统。为此，需要组织对 ISO 26000 进行深入细致的解读和研究。此外，组织还应该有意识地培养有关 ISO 26000 问题的专门人才，引导员工学习 ISO 26000 的有关知识，提高其对标准的全面认识；对员工进行各类培训，提高其践行社会责任的能力；企业还应向关联组织（如供应链）进行 ISO 26000 宣传推广，并尽力帮助他们培养有关人才和培训员工。

2. 加快转变发展方式

我国经济高速增长的同时产生了严重的社会、环境等问题，其原因是多方面的，但最根本的原因是经济发展方式落后。多年来我国采用的主要是粗放式的经济增长或发展模式，表现为依靠要素大量投入、规模扩张、资源低效利用、低环保和低劳动保护等途径推动经济增长。伴随资源枯竭、劳动力由供给过剩转向供给不足、生态环境恶化等因素的改变，以及国际社会责任运动的发展，粗放式的经济增长或发展模式已经难以为继，必须向主要依靠创新、技术、管理、效率等因素来提高全要素

---

① 李伟阳：《ISO 26000 的哲学与一个新时代》，《WTO 经济导刊》2015 年第 1 期，第 56—60 页。

生产率的集约式发展模式转变。ISO 26000 恰恰可以作为外部压力促使我国加快推进发展模式转变。由此看来，ISO 26000 对中国而言更多的是积极意义。2016 年，习近平主席强调，中国将积极实施 ISO 26000 标准化战略，以标准助力创新发展、协调发展、绿色发展、开放发展、共享发展。中国愿同世界各国一道，深化标准合作，加强交流互鉴，共同完善国际标准体系。

除此之外，还要通过完善相关法律，全面推广社会责任体系建设，建立与社会责任挂钩的激励机制，将社会责任全面融入组织的各方面，定期编制和发布社会责任报告等途径来积极应对 ISO 26000 给我国带来的影响

总之，ISO 26000 第一次整合了全球范围的社会责任理念和实践，是人类智慧的结晶。ISO 26000 标志着组织管理范式从质量管理为中心到环境管理为中心，继而再到以社会责任管理为中心的转变，是全球责任管理的新阶段。ISO 26000 的发布在很大程度上平息了全球各国、各界关于企业社会责任的激烈争论，在社会责任领域达成最大程度的共识，这必将开启社会责任发展和促进人类可持续发展的新时代。

第二节　企业社会责任指导

此部分的主要目标，是在了解社会责任的原则、核心主题和相关议题的基础上，为一个组织实施社会责任提供具体指导。在很多情况下，即使组织有很强的意愿、并采取多种方式承担社会责任，但是由于路径依赖的原因，组织很可能仅仅使用现有的系统、政策、结构和网络去履行社会责任，而不是形成融合了社会责任的、新的管理系统来承担。

一　组织特征与社会责任的关系

审视组织特征与社会责任的关系，对于一个组织清晰地了解社会责任的核心主题以及该组织对不同利益相关者的具体社会责任有着不可忽视的意义。审视应当包括如下因素：

——组织的类型、目标、性质和规格。包括是否有很强的法律法规来管理与社会责任有关的决定和行为。

——经营范围的社会、环境、经济等特点；组织过去在社会责任方面的表现。

——组织雇员，包括合同工人的特点。

——组织承担的、与社会责任有关的行为，组织推进社会责任的规定和要求。

——组织的任务、价值、原则和行为规则。

——利益方关心的、与社会责任有关的内容。

——组织决定的结构、性质。

——组织的价值链。

组织的态度、恪守承诺的水平和对社会责任的理解也很重要。对原则、核心主题和社会责任利益的全面理解可以有效地协助组织整合社会责任，并扩大其影响范围。

二　对组织社会责任的理解

（一）尽职调查

在尽职调查程序中，应当包括如下内容：

——与核心主题相关，或者在组织内，或者与组织有紧密联系的组织政策。

——对已经存在的，或者计划施行的行为可能影响到政策目标的评估方法。

——通过组织整合社会责任的方法。

——对过去行为进行追踪，对优先权做基本调整的方法。

——处理其决定和行为的消极影响的合适方法。

在辨别各种行为时，组织应从个人或者集体损害的角度积极地理解各种挑战和困境。在自我评估方面，组织应当探寻可能的或者合适的情况，来增强其在社会责任方面行为的影响；组织在增强社会责任的表现过程中获得了更多经验，可以进一步增强其影响力。

（二）组织核心主题和议题的关联限制因素

1. 关联限制因素

所有的核心主题（并非所有议题）都与组织有关联。组织应当回顾所有的核心主题，以此来印证与哪些议题相关。为了开始鉴定程序，组织应当做到：

——列出其行为的范围。

——辨别利益方。

——辨识组织的行为、影响范围、价值链，并且考虑组织的所有适用法律。

——调查组织决定和行为可以引起对利益方和可持续发展的影响范围。

——辨识与日常行为，或只有在特殊环境下才会发生的、与社会责任有关的议题。

虽然组织本身相信自己理解社会责任，但是仍然应当考虑相关利益方在核心主题和相关议题方面的辨别能力。即使利益方不能辨别这些，组织认识到与社会责任相关的这些问题也很重要。

在一些实例中，可能由于当地法律对与社会责任相关的核心主题有所规定，所以一些组织能够有效地保证与这些核心主题相关的议题顺利实施。比如，法律为避免空气污染和水污染对企业行为有严格规定，企业遵守这些规定就是承担社会责任。但积极的社会责任甚至超出了对法律义务的简单遵从，比如一个学校自发地使用雨水来冲洗公共场所，尽管法律对此没有具体的规定和约束。

2. 决定的重要性

辨识与组织决定和行为相关的广泛议题时，应该有一套重要的辨识标准。可能的标准包括：

——此议题对利益方和可持续发展的影响范围。

——施行或者不施行此议题的潜在影响；关于此议题与利益方的具体关系。

——辨识对负责任行为影响的社会期望。

被认为很重要的议题可能会违背法律；与国际行为规范不一致；潜在的违反人权；可能危及生命或者健康；实践可能严重地影响环境。

（三）组织的影响范围

1. 评估组织的影响范围

——所有权和管理，包括所有权在组织管理部门的性质和程度。

——经济关系，包括经济关系的程度以及经济关系的重要程度（经济关系对一个组织越重要，对其他组织产生的影响越大）。

——法律/政治权利，这是在有约束力的合同中的基本规定，或者既存法律对组织保证增强其行为的允许；民众舆论，包括组织影响舆论的能力以及公众舆论在社会责任方面的影响。

除此之外，一个组织的影响还依赖很多因素，包括地理上的接近、范围、关系的广度和深度等。

2. 施加影响力

组织可以对其他组织和个人施加影响力，也可以增强在可持续发展方面的积极影响，或者减少消极影响。因此，组织应当严格评估其影响范围和责任。施加影响力的部分方法如下：

——建立合同契约和奖励方式。

——组织的公众声明；接洽各种团体、政治领导人和其他利益方。

——做出投资决定。

——分享知识和信息。

——指导联合规划。

——承担游说和使用媒体的责任。

——提高行为水平。

——与区域组织团体形成合作伙伴关系。

组织施加影响应当通过伦理道德行为、原则和社会责任实践来指导。当施加影响时，组织应当首先考虑通过对话来提高社会责任意识和社会责任行为。如果对话无效，应当慎重的选择行为，包括改变关系的性质。

当一个组织对其他组织或者个人有事实上的控制时，它的义务是履行组织既存的义务。事实上的控制是指组织即使没有法律或者正式的权力，仍然有能力去决定其他团体的决定和行为。

（四）为实施议题建立优先权

组织应当考虑如下信息来决定某个议题是否有优先权：

——该组织目前在遵守法律、国际标准、国际行为规范等方面的表现。

——议题是否能够影响组织满足其重要目标的能力。

——与满足需要的资源的相关行为有关的潜在影响。

——实现预期结果的时间。

——如果不能快速处理，影响是否很大。

为了增加立即行动的优先权，组织应当考虑与组织期望的未来有关系的决定和行为的议题相关的优先权，例如建筑结构、雇用员工、承包商，或者指导筹募基金活动等。优先权的注意事项是组织未来行为的一部分。优先权的待遇在组织内是动态变化的，组织应当及时检查和更新优先权。

三　社会责任意识的培养和实施社会责任资格的建立

（一）社会责任意识的培养和实施社会责任资格的建立

组织建立的社会责任包括在组织各个方面的承诺和理解社会责任。在组织建立社会责任的早期，应当增强对社会责任的各个方面的理解，包括原则、核心主题和议题。承诺和理解社会责任首先应当从组织的顶层开始，然后向员工扩散，使组织的各个层面都能理解承担社会责任不仅是义务，而且对组织自身发展同样重要。

建立社会责任实施资格包括扩大活动范围，例如利益方参与、对核心主题知识和理解的积极应用。在组织内，应当对现存知识和技巧做出改进。这些努力还包括培养供应链中领导和员工的能力等，对一些特殊议题还需要特殊的训练。

为了有效地整合社会责任，组织在做决定和管理时，应当赋予各个阶层更多的自由和权力，而且应当具备有效检测和衡量其行为的方法。教育，尤其是关于可持续发展的教育，以及终身学习，是培养和提高社会责任能力的核心。

（二）建立组织社会责任指导

部分方法如下：

——组织通过社会责任来影响其行为的期望。

——将组织清楚的、重要的社会责任整合到组织的目标或者宗旨中，包括社会责任的原则和议题来决定组织的运行方式。

——用书面的形式，将组织应该恪守的社会责任中的行为规范或道德标准详细列出，以彰显其原则和价值。这些行为应当建立在 ISO 26000 条款 4（社会责任的原则）和 ISO 26000 条款 6（社会责任的核心主题指南）中的社会责任的原则之上。

——核心主题和议题行动的优先权转换成易管理的策略、程序、时间表等组织目标。目标应当是特定的、可度量的或者可证实的。利益方在协助此过程中应当可估价。达成目标的详细计划，包括责任、时间表、预算和组织行为的影响。

（三）在组织的管理系统和程序中建设社会责任

组织应当将社会责任的相关原则体现、应用到其管理过程、系统运转和具体程序中，并且在组织文化等方面反映出来。而且要不定期地审查其程序，以此保证组织充分考虑了社会责任。部分程序包括：

——保证建立相应的管理体系来反映和实施社会责任。

——确认社会责任的原则、核心主题和议题被应用到了组织的各个方面。

——在组织内部建立相应的部门，以此来审查和修订组织的运行程序，确保使其行为与社会责任的原则和核心主题一致。

——将采购和投资行为、人力资源管理和组织的其他功能整合到社会责任中。

组织既存的价值观和文化在整合社会责任时可以产生重要的影响。当组织的价值观和文化与社会责任发展水平相当时，组织的整合过程可能相当明了通畅。有些组织虽然不具备既有价值观和文化基础，但当组织认识到社会责任的利益关系时，通过持续地、系统地努力仍可以将社会责任与组织较好地融合。

四　社会责任交流

（一）交流在社会责任中的角色

与社会责任有关的实践都牵扯到内部和外部的交流，交流方式对于组织承担社会责任功能异常重要。为此，组织应做到：

——提供组织的决策、目标和计划等，表现其对社会责任的高度关注。

——证明社会责任原则的影响。

——协助利益方参与和对话。

——公开与社会责任相关的信息。

——展示组织在实现社会责任方面的承诺，响应利益方的利益和其他的社会期望；提供组织的行为、产品、服务等方面的影响信息。

——协助吸引和刺激员工支持组织在社会责任方面的行为。

——与同等组织相互促进，刺激其在社会责任方面的表现。

——通过开放性、整合性和义务性，增强组织在社会责任方面的负责任的行为，增强利益方对组织的信任性。

（二）与社会责任相关信息的特点

与社会责任相关的信息特点包括：

——完整性：信息应当表现出与社会责任相关的重要行为和影响。

——可理解性：信息应当提供与交流相关的知识、文化、社会、教育和经济等方面的背景。使用的语言和风俗等应当体现出来。

——响应性：信息应当响应利益相关者的利益。

——精确性：信息应当真实准确，并且提供重要的详细信息。

——及时性：过期的信息是有误导性的。

——可接近性：特殊主体的信息应当可以被利益相关者获取。

（三）社会责任交流方式

在社会责任交流方面有很多方法，例如：

——与利益方会话。利益方在社会责任的特殊方面也要交流。如果可能，应当包括利益方之间的交流。

——组织管理层、雇员或支持组织承担社会责任的会员之间的交流与对话。

——与利益方交流与组织行为相关的社会责任的要求。这些要求应当已经通过了内部的检查和肯定，为了增强可信性，这些要求也应当被外部肯定，在合适的时间应当提供利益方反馈的机会。

——与供应商交流关于获取社会责任的要求。

——与公众交流某些紧急情况给社会责任带来的影响。在某些紧急情况之前，交流的目标应当是增加关注和准备，在紧急情况期间，应当及时通知利益方并提供相关信息。

——与产品相关的交流，例如产品标签、产品信息和消费者信息，应当提高此类交流形式的反馈机会。

——通过杂志、广告或者其他公共声明来推进社会责任。

——管理层或者公众要求的意见书。

——关于利益方反馈的周期性的报告。

（四）在社会责任交流方面与利益方对话

通过与利益方对话，组织可以了解利益方观点并从中直接获益。为此，组织应当做到：

——对交流的内容建立优先权。

——如果确认可用，利益方确认报告信息的安全性。

——确定是最好的惯例。

五　增强社会责任的可信性

（一）增强可信性的方法

组织在建立可信性方面有很多方法。其中，利益方参与是一种被实践证明的、有效增强可信性的重要的基本方法。有时，一些特殊方面的可信性可以通过参与一些特殊的方案来增强。比如，通过证明产品在社会环境、劳动力参与等方面的安全性来增加可信性。有时也可以通过加入同等组织协会，来建立或者加强组织在该领域或者在团体内部的责任行为。

（二）增强社会责任报告和声明的可信性

增强社会责任报告和声明可信性的方法：

——对报告中没有覆盖的主题做简要的解释，以此来展现组织在处理各项重要事务中的努力。

——有一套严格和负责的审查程序，跟踪到的信息是可靠的。

——使用个人，或者不依赖于个人的预备报告的程序，或者在组织内外，能够理解这个认证过程。

——出版声明，来证明认证是报告的一部分。

——通过利益方来提供检测，这个检测报告要反映出与组织相关的重要问题，响应利益方需要，提供议题的完整覆盖范围。

——采取方法使信息易懂、方式容易被验证等。例如，取代了其行为统计报告，组织应当详细研究其资源信息和生成统计资料的过程。在一些情况下，组织可以通过提供行为产生的方位来提高其可信度。报告与组织外部的指导方针一致。

（三）解决组织和其利益方之间的冲突和分歧

组织与利益方或者利益方集团之间在有关社会责任问题上

可能出现冲突和分歧。正式地解决分歧的方法主要依赖于已经签署的合同。重要的是，组织应当建立解决这种冲突和分歧的相应机构。这种机构的职能和行为应当包括：

——与有影响力的利益方直接讨论。

——利用书面规定处理误会。

——在组织内与能够代表其观点的利益方展开讨论，寻找解决办法。

——使用正式的投诉处理程序和使用调解或者仲裁处理。

——保证涉及不道德行为的报告不受报复的系统。

——解决不满的其他程序。

一个组织应当为其利益方形成详细的解决冲突与分歧的信息和程序。这些程序应当是平等和透明的。很多与人权或者消费问题相关的信息应当在 ISO 26000 条款 6 里被表现出来。

六　评估和强化与社会责任相关的组织行为

组织在社会责任方面的表现部分依赖于其承诺、监督、评价和行为评估等方面的努力。利益方在检查组织在社会责任方面的表现方面起着重要作用。社会责任行为监督的首要目标是保证组织行为按照计划进行、识别危机或者非日常发生事件，并且对正在进行的行为做出修改。

（一）监视社会责任行为

组织的核心主题和其他议题覆盖的范围很广泛。为了提高组织社会责任的有效性，监督正在进行的、与社会责任核心主题和相关议题相关的行为异常重要。这些监督方法有：一是在一定时间内审查、确定标准、获得利益方的回复等；二是用计量器测试。计量器在结果方面是定量的或者定性的，在一段时间内是可比较或者可证明的。例如，计量器在一段时间内可以用来监视或者估量实现过程。它是清楚的、可告知的、可实践的、可比较的，因而，在一定程度上是可依赖的。在选择计量器时的额外信息在社会责任和可持续发展方面都可用。

虽然计量器的定量效果可以直接用，但是在社会责任方面不全是有效的。例如，在人权方面，女人和男人在是否被平等对待问题上的观点，采用研讨的方式进行讨论比一些计量器的定量的区别更有实际意义。另外，与调查结果或者小组讨论相关的，定量的计量器加上定性的计量器可以描述观点、趋势、条件和情形。

（二）评估组织社会责任的进程和表现

组织应当在适当的时间间隔内进行社会责任审查，以此决定组织在社会责任方面的目标和宗旨的运行，并且辨别是否需要在方案和程序中做出改变。这些有代表性的审查包括社会责任核心主题和之前行为的比较，以此来对比其目标和宗旨。应当包括较少的对不容易衡量的行为的审查，例如对社会责任的态度的审查。

在审查时需要提到的问题包括：预想的宗旨和目标实现了吗？测量和过程适合宗旨吗？工作的内容是什么，为什么？不去做的工作的内容是什么，为什么？目标适当吗？怎样才能做得更好？所有的人都相关吗？等等。在这些审查结果的基础上，组织应当改变其方案，以此来补救缺陷，改良在社会责任方面的表现。

（三）增强数据依赖性，以及信息采集和管理

组织会被要求提供性能数据给政府组织、非政府组织和其他组织，数据库包含了相关的敏感信息，能够增加在数据收集

和系统管理等方面的信心。其目标是：提高数据和信息的可信性；确定系统保证安全隐私数据的可靠性。

作为审核的一部分，独立的个人或者团体，组织内部或者外部，应当检测数据的收集、记录、储存、处理以及使用。这种检测能够辨识出数据收集和系统管理等方面的缺陷。审查的结果有益于组织的进一步完善。数据准确性和可靠性的提高可以通过对数据收集者进行培训、对数据准确性的说明、直接反馈给出错的收集者以及数据的质量处理等途径实现。

（四）提高性能

在定期审查或者其他合适的间隔性审查的基础上，组织应当考虑提高社会责任的性能。审查的结果可以帮助组织在社会责任方面有持续性的提高，包括目标的修改、条件的改善，以及对更高目标的渴望等。审查利益方观点可以帮助组织辨识新的机会和改变期望，促进组织在社会责任方面的行为表现。

关于企业社会责任指导的内容比较丰富，受篇幅所限，本节只进行部分表述。

本章小结

经济全球化意味着规则的趋同化，如何衡量企业社会责任行为和绩效需要具备共同而有差别的企业社会责任国际标准。本章选择具有重大影响和具有广泛代表性的 SA 8000 标准和 ISO 26000 标准，分别对其产生的背景、主要内容和对我国的影响进行介绍。从企业、政府及国家三个层面提出应对 SA 8000 标准的对策，从推动对 ISO 26000 标准的研究、培训及普及工作，加快经济发展方式转变等方面提出 ISO 26000 标准的应对之策。最后，以 ISO 26000 为标准，对企业推行企业社会责任过程中的某些细节进行具体指导。

第六章　企业社会责任管理(一)

有效践行企业社会责任，需要把社会责任融入企业的战略管理、组织管理和日常管理之中，也就是需要企业进行社会责任管理。

第一节　增强意识，制定和形成新的经营理念和行为准则

清醒、强烈的社会责任意识，以及明确、精准的社会责任经营理念是企业社会责任行为和实践产生的认识论基础，而基于企业社会责任意识和经营理念的行为准则则是企业社会责任行为和实践的具体指导依据。本节主要从企业社会责任意识、企业社会责任理念以及行为准则三个层次进行分析，以期提高企业社会责任的管理水平。

一　增强企业社会责任意识

什么是企业社会责任、为什么要履行企业社会责任、企业在多大程度上承担社会责任，以及采取什么方式履行社会责任等，对上述问题的理解程度和认知水平决定了企业社会责任实践的深度、广度及质量。

就中国而言，企业的社会责任意识和责任行为经历一个从无到有、从弱到强、水平渐次提高的过程。从前几年发布的企业社会责任报告可见这方面取得的进步。《中国企业社会责任报告研究（2010）》显示，2010 年前 10 个月，中国各个行业发布的各类社会责任报告多达 663 份，超过了 2009 全年发布的社会责任报告总量，比 2009 年同期的 582 份增长 14%。与往年相比，报告的可读性更强，形式更加规范，信息的披露量增加，内容更加深入，国际化程度提升，报告的整体水平有一定程度的提高。尽管如此，与国际水平相比，我国企业的社会责任意识与社会责任行为还处于初始阶段。《中国企业社会责任研究报告（2015）》显示，2015 年，我国 300 强企业的社会责任发展指数只有 34.4 分，尽管同比提高了 1.5 分，但整体仍处于起步阶段。其中得分低于 60 分的企业接近 80%，处于三星级及以下水平；近 50% 的企业为一星级，仍在"旁观"；还有 7 家企业未披露任何社会责任信息，得分为 0。

总体而言，我国企业社会责任整体状况还处于初级发展阶段。原因之一是，与欧美日等国家相比，我国企业的社会责任意识仍然比较淡薄，整体认识水平有待提高。主要体现在以下几个方面：

（一）对企业承担社会责任的原因和动机存在理解偏差

1. 把企业承担社会责任看成是企业办社会的回潮和倒退

计划经济时代，作为政府附属物的企业不是独立的经济主体，企业生产什么、生产多少、怎样生产以及为谁生产不是根据市场供求、价格和竞争状况而定，而是按照政府制定的指令性或指导性计划执行。此外，企业还承担了本该由社会承担的幼儿园、学校、医院等非营利性的社会事业。国家和政府对企业的强力控制和长期的企业办社会，导致企业不堪重负，企业缺乏应有的积极性和活力，致使整个国民经济亦陷入死水泥潭。经过多年市场取向的改革，才使得社会事业从企业剥离出去，企业得以轻装上阵，逐渐成为真正的市场主体参与市场竞争。对于企业社会责任，许多中国企业简单地把它等同于企业办社会的回流。尽管认识上的偏差有历史根源，但在实践上，这种错误认识不仅没有正确理解企业社会责任是为平衡企业利益和社会利益之间的关系，最终获得企业利益和社会利益和谐共赢的本质意义，还忽视了企业自身存在的问题和不足，阻碍了企业社会责任的实施。

2. 把企业社会责任看成是西方资本主义国家的阴谋

改革开放以来，尤其是 2001 年中国加入 WTO 以来，在二元经济形态和农村劳动力源源不断供给的情况下，基于劳动力比较优势的出口导向型经济成为新时期中国的经济增长模式，在投资和出口的强劲拉动下，中国经济呈现出多年持续快速的增长势头。与此同时，中国企业在产品质量、环境污染、员工待遇、劳动环境、劳动保护等方面的问题凸显，负面形象日益呈现。在此情况下，国际劳工组织、国际环保组织和其他非政府人权组织对中国企业这种严重缺乏社会责任的行为进行了强烈谴责，并不断向与中国有密切联系的跨国公司施压，要求跨国公司关注和促进中国企业改进。与此同时，国外相关企业在激烈的竞争压力下也对中国企业的社会责任现状提出批评。在此情况下，许多中国企业把外界的指责看成是国际社会蓄意提高中国产品成本、削弱中国企业赖以生存的竞争优势的阴谋。阴谋论的甚嚣尘上曲解了企业社会责任的动因，忽视了自身存在问题的严重性，不仅不利于其对应有社会责任的承担和对利益相关者权益的保护，还对企业的可持续发展造成威胁。①

---

① 刘兆峰：《企业社会责任与企业形象塑造》，中国财政经济出版社 2008 年版，第 108—109 页。

（二）承担社会责任的形式简单化、表面化

许多中国企业习惯把搞慈善、甚至捐款当作履行社会责任的全部形式和行为。尽管慈善和捐款是应该提倡的企业善举，为回馈社会而进行慈善和捐款的动机也无可厚非。但简单地把承担社会责任等同于慈善或捐款，这与企业作为经济和社会双重性质的组织、把追求自身利益最大化和社会利益最大化相统一的现代企业社会责任的倡导不相吻合。再者，企业社会责任的内容极其丰富，绝不是简单的慈善行为所能囊括的。按照卡罗尔的"社会责任金字塔"模型，企业应该承担四种社会责任，从塔底到塔顶依次为经济责任、法律责任、伦理责任和慈善责任。其中，参与慈善活动是自愿责任，是企业应承担社会责任的最高级形式。此外，全球报告倡议（GRI）提出企业社会责任三重底线的概念，也就是经济底线、环境底线及社会底线。其中经济责任就是提高利润、照章纳税、股东定期分红等比较传统的企业责任；环境责任就是企业在发展过程中应具备环境意识，不能以牺牲环境为代价，要保护而不是肆意破坏环境；社会责任就是对员工、消费者、商业伙伴、竞争对手、社区、政府等利益相关者的负责。总之，三重底线就是把企业追求单一的利润最大化经济目标，转为从经济、环境、社会三方面考虑的综合利益最大化目标。企业承担社会责任形式的简单化、表面化，在现实中会导致基本的社会责任承担不利。以经济责任为例，相当多的企业认为企业经济责任就是追求利润最大化，为此，逃税现象十分普遍；还有些公司经营业绩突飞猛进，企业利润雄厚，新股发行不断，但往往几年不派发红利，或股东只得到了微薄的分红，与企业高额的利润严重背离。如，作为我国老牌公司的三普药业，盈利丰富，2010 年实现净利润 3.02 亿元，同比增长 47.65%，营业收入接近百亿，但却连续 15 年没有分过红。

特殊的国情使得我国大部分企业目前尚处于成长发育期，这是其社会责任意识淡薄的重要原因。但是企业社会责任运动以不可阻挡之势席卷全球，企业社会责任成为企业的核心竞争力已被实践证实，在经济全球化的今天，中国企业参与全球化的广度和深度与日俱增，且不可逆转，要使我国企业在激烈的国际竞争中取得优势，必须顺应国际潮流，增强和提高企业社会责任意识。为此，应着重从以下几个方面作出努力：

1. 法律意识

依法经营、照章纳税是企业存在的法理基础，本是企业概念的题中应有之意，也是企业理应承担的最基本的社会责任。在法制健全、竞争有序、成熟的市场经济国家，强调企业的法律意识往往是多此一举，因为长期的法治环境、违法经营必然付出的惨痛代价，使得守法已成为企业的一种习惯。中国则有所不同，从宏观的制度层面看，我国法制、法规还有待完善，而且许多领域执法不严。微观层面表现为，企业法制观念普遍淡薄，守法意识不强，忽视规范其行为的经济法、环境法、劳动合同法等在很大程度上蔚然成风；法不责众，"守法吃亏、违法沾光"的企业心理普遍存在，不断蔓延，普遍性违法俨然成为社会现象。就连一些大企业，如三鹿、双汇也没能幸免。

完善的法制是市场经济正常运转的前提，守法的市场主体是维护市场公平竞争的关键。因此，必须通过宣传、惩治等途径提高企业的法律意识，促使企业把遵守法律，合法经营作为基本的、硬性的企业社会责任承担起来。当然，法制不健全、执法不严、选择性执法、违法成本过低是造成企业法律意识不强、普遍性违法的宏观制度原因。因此，只有进一步完善立法、严格执法、提高违法成本，维护我国法律应有的尊严，才能从根本上提高企业的法律意识，进而使企业逐渐成为遵守法律、依法经营的典范和市场主体。另外，像康菲公司这种在法治国家严格守法，却在中国打法律的擦边球、甚至肆意违法的机会主义倾向也会逐渐减少甚至消失。

2. 道德意识

道德就是以是非、善恶评价为标准，依靠舆论、习俗及内心信念的力量调解人际关系的行为规范的总和。道德意识是人们在长期的道德实践中形成的道德情感、道德观念、道德信念、道德意志和道德理论体系的总称。所谓企业伦理或企业道德是指企业从事经营活动时所遵循的道德原则和规范。企业在经营过程中，需要与不同利益相关者产生联系。其中，内部最主要利益相关者是企业员工，外部则有消费者、供应商、竞争对手、社区、政府等。除了用最基本的法律法规规范企业与利益相关者之间的关系之外，道德约束更是不可或缺。企业道德意识是社会道德意识的重要组成部分，是通过教育、提倡、引导、培育及习俗的延续等渠道获得的。伴随时代的发展和社会进步，社会对企业道德的要求不断演化，逐步升高。比如企业发展早期，做好自己、对股东负责、为股东谋利，不恶意、主动地侵害他人权益就是公司承担社会责任。但今天看来，这仅是公司承担社会责任的基础和第一步。经济全球化意味着世界范围内的高度分工又高度合作，与此同时公司的负外部性将伴随资本、资源等要素的全球流动而扩散。在此情况下，如果公司，尤其是跨国公司只顾自己和股东的利益，必然带来全球性的社会问题和环境问题。因此，公司不仅仅是个经济组织，它必然要作为一个企业社会公民、一个社区成员承担起对员工、消费者、环境等的诸多责任。调控这些责任的，除了法律这种强制性的基本要求外，更多地还要靠道德的约束和鼓励。

目前我国企业的道德意识令人担忧。最近，通过媒体的披露，一些严重违背道德的企业行为相继浮出水面。令人感受最深的是与人们身心健康密切关联的食品、医疗等行业频频出现的败德行为，如前期的三鹿奶粉事件、双汇瘦肉精事件、齐齐哈尔制药二厂的假药事件以及上海染色馒头事件。近期，类似上述事件也时有发生，如2016年山东济南的假疫苗事件。这些严重违反道德底线的行为不仅对消费者的身心健康造成严重伤害和威胁，对正常的市场和社会秩序也造成破坏，像三鹿、双汇这些原来信誉度比较高的大企业的败德行为不仅深深伤害了消费者的心灵，也使消费者对我国企业和市场失去了信心，通过"货币投票"的方式转向国际市场，形成声势巨大的"海购潮"，进而造成消费外溢，以及税收和就业机会的外流。同时，我国企业的国际形象因此遭到质疑。调查显示，外国人对我国企业的印象体现在三方面：成本低、发展速度快、道德水平低。由于失信于民，企业自身利益也遭受重创，企业的可持续发展前景甚至生存都成了问题。如年销售百亿元、仅无形资产就价值150亿多元的三鹿集团，其毒奶粉事件曝光后，在社会的强烈谴责中迅速破产，被北京三元集团低价收购。瘦肉精事件后，尽管企业极力弥补，双汇集团仍步履维艰，难现昔日辉煌。食品、药品领域长期存在的败德行为已经深深伤害其自身的发展。最近几年，社会上不断出现明显违背常识的、关于食品安全的流言，如猪肉不断切割出淋巴结的谣言，但经过网络传播却被许多不明真相的群众深信不疑，这与食品领域屡破道德底线，造成公信力缺失有直接的关联。前总理温家宝对道德缺失后企业的败德行为痛心疾首，屡次在重要场合呼吁企业"身上要流淌着道德的血液"，提高道德自律。因此，通过加强主管部门的监管、对企业违反道德行为的惩罚、媒体的报道、消费者的监督以及企业反躬自省等多管齐下提高企业的道德意识是当务之急。

3. 公益意识

除了增强企业社会责任的法律意识和道德意识外，在更高意义上还应提高企业的公益意识。如爱护、保护环境，采用绿色生产，倡导绿色消费，积极治理和修复自然环境，资助环保事业；利用自身特色和优势，积极参与社区建设及社区活动，关注社区弱势群体，支持社区的教育医疗等事业，尽力为他们提供急需的帮助。

近年来，伴随改革开放进程的加快、我国企业的公益意识有所提升，公益参与的热情不断增高。比如，我国一些具有强烈责任感和公益心的企业家王平、黄志祥、陈东升、邓中翰、刘吉人等发起成立了友成基金会（企业家扶贫基金会），对中国公益领域的创新开始了探索，成为推动社会和谐发展的重要力量。但与西方发达国家相比，企业的公益意识总体偏弱，加之受法律法规配套滞后的消极因素影响，我国企业参与公益事业活动还处于相对初期的阶段。企业家扶贫基金会和零点调查公司曾经开展的一项调查显示，国内企业公益指数得分仅为 44 分，处于"不及格"状态，说明国内企业公益事业还处于起步阶段。《中国企业公益研究报告（2016）》显示，2016 年，外资企业公益发展指数为 28.32 分、国有企业公益发展指数为 22.64 分，民营企业为 21.61 分，表明我国企业公益指数仍在起步阶段。其中，我国国有 100 强企业公益发展指数超七成停留在一、二星级，只有华润（集团）有限公司、中国移动通讯集团公司和东风汽车公司 3 家达到五星级，中国石油化工集团公司、中国华能集团公司等 6 家达到四星级，企业公益发展严重不足。经济学家汤敏认为，我国企业公益事业不仅规模过小，而且从事公益活动的广度和深度上都还存在不足，比如企业公益投入集中在救灾、扶贫与教育援助等领域，而对环保、健康等领域关注不够；部分企业捐赠之后对款物去向用途关心和跟踪不够，导致企业公益资金的使用效率偏低；企业公益事业的模式落后等问题。因此，为更加有效地承担和履行社会责任，不仅要继续强化我国企业的公益意识，而且还应借鉴国际先进经验，引导和帮助企业制定公益战略、公益系统，提高公益管理和企业公益行为的组织化程度，促使企业积极主动地与公益慈善组织合作。

二　形成以企业社会责任为核心的经营理念

企业社会责任经营理念是系统的、具有哲学意义的企业社会责任观，它是企业社会责任意识的凝练和升华，是企业进行社会责任管理的价值观基础和思想前提。企业社会责任决策和行为在根本上取决于企业是否树立起正确的社会责任经营理念。从全球范围看，企业社会责任经营理念经历了以下演变过程：第一个阶段，认为企业社会责任就是实现股东利益最大化，除此之外没有其他责任。其简单的逻辑是，企业是股东出资建立的，保证出资人资产的保值增值是天经地义的。这个阶段，没有利益相关者的概念，在企业经营过程中，更不会考虑他们是受益或是受损。股东利益的最大化往往不能带来社会利益，相反，在很大程度上是建立在损害社会利益的基础上。第二个阶段，把企业社会责任定位在遵纪守法、不做不利于社会和其他利益相关者的事。单纯追求股东利益最大化的结果是引来一系列社会问题，如环境污染严重，失业增加、劳资矛盾突出等，进而导致政府规制企业不良行为的法律法规的出台。企业再也不能像以前那样为追求自身利益肆无忌惮地损坏社会利益，相反，要为自己的违法行为付出惨痛的代价。企业的守法意识随之增强。这时的企业社会责任经营理念在处理企业利益和社会利益关系问题上有所进步，但仍把企业利益和社会利益对立起来。法律法规毕竟是他律，一旦有机会还会伺机钻法律的空子，以实现自身利益最大化。第三个阶段，企业策略性地承担股东利益之外的社会责任，以赢得好的社会环境和竞争优势。遵纪守法已经成为企业经营行为的一种规范，而且主动承担社会和环境责任，但这样做的目的仍是出于自身的盈利，因为策略性承担社会责任能赢得消费者的认可和政府的肯定，使自己的公众形象提升，比竞争对手获得更好的竞争优势。不足之处是还没有自觉地把企业的经济利益和社会利益融为一体，但相对于前两个阶段毕竟是进步。第四个阶段，战略性地承担社会责任。企业深知其不仅是经济组织，还是社会组织，对企业社会公民的身份有发自内心的认同，自觉地把承担社会责任上升到企业战略高度，在经营过程中，把自身的经济利益与社会利益统一起来，统筹兼顾。①

就我国而言，战略性地承担社会责任只有极少数企业能做到，一些大的企业最多是做到策略性的责任理念，更多的是被动执法甚至不惜违法单一地获取股东利益。因而必须有针对性地形成以企业社会责任为核心的新的经营理念：

（一）利益相关者理念

1984 年，弗里曼（Freeman）在《战略管理：利益相关者方法》一书中关于利益相关者的定义堪称经典：利益相关者就是那些能够影响一个组织目标的实现，或能够被组织实现目标的过程影响的个人和团体。利益相关者包括员工、消费者、商业伙伴、社区、政府等直接利益相关者或间接利益相关者。利

---

① 刘兆峰：《企业社会责任与企业形象塑造》，中国财政经济出版社 2008 年版，第 105 页。

益相关者理论突破了传统的股东利益最大化的理论缺陷，不仅使企业的社会责任范围更明确和规范，而且成为企业社会责任的理论依据，以及衡量企业社会责任的正确方法。传统的经济理论仅仅把企业与员工、消费者等之间的关系看作是简单的市场交易关系，并认为，在完全竞争条件下，在符合规范的市场交易中实现企业利润最大化的同时实现社会利益的最大化。这种理念过于理想化，虽然股东利益和相关者的利益并无天然的矛盾和冲突，但也不意味着二者完全一致，企业在追求自身利益最大化目标时可能对利益相关者产生积极影响或消极影响；反之，利益相关者的诉求和行为也对企业目标的实现产生或正或负的影响。因此，只有树立利益相关者的理念，在企业经营中充分了解、平衡和尽力满足利益相关者的需求，促使企业行为尽力减少消极影响，增加积极影响，最终实现企业长久利益与利益相关者利益最大化的一致，实现多重目标价值最大化的同时，保障企业的可持续发展。

（二）企业公民理念

企业公民理念就是要把企业当作社会公民对待。企业公民是自然人公民的延伸，从政治学意义上主要是强调权利与义务的对等关系。作为社会公民，企业也应该像自然人一样享有应有的权利，承担与权利相对称的社会责任和义务。因此，从一定意义上来说企业公民理念等同于企业社会责任理念，是对企业社会责任思想的继承、突破与发展。

（三）企业社会契约理念

即企业和社会分别作为契约的两个主体，二者之间是事实上的契约关系，彼此承担着责任和义务：企业应对其赖以存在的社会承担责任，社会也应为企业发展承担责任。企业社会契约理论突破了企业与社会的关系就是企业从社会上获取资源及向社会提供各种商品的市场交易关系的传统观念，为企业与社会之间的良性发展和企业社会责任的有效承担提供了理论基础。

企业自身就是一系列契约的组合，其既包括企业与股东之间的契约，也包括企业与各类利益主体或利益相关者，如管理者、雇员、供应商、消费者、社区和政府等之间的契约。就契约的类型而言，包括显性契约和隐性契约。以基本协约形式出现的、具有法律约束力的契约为显性契约，但由于受成本过于高昂或其他条件限制，企业契约更多地是以心照不宣、双方默认的非协议形式存在的隐性契约，如保证员工安全，企业经营过程中对环境污染的控制等。隐性契约的基础是社会信用，虽然没有明确的法律规定，但隐含着责任和义务担当，仍应被企业遵守。

传统观点，即企业是追求利润最大化的经济组织，仅仅是基于股东利益而言，忽视了企业与其他利益主体或利益相关者之间的契约履行关系。企业社会责任是企业与社会之间隐性的社会契约关系，企业社会责任就是企业自觉自愿地履行隐性契约，保证企业自身利益和利益相关者利益最大程度上的一致、实现自身经济价值和社会价值最大化，最终保证企业可持续发展的行为。由于前面章节已经详述，此处不再赘述。

三　制定行为准则

理念化的企业社会责任要转化为企业社会责任行动和实践，就必须制定可供企业中每个员工都必须遵守的具体的行为规范，即企业社会责任行为准则。行为准则制定的基本原则就是企业在追求利润的同时，平衡员工、消费者、社区、政府等利益相关者的利益。企业性质不同、所处环境不同，其制定的行为准则差异性很大，但必须在尊重基本的法规、尊重人权和国际准则的前提下，遵守基本的准则。

（一）制定对员工的行为准则

在为员工提供工作机会的同时，本着尊重员工的生命和健康，应尽力为他们提供安全和健康的工作环境，做好劳动保护、防止伤害职工的身心健康、减少职业病的发病率；避免种族、性别、年龄、宗教等各类歧视，为员工提供平等的就业机会、升迁机遇和接受培训、教育的机会，以促进员工能力的提高；尊重员工民主管理企业的权利，积极吸收他们的合理建议，并提高他们的工作积极性和工作热情；组建代表员工利益的工会组织，在工资、工作时间、劳动环境等涉及员工利益的问题上，实现企业与工会组织的集体协商，以平衡劳资利益，减少劳资冲突，稳定劳资关系。

（二）制定对消费者的行为准则

向消费者提供安全、高质量、价格公道的产品，做好售后服务；实事求是地宣传产品的性能、可靠性等，保障消费者的知情权和自由选择权；维护信息管理，保障客户信息安全。

（三）制定对商业伙伴的行为准则

选择信义良好的商业伙伴，并保持对他们的监督；建立良好的供应合作关系，与商业伙伴形成利益共赢，风险共担的良好、稳定的合作关系。

（四）制定对社区的行为准则

积极参与社区建设，为社区的教育、医疗、就业等定期举行慈善活动，为营造稳定的社区环境打下基础。

此外，为更有效地推进行动准则的实施，还应在上述规范的基础上，制定相应的推进机制、监督机制和惩戒机制，并作为内部制度在企业中实行。

第二节　建立和完善实施企业社会责任机制

一　将企业社会责任纳入企业经营目标和发展战略

（一）将企业社会责任纳入企业经营目标

企业经营目标是一定时期企业生产经营活动预期要达到的成果，是企业生产经营活动目的性的反映，体现了在分析企业外部环境和企业内部条件的基础上确定的企业各项活动的发展方向和奋斗目标。企业经营目标不仅是企业经营思想、价值追求的具体化，还为企业各方面的具体活动提供基本方向。

企业经营目标不是一成不变的，而是经历了漫长的演化。最初企业以实现股东利益最大化作为其经营的基本目标。传统的"股东至上理论"，主张股东独享企业的控制权和所有权，企业以实现股东利益最大化作为其经营的基本目标。在企业经营早期，股东不仅是出资者，而且是经营者，同时往往又是唯一的风险承担者，在市场竞争不太激烈且企业经营对外部环境的影响并不明显的情况下，把股东利益最大化当作企业的唯一经营目标有其现实合理性。但伴随着企业规模的不断增大，生产方式愈加复杂化，竞争日趋激烈化，出资的多元化，企业由所有权经营权合一逐步转化为所有权经营权分离，20 世纪 30 年代还出现了标志着两权分离的经理革命。与此同时，企业的经营活动对社会的影响及受社会的影响也在逐渐明显，原来忽略不计的经营者、雇员、竞争对手、供应商、社区、环境等利益相关者与企业经营目标的实现日益紧密，单纯的股东利益最大化的企业经营目标受到挑战。比如，伴随所有权和经营权的分离，掌握企业经营权的经理阶层在相当大程度上控制着企业的经营及利益实现，即"内部人控制"，如果股东仍然坚持自身利益至上的信条，忽视经营者的利益，必然会受到作为企业实际控制者的变相抵制。比如经营者以公司利益的名义进行个人消费；为凸显自己的社会地位不顾股东利益而盲目扩大企业规模等，从而对股东的长远利益造成损害。同理，员工、竞争者、商业伙伴等也以难以预料和控制的形式影响着企业的经济目标和股东利益。因此，利益相关者的出现，使得企业为了长远利益必须重视他们的利益诉求，并把利益相关者的利益纳入企业的经营目标，以实现企业价值和社会价值的共赢。还以经营者为例，为了避免经营者对企业的不良行为，通过股票期权制度，让经营者获得相应的剩余索取权，使经营者自身利益和公司的长远利益一致起来，最终实现企业的可持续发展。总之，伴随经济、社会的发展，企业正逐渐摆脱股东利益最大化的单一经营目标，实现股东利益和利益相关者利益最大化的双重目标，企业也由仅仅对股东负责转向对股东和社会负责，出现了企业责任的新动向，即企业社会责任。

（二）将企业社会责任纳入发展战略

企业经营目标可分为短期目标和长期目标，其中长期目标是企业发展战略的具体体现，是战略性目标，契合了企业的宗旨和使命。企业最大限度地履行社会责任的途径是把社会责任纳入企业长期经营目标，使之成为战略性企业社会责任。波尔把企业社会责任定义为战略性企业社会责任，就是说企业通过承担社会责任达到企业和社会双赢的结果。相对于把企业社会责任看成是与企业经济目标相对立的一种负担和策略性社会责任，战略性企业社会责任把承担社会责任与利润一道作为企业经营的终极目标加以追求。因此，只有战略性地承担社会责任，企业才会在最大程度上对社会产生积极作用，并带来企业的可持续发展。

战略性地承担企业社会责任理应做到：

把企业社会责任管理与公司治理结构结合起来。相对于传统的以股东利益为重的公司治理结构，企业社会责任管理的公司治理结构基于相关利益者、企业公民等理念，让投资者、员工、消费者、债权人等利益相关者参与到公司治理结构中来，充分体现他们的意志、满足他们的合理要求。为此应建立相应的组织或机构以承担企业社会责任管理职能，负责企业社会责任决策、内部标准的建立、进行企业社会责任活动的内部评估，制定必要的惩戒制度、撰写和发布企业社会责任报告等。根据国际惯例，形式主要有：

1. 董事会决策模式

就是在董事会层面建立专门委员会，一般称为企业社会责任委员会，或公共事业委员会，专职负责企业社会责任事务。企业社会责任委员会由独立董事组成，承担与公司密切相关的公共政策、法律法规、生产安全和产品安全、环境保护等事项的评估责任和其他相关责任。典型代表是欧美国家。比如美国国际纸业，其董事会下设公共政策与环境委员会，该委员会至少有3位独立董事组成，其成员由董事会决定，委员会围绕其应承担的职责定期召开会议。会议的内容包括：评估公司的愿景和目标是否与做一个优秀的企业公民相一致；为确定公司的公共政策事项而评估公司的技术与流程；评估公司在环境、安全、健康方面相关的政策、计划与表现；评估慈善和政治捐款，提出建议；评估法律事项以及对法律、法规及道德守则的遵守情况；评估在诉讼案件中对董事和公司员工进行的赔偿，提出建议；评估该委员会的业绩。

一般来说，石油、化工、医药等在生产过程中可能会对环境和社会产生重大影响的行业，通常采用这种模式，美国铝业公司、加拿大铝业公司、雪佛龙公司，还有英国石油（BP）、壳牌石油、英美烟草等行业巨头，都采取专门设立董事会下属委员会的方式负责企业社会责任事务。

2. 董事会承担、经理决策模式

就是在董事会的职责中，明确董事会承担企业社会责任，但在具体操作上由企业管理层运作。如英国的特易购董事会下设执行委员会，执行委员会下设企业社会责任委员会、财务委员会和遵循委员会，确保公司的行为在社会、财务、法律三方面都符合社会规定，企业社会责任委员会由内部执行董事负责，成员构成主要有各个部门的高级管理人员构成。企业社会责任委员会负责支持、提出和监控公司在社会、财务、环境方面的政策，至少每年开四次会，企业社会责任委员会主席要定期向执行委员会汇报企业的社会责任事项，而且每年至少一次在董事会上讨论企业社会责任委员会的工作情况。[①]

因此，基于社会责任的公司治理是联系企业内部以及外部利益相关者的正式和非正式关系的一套结构和制度安排。

在亚洲，战略性企业社会责任在日本得到较好的实施，其经验也表明，企业社会责任部的归属部门的性质会影响到日后社会责任推进部的目标定位，发展方向、工作重点和工作方式。从日本经验来看，将社会责任推进部门归属在企业战略或综合办公等强力部门之下，发展状况良好。

日本企业的推进体系一般是企业社会责任推进委员会加企业社会责任推进部的模式，其高层组织是社会责任推进委员会，一般由总裁负责，成员包括各副总和业务部长。社会责任推进部则是一个日常办事机构，典型的社会责任推进部的内部组织是：业务规划室、环境管理室、社会贡献室、责任沟通室。社

---

① 匡海波：《企业社会责任》，清华大学出版社 2010 年版，第 140 页。

会责任推进部的正式编制从 3 到 120 人不等，平均 10 人，此外还在各业务群组和辅助支持部门配备了社会责任兼任人员，一个部门设置一名社会责任推进负责人（社会责任担当），一名社会责任推进联络人。每个月社会责任部都要召开"CSR 推进担当者会议"，讨论 CSR 如何与各业务、各部门的具体工作相结合，如何有效地推广社会责任工作。①

就我国而言，2007 年，国资委的抽样调查发现，我国有一半的企业没有建立企业社会责任委员会，而回答已经建立相关机构的大都像扶贫领导小组、安全生产小组、节能工作办公室、社会事业管理部、社区管理委员会等，往往是某一具体社会责任管理机构，而非统筹全局的社会责任机构，更不是上升到决策层面的领导机构。为数不多的大企业也在初步探索阶段。

2008 年，我国中央企业中只有中远集团、中国移动、中国电网、中化集团四家在决策层建立了社会责任委员会。其中，中国移动于 2007 年企业社会责任指导委员会，由公司总裁王建宙担任主任，副总裁李跃担任副主任，公司总部各部门总经理、香港机构负责人任委员。委员会初步拟定每年进行一次全体会议，对中国移动的企业社会责任战略、目标、规划和相关重大事项进行审议与决策。委员会下设办公室，设于总部发展战略部，负责横向协调公司各职能部门，纵向指导各省（市、区）运营子公司开展企业社会责任相关工作。中国移动企业社会责任指导委员会的职责：负责集团公司整体企业社会责任管理的领导和决策工作；审议、批准集团公司企业社会责任管理相关政策及制度；审议、批准集团公司企业社会责任战略目标、规划、年度计划以及重大项目；审议、批准集团公司年度企业社

---

① 钟宏武：《日本企业社会责任研究》，《企业管理研究》2008 年第 11 期。

会责任的相关目标、计划和重大项目的调整方案；审议、批准集团公司年度企业社会责任报告；审议、决策集团公司企业社会责任管理中的其他重大事项。

此外，中远集团建立了可持续发展和社会责任管理体系，从战略到执行、从流程到运行、从决策到实施、从目标到考核、从基础数据搜集到报告编制发布，都构建起了分工明确，责任落实的体制机制。国家电网成立了由一把手领导、领导班子和各部门主要负责人组成的企业社会责任委员会。

总之，中国企业在战略性承担社会责任方面还有很长的路要走，可谓任重而道远。

二 建立沟通机制

企业与利益相关者透明而流畅的沟通是决定企业社会责任实施效果和保证其良性循环的重要条件。伴随全球企业社会责任运动的蓬勃发展，越来越多的企业开始觉醒，对承担社会责任的必要性和义务的认可度有了显著提高，并积极实践社会责任。同时，利益相关者对企业承担社会责任有了更多的期许，利益诉求也在相应的提高。但现实中，尽管许多企业积极履行社会责任，自我感觉成效显著。然而，利益相关者往往对此并不"买账"，其对企业履行社会责任的感知与企业自身行为产生巨大的落差，从而令许多企业的社会责任效果大打折扣，且备受打击。究其原因往往是企业社会责任沟通机制不畅所致。企业社会责任涉及方方面面的相关利益者，其利益千差万别，且呈动态性，在信息不对称的情况下，企业要实现理想的社会责任效果，必须善于与利益相关者进行有效、细致地沟通，及时了解他们的不同诉求并体现和贯彻在企业的战略目标、战略措施中；另外，企业也应及时把自身的社会责任行为、实施绩效以合适的形式，比如企业社会责任报告、发布会等传达出去，让利益相关者知晓、了解企业的努力，满足利益相关者的知情权，得到他们的认可和支持，以便深化和推进企业更有效地实施社会责任。

成熟的企业往往具有良好的沟通机制和沟通平台，其社会责任行为不仅被社会广泛认可，获得美誉度的同时也赢得了持续的竞争力。相比之下，我国企业，包括中央大企业在企业社会责任沟通方面做得差强人意。其代表性的做法是只注重宣传，忽视沟通。企业社会责任宣传非常有必要，但其缺陷是宣传本身往往是单方面的，企业作为宣传的主体单向地向社会说明其在履行社会责任的所作所为，利益相关者作为宣传的客体，只是被动的听众。由于利益相关者并没有参与企业的相关行动，与企业之间也缺乏相互的沟通，自然认为企业的社会责任行为与自身利益关联不大，并且认为企业的社会责任宣传是具有广告效应的自夸倾向。相反，相比于宣传，沟通则是由单向转向双向，是企业和社会之间相互联系和相互了解的桥梁，通过沟通能及时解决双方信息的不对称，协调双方利益，最终达到企业经济利益和社会利益协调一致与和谐共赢的理想效果。

建立良好的沟通机制需从以下几个方面入手：

（一）沟通对象

所有受企业经营目标影响或影响企业目标实现的个人和群体都应成为企业的沟通对象。总体而言包括雇员（员工）、消费者（客户）、供应商、竞争对手、社区、政府等。应根据其与企业的相关性，如内部关系还是外部关系、经济利益关系还是社会利益关系、市场关系和还是非市场关系、直接利益相关者还是非直接利益相关者等相关性进行筛选、排序，以便使沟通更具有针对性和有效性。

（二）沟通内容

包括两方面：一是相关利益者分别有哪些利益诉求和需要，并区分哪些利益诉求是急迫的、哪些是比较重要的、哪些是允许在一定阶段内逐步实现的；二是企业的社会责任行为如何告知利益相关者，以获得他们或认可，或不满，或改进等方面的信息，并给予积极回应。

（三）沟通方式

企业社会责任报告、企业新闻发布会、论坛、企业报刊和网站、社会媒体等渠道都可以成为有效的沟通方式。其中，定期发布的企业社会责任报告是沟通机制的主要载体，它是企业社会责任管理的信息集成。企业社会责任报告应本着客观、完整、透明、易读的原则编写和发布，通过报告实现社会对企业社会责任行为的知情权，并把信息反馈到企业，进一步促进企业完善社会责任行为。

（四）沟通组织

首先，设置行使沟通职能的公共关系部门，负责策划、宣传、信息收集、来访接待等事宜。其次，放宽眼界，树立大公关理念，整合企业资源，齐心协力做好企业的社会责任沟通工作。行使沟通职能的绝不仅限于公关部门，从最高领导到企业基层员工通过适当培训完全可以通过口口相传的形式达到沟通效果。

第三节　加强企业社会责任文化建设和全员教育

一　加强企业社会责任文化建设

（一）企业文化

1. 企业文化的含义

企业文化是企业在长期的生产实践过程中形成的、被企业全体员工认可并遵循的、具有独特企业特征的价值观和行为规范的总和。

2. 企业文化分类

一般而言，企业文化可分为四个层次：核心层的精神文化、中间层的制度文化和行为文化，表层次的物质文化。一个企业的精神文化是企业独特的传统、特有的经历以及企业创建者或领导者秉承的哲学观点等共同孕育而生的、反映企业信念和追求的价值体系。它包含企业的核心价值观、企业哲学、企业精神、企业理想信念等要素，其中最核心、最关键的要素，也是最具企业文化底蕴的，是企业的核心价值观。核心价值观是根植于企业深层，为全体员工发自内心认可和自觉遵循的主导价值观。核心价值观是企业生存和发展的动力源泉，是企业的灵魂。

无论多么深厚的企业精神文化，如果要发挥应有的作用都需要制度文化，没有制度文化作保障，精神文化就会流于形式和空想。企业制度文化就是体现和反映企业核心价值观、企业精神、企业理想的一系列制度规范。企业制度文化主要包括领导体制、组织机构和管理制度三个方面。良好的企业制度文化能有效地规范和约束员工的机会主义倾向，保证企业核心理念的实施和充分体现。

企业的行为文化，即企业文化的行为层，是指企业员工在生产经营、学习娱乐中产生的活动文化。它包括企业经营、教育宣传、人际关系活动、文娱体育活动中产生的文化现象。企业行为文化是企业经营作风、精神面貌、人际关系的动态体现，也是企业精神、企业价值观的折射。主要分为企业家的行为、企业模范人物行为、企业员工行为。

企业物质文化也叫企业文化的物质层，是指由职工创造的产品和各种物质设施等构成的器物文化，是以物质形态呈现的表层企业文化。相对核心层而言，它是容易看见、容易改变的，是核心价值观的外在体现，也是企业文化的基础。企业物质文化主要包括两个方面的内容：一是企业生产的产品和提供的服务。企业生产的产品和提供的服务是企业生产经营的成果，是企业物质文化的首要内容；二是企业的工作环境和生活环境。企业创造的生产环境、企业建筑、企业广告、产品包装与产品设计等，它们都是企业物质文化的主要内容。物质文化就是以物质形态为载体，以看得见摸得着体会到的物质形态来反映出企业的精神面貌。①

企业文化具有特定的动能，它包括对企业目标的指引、对企业经营和价值观的指导、对企业领导层和员工进行道德规范约束、对企业主体的凝聚功能、对员工的激励功能、对企业内部和外部的协调功能等。总之，企业文化是企业的精神动力，良好的企业文化能为企业提供长久的发展动力。同时企业文化也是企业的核心竞争力所在。

（二）企业社会责任与企业文化

伴随全球企业社会责任运动的蓬勃发展，积极主动地承担企业社会责任已经成为许多企业的共识。然而，有了企业社会责任意识和理念并不意味着企业社会责任得到有效实施。只有把社会责任融入企业的血液和灵魂，才是保证企业实施社会责任的自然的、内在的愿望和动力，而不是作为企业的外在的、短期的甚至是不得已而为之的负担。行之有效的方式就是把企业社会责任导入企业文化，构建企业社会责任文化，从企业文化层面保证社会责任实践效果。因为企业文化是企业的灵魂和

①　黎友焕：《企业社会责任理论》，华南理工大学出版社 2010 年版，第 126—127 页。

健康生存、持续发展的最深层次的精神动力。

　　企业社会责任文化就是基于企业社会责任、以企业社会责任理念为导向的企业文化，是企业责任意识、企业责任理念的企业价值观、行为规范和思维模式。企业社会责任之所以能融入企业文化，原因是无论是企业文化还是企业社会责任，其最终目的都是为了企业的长远发展。企业文化的目的是保证企业在动态的环境变化中获得健康的发展，企业社会责任则是以更高的高度、更宽的视野，试图平衡企业自身利益和利益相关者的利益，为企业的可持续发展奠定基础。企业原有的文化可能局限于企业自身的经济利益，对利益相关者的利益重视不够，这就需要从企业社会责任视角来校正企业员工的价值观，把社会责任的观念引入企业文化，使之首先成为企业员工共同认可和遵循的核心价值观，并通过精神文化、制度文化、行为文化和物质文化等完整的文化形态体现出来，为企业社会责任实施获得基本的保障。

　　企业责任文化的建立有利于企业领导和员工对企业性质的重新认识，不再把企业仅仅看作是出资人的企业，而是全社会的企业，不应该仅仅是追求利润最大化的经济组织，而是兼具经济性和社会性的复合组织。尤其是，把企业社会责任作为企业文化的核心价值观，在经营中是把社会责任融入企业业务中，实现经济价值和社会价值的双重目标。

　　另外，企业社会责任的引入丰富了企业文化的内容，在很大程度上推动着企业文化向纵深发展。企业文化千差万别、各具特色，但其共有的基础是都是"以人为本"，"人"是企业文化关注的出发点，也是归宿点。但这里的"人"往往局限在"企业员工"的范围，消费者、供应商、竞争对手等则不在此范围。不仅如此，有时还可能成为与员工利益对立的存在。在此引导下的企业成功，其受益者仅限于企业内部人员，利益相关者可能为此付出代价成为受损者。企业社会责任同样提倡"以人为本"，这里的"人"不仅包括企业内部人员，同时包括所有与企业经营目标相关的个人、群体，甚至包括自然和社会环境。企业社会责任观融入企业文化，拓展了以人为本中"人"的范围，基于社会责任的企业文化一旦成为企业员工共同信仰的价值观，就会增加员工的崇高感，也会得到利益相关者对企业文化的认可和赞誉。这不仅能增加企业文化的激励和凝聚功能，为企业赢得可持续发展奠定基础，更重要的是能极大地提高全社会的道德水平。

如何建设基于企业社会责任的企业文化？首先，精神文化层面，把企业社会责任观导入企业价值观体系中，尤其是渗透到企业的核心价值深层，通过教育、培训等形式逐渐被员工接受、认可到信仰，为建立企业社会责任文化奠定理念基础。其次，制度文化层面。如：在董事会层面设置董事会负责、企业管理层运营的企业社会责任机构。企业要在管理制度上给予保证，用社会责任理念重新梳理一切制度，例如人力资源管理制度，建立专门委员会，一般称为企业社会责任委员会，或公共事业委员会，负责企业社会责任事务；在采购制度上，是否做到负责任的采购；营销制度，是否在进行负责任的营销，竞争是否建立在公平基础上等；安全制度、环保制度等是否完善。最后，企业行为文化。行之有效的行为文化可以向社会传递出企业承担社会责任的决心和气魄。张瑞敏坚决地砸毁了76台冰箱，向全社会诠释了海尔"高标准、精细化、零缺陷"的质量理念；用轿子抬冰箱过悬崖，用飞机送冰箱的故事很好的表现了海尔"真诚到永远"的服务理念；耗巨资策划制作的动画故事片《海尔兄弟》也在孩子们心中烙上了深深的"海尔"印。

二　进行全员企业社会责任教育

企业文化是企业在长期经营过程中、被企业员工共同认可、信仰和遵循的企业价值观和行为规范的总和。由企业文化的含义可见：无论是企业文化，还是企业责任文化，都不是自发形成的，而是需要对企业文化的真正主体和践行者，即企业全体员工进行长期教育、感化，逐渐被员工接受、认可、信仰和遵循的过程。反之，即使企业非常推崇企业社会责任，并制定了完善的措施在实践中推行，但如果员工没有从内心接受企业的社会责任理念和行为准则，企业社会责任就不能深入企业文化层面，成为他们共同的价值观被接受和遵循，那么，企业社会责任实践就难以取得预期的理想效果，甚至流于形式。因此，对全体员工进行社会责任教育是企业责任文化建设的重要环节和重要内容。

（一）教育内容

可分整体性的企业社会责任教育和部分性的企业社会责任教育。整体性或一般性的企业社会责任教育主要涉及向员工介绍企业社会责任的相关知识，如什么是企业社会责任，为什么要承担企业社会责任，谁是企业的利益相关者，企业向谁负责，企业和谁有责任关系、关联关系，如果不承担社会责任对企业的生存和发展会造成什么后果，企业社会责任运动的趋势和概况是什么，基本的企业社会责任标准有哪些，企业又是如何根据国际标准制定自身的行为准则的等内容。其中，最重要的是通过整体性教育在全体员工心中树立基本的法律意识。此外，还要在遵纪守法的基础上逐渐养成道德意识和公益意识，通过教育逐渐矫正企业文化中原有的、忽视社会利益的缺陷，使他们逐渐摆脱企业仅仅是追求利润最大化的组织和员工收益最大化的就业单位的狭隘思想，为企业可持续发展奠定思想意识基础。

除了整体性社会责任教育之外，为使效果更直观贴切，还需各个专业部门配合进行有针对性的局部教育。根据接触到的不同利益相关者进行有差异化的企业责任文化教育，比如，企业市场营销部门，其面对的主要利益相关者是消费者，对他们应该进行消费者责任教育。企业文化中往往都有"以顾客需要为中心"的理念，但不同之处是，消费者责任强调的重点是消费者权益的维护。对消费者负责要求企业在与消费者打交道的过程中不仅对企业的营销效果负责，还要自觉维护消费者的安全权、知情权和选择权，对消费者的购买和消费过程负责；人力资源部则重视员工权利教育，提倡以人为本。重视员工权利是全部责任文化教育的基础，如果员工的利益一再受损，企业社会责任的教育灌输就会受到员工的质疑或直接抵制。即使在某种压力的驱使之下，员工不得不接受企业社会责任教育，往往也是把它作为形式，入耳不入心，更遑论信仰和执行。现实中，许多企业在对外的竞争关系上，强调员工的主体地位，而在对内关系上，则把员工看成企业利益的对立面，在安全生产、工作环境、工资待遇、加班补偿、职位晋升等方面不断损害员工权益，其后果是员工往往出工不出力或对企业长远发展漠不关心，只追求自身短期收益最大化，从而最终影响企业最大利益的实现。此外，在企业的其他部门，如法律法规部、风险管理部、环境部、生产管理部等部门，也相应地进行企业责任文化教育，以便达到理想的效果。

（二）领导层教育

企业文化的方向和风格在很大意义上是由包括董事长、CEO、总经理、部门经理等在内的领导层决定的。企业领导人的精神、理想、秉承的哲学思想、领导风格对企业文化有导向和决定意义。高尚、大气、富有人文关怀的企业领导必然会倡导、推动、践行与其领导风格相对应的企业文化。古人云："上行下效"，领导人的社会责任理念及表率作用对下属员工有着直接的、不同凡响的影响。只有领导层通过身体力行地倡导、推行，且富有技巧地对员工进行长期不懈地教育，员工才会逐渐地把企业社会责任作为企业文化的核心价值观加以认同，企业责任文化才能得以构建。

为此，领导层要根据企业不同发展阶段和面临的不同内外部环境，定期地就企业社会责任意识、理念、知识、动态等，结合企业实际教育员工。

（三）教育形式

在企业不定期的企业责任文化培训中，可以采用包括讲授式、案例学习式、研讨会、活动、游戏、拓展训练、团队训练等方式。应根据培训内容和对象来自由选择培训方式，比如讲授式一般适合针对高层的、理论性强的课程，而活动、游戏式的培训方式则适合需要感悟和体验的课程，研讨式更适合需要员工对某一问题进行深入探究，并达成共识的课程，案例学习式适合已经发生的、对企业解决自身存在的问题有借鉴意义的课程，案例可以是其他企业的，也可以是本企业发生的。如果是企业自身的案例，包括成功和失败的，可以向员工说明为什么成功、又为什么失败，如何坚持企业文化的合理部分获得进一步的成功，如何检点和校正企业文化、引导企业避免重蹈覆辙。

企业责任文化建设需要一个长期的过程，因而，企业不应急功近利，而应放眼未来，持之以恒地坚持，并整合企业的人财物给予积极配合。

案例 1：EICC——电子行业行为准则

电子行业行为准则（Electronic Industry Code of Conduct, EICC）列出了各种标准，以确保电子行业供应链的工作环境安全，工人受到尊重并富有尊严，以及生产流程对环境负责。

EICC 的国际背景：2004 年 10 月，惠普、戴尔和 IBM 等共同发表电子产业行为准则（EICC），旨在电子行业的全球供应链中，建立标准化的社会责任行为规范。该准则由一系列的基本规范组成，涉及劳工和招聘、健康安全、环境责任、管理系统和道德规范等。随着思科、英特尔、微软和索尼的加入，惠普、戴尔和 IBM 等大公司联合成立供应链工作组，制订综合执行计划以贯彻 EICC。

EICC 劳工标准：

1. 自由选择职业

条款内容：不使用强迫、抵债或用契约束缚的劳工，或者是非自愿的监狱劳工。所有工作应当是自愿的，并且员工在合理通知的情况下拥有自由离职的权利。不得要求员工上交政府颁发的身份证、护照或工作许可证作为雇用的条件。

2. 不用童工

条款内容：在制造的任何阶段都不得使用童工。"童工"是指未满 15 岁（或在该国/地区法律准许的情况下可为 14 岁）、完成强制教育年龄，或该国/地区最低就业年龄而被雇用的人。符合所有法律法规的合法工作场所学徒计划则不在此列。然而，所有 18 岁以下的工人不能执行带有危险性的工作，并且考虑到教育的需要，应限制其进行夜间工作。

3. 工时

条款内容：有关商业实践的研究显示，生产率降低、离职率以及损伤和疾病的增加与工人疲劳有明显的联系。故此，工作周不应超过当地法律规定的最大限度。另外，除非是紧急或异常情况，一周的工作时间包括加班在内不应超过60小时。每周七天应当允许工人至少休息一天。

4. 工资与福利

条款内容：支付给员工的工资应符合所有适用的工资法律，包括有关最低工资、加班时间和法定福利的法律。依据当地法律的规定，员工的加班工资应高于正常的每小时工资水平。禁止以扣除工资作为纪律处分的手段。应及时通过工资存根或其他类似文件将工资支付依据发给员工。

5. 人道的待遇

条款内容：不得残暴地和不人道地对待员工，包括任何形式的性骚扰、性虐待、体罚、精神或身体压迫或口头辱骂；也不得威胁进行任何此类行为。

6. 不歧视

条款内容：参与者应承诺员工免受骚扰以及非法歧视。公司不得因人种、肤色、年龄、性别、性倾向、种族、残疾、怀孕、信仰、政治派别、社团成员或婚姻状况等在雇用及实际工作（例如晋升、奖励和受培训等）中歧视员工。另外，不得强迫员工或准员工接受带有歧视性的医学检查。

7. 自由结社

条款内容：员工与管理层之间公开直接的沟通是解决工作场所问题和赔偿问题的最有效方法。参与者应尊重员工的权利，包括依据当地法律自由结社、参加或不参加工会、寻求代表、参加工人委员会。员工应能够在不用担心报复、威胁或骚扰的情况下，公开地就工作条件与管理层沟通。

案例 2：中国纺织企业社会责任管理体系总则及细则（2005年版）

一、劳动合同

总则：

企业招用员工时应当订立书面劳动合同。

细则：

（一）企业招用员工时应当按照法律、法规的要求，在平等自愿、协商一致的基础上与员工签订劳动合同。

（二）劳动合同应当以书面形式订立，并具备以下条款：

1. 劳动合同期限。

2. 工作内容。

3. 劳动保护和劳动条件。

4. 工作时间。

5. 劳动报酬。

6. 劳动纪律。

7. 劳动合同终止的条件。

8. 违反劳动合同的责任。

二、童工

总则：

严格禁止招用童工。

细则：

（一）企业不得招用或支持招用未满 16 周岁的未成年人，包括应依法接受义务教育的人。

（二）如果发现已经招用了未满 16 周岁的未成年人从事工作，则该企业应当建立、记录并保留旨在救济被招用未满 16 周岁的未成年人的措施以保障其身心健康，并保障其接受义务教育的权利。

（三）企业招用未成年工人必须符合国家法律、法规的要求。

（四）企业依照国家有关规定招用未成年工人的，必须在工种、劳动时间、劳动强度和保护措施等方面执行国家有关规定，不得安排其从事过重、有毒、有害的劳动或危险作业。

（五）无论工作地点内外，未成年工人不应被置于危险、不健康、不安全的环境中，并且企业应保证其每年至少接受一次体检。

三、强迫或强制劳动

总则：

严格禁止企业使用或支持使用强迫或强制劳动。

细则：

（一）任何企业都不得以暴力、威胁或者非法限制人身自由等手段强迫或强制员工劳动或服务。

（二）企业不得在招用条件中规定任何个人缴费内容，也不得强制要求员工寄存身份证件。

四、工作时间

总则：

企业应当遵守国家法律、法规有关工作时间的要求。

细则：

（一）企业应当保证在正常情况下员工每日工作不超过8小时、每周工作不超过40小时。

（二）企业应当保证员工每7天之内至少有一天的休息日。

（三）企业由于生产经营需要，通过与工会和员工协商后可以延长工作时间，一般每日不得超过1小时。因特殊原因需要延长工作时间的，在保障员工的身体健康不受影响的条件下，可延长工作时间每日不得超过 3 小时，但每月累计不得超过 36 小时。

（四）企业因市场周期性的变化不能实行 5.1、5.2、5.3 规定时，可依据劳动法申请实行综合计算工时工作制，即分别以周、月、季、年等为周期，综合计算工作时间，但其平均日工作时间和平均周工作时间应与法定标准工作时间基本相同。

（五）企业应当为所有的超时工作支付法律、法规规定的额外的报酬。

五、薪酬与福利

总则：

企业应当保证向员工支付的工资、福利待遇不低于法律、法规的要求，并且以货币形式支付。

细则：

（一）员工在正常劳动的情况下，企业应当保证支付给员工的工资在除掉以下各项后仍然不低于企业所在地最低工资标准：

1. 延长工作时间产生的额外的报酬。

2. 以货币形式支付的住房补贴以及伙食补贴。

3. 中班、夜班、高温、低温、井下、有毒有害等特殊工作环境和条件下的津贴。

4. 国家法律、法规规定的员工应当获得的福利待遇等。

（二）企业应当保证不克扣和无故拖欠员工的工资。

（三）企业应当保证不采取虚假的学徒工制度以规避涉及劳动和社会保障的适用法律、法规所规定的企业对员工应尽的义务。

六、工会组织和集体谈判权

总则：

企业应当承认并尊重员工组织和参加工会，以及进行集体谈判的权利。

细则：

（一）员工不分民族、种族、性别、职业、宗教信仰、教育程度都有依法组织和参加工会的权利。企业不得对此加以阻挠和限制。

（二）企业不能仅因为员工参加工会或者履行工会职责而单方与该员工解除劳动合同，打击报复该员工或者使该员工受到并非公正合理的对待。

（三）企业应当支持工会的建立、运转和管理，保证工会及其代表在依法行使职责时不会受到无端干涉和破坏。

（四）企业应当保障工会、员工能够利用通畅的渠道就企业社会责任管理体系的修正和改进与高层管理者进行沟通。

（五）员工与企业可以就劳动报酬、工作时间、休息休假、职业健康与安全、保险福利等事项，签订集体合同。集体合同由工会代表职工与企业签订；没有建立工会的企业可以由职工推举的代表与企业签订。

七、歧视

总则：

严格禁止企业因民族、种族、宗教信仰、残疾、个人特性等原因使员工受到歧视。

细则：

（一）员工不应当仅因其民族、种族、宗教信仰、残疾、个人特性等客观原因而在招用、培训、晋级、薪酬、生活福利、社会保险、解聘、退休等方面受到不公平地对待。

（二）企业应当尊重员工不同的风俗习惯和信仰，只要该风俗习惯与信仰在合理的范围内并且不会伤害到企业或其他员工的合法权益。

（三）女性享有与男性同等的就业权利。企业在聘任员工时，除法律规定不适合女性从事的工种或者岗位外，不得仅以性别为由拒绝招用女性或者提高对女性的聘任标准。

（四）任何企业不得仅以结婚、怀孕、生产、哺乳等为由辞退女员工或者单方解除劳动合同。

（五）企业应当保证男女员工同工同酬。

（六）残疾员工所在的企业应当对残疾员工进行岗位技术培训，提高其劳动技能和技术水平。

八、骚扰与虐待

总则：

企业应当保障每位员工的身体与精神健康，禁止骚扰、虐待与体罚。

细则：

（一）企业应保证员工不会受到体罚、殴打；企业也不得支持或纵容该类行为。

（二）企业应保证员工不会受到人身、性、心理或者语言上的骚扰或虐待；企业也不得支持或纵容该类行为。

（三）企业应当避免和制止管理人员要求员工以性好感作为获得有利待遇的交换或者作为保住工作的条件。

本章小结

践行企业社会责任，需要把企业社会责任融入组织管理，也就是企业社会责任管理。企业社会责任管理首先要增强企业的社会责任意识，纠正我国企业把承担社会责任看成是企业办社会的回潮和西方社会阴谋的认识误区，以及承担社会责任形式简单化和表面化的倾向。这就要提高企业的法律意识、道德意识和公益意识，形成以利益相关者理念、企业公民理念和企业社会契约理念为核心的企业社会责任理念，制定针对员工、消费者、商业伙伴等利益相关者的行为准则。其次，建立和完善实施企业社会责任的机制，将企业社会责任纳入企业经营目标和发展战略，建立良好的沟通机制。最后，加强企业社会责任建设和进行包括领导层教育和员工教育在内的全员企业社会责任教育。

第七章　企业社会责任管理(二)

通过增强社会责任意识、形成企业社会责任理念、制定企业社会责任行为准则，建立和完善实施企业社会责任的机制以及加强企业社会责任文化建设和全员社会责任文化教育等，是企业通过内部管理履行自身社会责任的有效途径和行为。不过，随着经济全球化进程的加快，跨国公司的供应商和代工厂遍布世界各地，由于发展中国家发展水平和居民收入水平较低、法律法规相对滞后，这些供应商、代工厂和出口加工区普遍存在着严重侵害劳工权益、随意污染自然环境的现象。与此同时，市场竞争日趋激烈，并由企业竞争转向供应链竞争，于是，在国际非政府组织的推动下，为了提高企业及供应链的整体竞争力，跨国公司逐渐把企业社会责任的内部管理向外扩展，形成了企业社会责任供应链管理。不仅如此，政府、社会团体、行业协会等对企业社会责任行为的影响越来越显著，从而成为企业社会责任管理过程中不可忽视的因素。

第一节　供应链相关企业的社会责任管理

20世纪的七八十年代，作为经营方式和管理模式创新的供应链管理始于欧美。20世纪90年代被我国引进。供应链的理念与做法是对现代经济中的生产方式和流通方式不断改革和整合的结果。它要求核心企业与节点企业协调合作，以客户需求为导向，本着共赢互利原则，努力降低成本和消耗，不断提高供应链中相关企业的整体竞争力，从而提高客户满意度和市场占有率，获取最大利润。

供应链相关企业社会责任的实施，既有利于供应链相关企业的团结合作、相关企业群整体的共同发展、企业良好社会形象的树立，也有利于和谐社会的构建。

一　供应链及其基本特征

（一）供应链的含义

作为企业经营与管理领域的较新概念，供应链目前还没有公认的一致定义。概括起来，它包括三种基本含义：第一，供应链是指围绕着某种产品的生产、销售和消费过程而形成的一种相关企业间以及它们与用户之间的原材料供应、产品生产、销售和消费的相互依赖的链接关系。这里的相关企业是指与某种产品密切相关的核心企业、供应商、生产厂家、分销商、零售商等有关联的企业。从这个视角看，供应链是一种相关企业的"关系链"和"组织结构链"。

第二，供应链是一种经营理念和经营方式。在这种经营理念和经营方式下，供应链中的相关企业不再像以前那样在经营中各自独立，互不关心，甚至实施"以邻为壑"的策略，把上、下游的企业仅仅当作竞争对象，为自身的发展压低进价、抬高售价，损害这些企业的利益，而是自觉地结成"利益联盟"，加强经营合作，形成供应链经营整体化的经营方式和互利共赢的理念。从这个视角看，供应链是一种相关企业间的"经营合作链"。

第三，供应链是对相关联企业实施一体化管理的模式与方法。具体而言，就是把核心企业与相互关联的节点企业，包括采购商、供应商、制造商、仓库、配送中心和渠道商等，有效地组织起来进行计划、采购、制造、配送、退货等方面的合作管理，以使整个供应链系统成本达到最小、运作最流畅，为进一步扩充市场提供管理方面的基础。有研究认为，像 HP、IBM、DELL 等公司采用供应链管理的公司，取得了显著的效果，企业总成本降低 1/5 左右，包括供应商、制造商等在内的节点企业按时交货率有了较大幅度的提升，订货到生产的周期时间缩短 1/5 至 1/3，供应链上的节点企业生产率也有普遍的、大幅度的提高。供应链管理的成功带来了广泛的示范效应，使得越来越多的企业开始效仿和采用。由此可见，供应链管理能够有效地使供应链上的相关企业获得持久稳定的竞争优势，进而提升供应链企业群的整体竞争力。由此观之，供应链是一种相关企业间的整体性的"管理一体化链"。

（二）供应链的基本特征

同孤立进行生产、经营的单位相比，供应链具有如下特点。

第一，系统整合性。供应链上的各企业，不再把自己仅仅看作只顾自身盈利的孤立的、单打独斗的单位，而是把自己看作是供应链有机整体的一部分。供应链上的各企业已经组成一个系统，企业之间相互依赖、协同合作。围绕核心企业，供应链对链条上的物流、信息流、资金流进行系统调控和整合，使有关的采购商、供应商、制造商、分销商、零售商到最终用户结成一个有机的系统整体。

第二，经营管理的集成化。为了使供应链整体有效地降低成本，提高市场竞争力，实现各企业整体利润的最大化，各相关企业均向供应链提供其最具优势的资源以进行整合。在各种资源的整合中，信息资源的整合具有重要意义。供应链中的各企业以准确信息来协同各自的运营。在这里，信息的集成是其他集成的基础，同时也是供应链发挥正常功能的关键。在信息集成的基础上有关合作伙伴实现同步计划、同步的产品设计和试制以及采购、订单执行、工程改进、设计调整优化等业务，其结果是形成灵活、可靠、高效、低成本运作的供应链。

第三，一定程度的"虚拟企业"性质。威廉·戴维陶（Willan H. Davidow）与麦克·马隆（Michael S. Malone）在其合著的《虚拟企业》一书中提出：所谓虚拟企业，就是在自身力量不足的情况下，为了抓住机遇、开拓市场或打败竞争对手，独立的企业需要突破组织界限，通过与供应商、客户等有目标共识的相关企业实现信息和技术共享、费用分担等途径，形成的企业战略联盟。可见，虚拟企业是由一些独立公司组建的临时性网络，目的是实现独立企业自身难以实现的超常目标。显然，供应链管理与虚拟企业有着共同的特征。

二　供应链相关企业社会责任的基本内容

供应链相关企业社会责任的基本内容包括两个方面。第一，作为普通的独立企业，供应链上的所有企业都必须遵守的公共的社会责任，如 SA 8000、ISO 26000 标准所涉及童工、劳工、健康与安全等主要内容（详见第五章）。第二，供应链相关企业应承担的，具有供应链特点的，特殊的相互间社会责任。概括而论，这些特殊的社会责任包括：供应链相关企业互惠共赢的理念与承诺，采购商对于供应商的商业道德责任与承诺，供应商对于采购商的商业道德责任与承诺，采购商、供应商对于消费者的商业道德责任与承诺以及供应链相关企业相互间应遵循的基本规范等。供应链社会责任是从整体上看待企业的社会责任行为，相关企业不仅在自身范围内履行社会责任，而且需要对上下游企业履行社会责任施加影响。具体而言，供应链相关企业第二方面的社会责任包括以下承诺和规范。

（一）供应链相关企业履行相互间社会责任应遵循的基本承诺

1. 合作共赢承诺

供应链各成员企业之间应制定和遵守通过协商与合作机制形成的、谋求经济上互惠与共赢的承诺和道德责任。在供应链管理条件下，企业个体之间的竞争已转变为供应链之间的竞争，核心企业通过与供应链中的相关企业以优势资源联合的方式建立企业战略联盟，使各个企业的优势和特长得到充分发挥，从而使供应链转化为价值增值链。供应链相关企业应通过协商达成共识、形成合作共赢承诺并遵守这些承诺，防止任何情况下的个别企业见利忘义，为眼前利益，而破坏共识与承诺的做法。

2. 资源与机会共享承诺

有着合作关系的供应链各成员企业之间应该坚持在信息、市场机会、技术、管理理念与资源等方面的共享以及市场风险的共担。其中，供应链协同的基础是实现信息共享，而没有各个节点企业高质量、快速、准确的信息传递，也就谈不上信息共享。因此信息技术是供应链管理得以成功的技术基础。信息共享不仅节省了时间，也使供应链企业之间的交流更加透明、快捷、顺畅。信息共享最大限度地防止了成员以提供虚假信息的方式损人利己的机会主义，为实现各成员企业之间在资源、机会、管理等方面的共享，以及共担市场风险提供了前提条件。

3. 同步运作的承诺

发挥供应链整体最佳效能的假设条件是各个独立企业之间可以进行良好的协作和协调。供应链管理涉及多个独立企业，供应链成员企业合作的关键就在于企业之间在主要运行环节上能否有良好的协调，这其中的关键又在于能否解决上下游企业生产系统的同步化问题。如果供应链中任何一个企业由于自身原因拖延交货时间，都会导致整个供应链系统的不稳定或运作中断。为此，供应链各成员企业之间应该在同步运作与生产时间协调方面达成共识、做出承诺并遵守这些承诺，防止和反对在这一问题上的自私自利的做法。

（二）供应链相关企业应遵循的基本规范

1. 公平营运

公平营运是指供应链相关企业以合法的、正当的方式进行生产、经营和提供服务。主要包括，一是公平竞争，即遵守所有规范公平竞争的公共政策和法律法规，如《中华人民共和国反不正当竞争法》；二是尊重产权，即尊重国家有关产权的政策及法律，如有关房屋产权、知识产权的法律法规，不做有违产权法的行为。供应链相关合作企业应就供应链内企业公平运营达成共识，合理确定最终产品或服务与各中间产品或服务的价格比例，防止因价格或其他运营条件不公正而造成质量问题，从而影响整个供应链的声誉。

2. 尊重与善待员工

该规范是企业有关员工的社会责任的重要表述。供应链相关企业应从供应链整体和系统的视角关注和保护员工的合法权益。这些权益主要包括：尊重、保护员工的人权及人格尊严；提供合理的、与员工的边际贡献、物价水平等相关联的薪水，根据企业劳动生产率的增长及时提高员工的工资水平，使工资增长率与劳动率增长率大体同步；为员工提供健康、安全的工作条件；成立代表员工利益的工会组织，并就工资、劳动时间、工作条件等与工会进行集体谈判。供应链主导企业、核心企业、采购商对于本链中相关的合作企业、外包企业、代工企业、供应商等的员工劳动、生活、文化环境与条件应随时关注，并及时给予指导和建议，以纠正部分企业存在的对待员工的非人道的做法。

拥有全球供应链的大型跨国企业，有责任指导并督促各地的供应商、代工企业能从本地区实际出发制定并执行切合企业社会责任的相关标准。为杜绝"血汗工厂"，对供应商、代工企业等相关企业，应该在安全生产及劳工社会保障体制等方面对其有所要求，以保障供应链成员企业员工的合法权益。

3. 尊重与善待消费者

供应链相关企业应从供应链整体和系统的视角关注和尊重消费者尊严，想消费者之所想，努力保护消费者权益。具体而言，就是企业应提供符合消费者要求、质量可靠、健康安全、价格合理的产品和服务；做好售后服务，当消费者对企业产品或服务不满意时，企业能及时提供补救措施，以减少消费者损失；避免在产品性能、功效、质量、价格等方面的虚假宣传和欺诈等不良行为。供应链相关企业应通过协商共同制定尊重与善待消费者的道德规范，供应链主导企业、核心企业、采购商在本规范方面对其他企业给予指导、监督和建议。

4. 保护环境、节约资源

这是现代企业基本的社会责任规范之一。它要求现代企业尽最大努力进行清洁生产、绿色营销。企业的开发、生产、经营活动必须在人与自然、人与社会、人与人共生共存的可持续发展的限度内，才是合理可接受的。保护环境、节约资源的规范的应体现在：为降低整个生产活动对人类和环境造成的危害，在生产过程中，应采用绿色生产、节约生产以减少和消除废物、污物的产生和排放；通过技术和管理创新最大限度地循环利用不可再生资源，并尽力用绿色的、可再生资源替代稀缺的、对环境危害大的不可再生资源。供应链成员企业应站在整个供应链系统的角度，关注资源节约和环境保护问题，尽力采取统一规划，使产品和服务从设计、制造、包装、运输、使用到报废处理的整个生命周期中，资源利用率最高，对环境的负面影响最小。

三　供应链相关企业的社会责任管理

供应链相关企业的社会责任管理也可以从两个方面讨论。第一，是作为普通企业的社会责任管理，它侧重于管理的普遍性与共性。例如，任何企业的社会责任管理都包括成立和完善治理机构、制定与完善规范和制度、制定与完善社会责任评估指标体系、员工社会责任培训、规划与计划、控制、检查与评估、奖励与惩罚、信息公布与披露、社会监督等环节。第二，是作为供应链企业的社会责任管理，此处强调管理的特殊性和个性。例如，供应链相关企业在社会责任方面要坚持具有系统性、整体性、协同性的管理。其在管理上应有主导企业或核心企业与支点企业或合作、协作企业之分。通常某些能控制市场、具有技术、品牌实力的核心厂商成为供应链社会责任管理的主导者，对供应链的节点企业起着指导和示范作用。

在这里，我们综合上述两个方面来讨论供应链相关企业的社会责任管理。

（一）建立、完善社会责任管理组织机构、管理制度和评估指标体系

这既是供应链相关企业实施社会责任管理的组织、制度基础，也是该项管理的重要内容。

1. 建立、完善社会责任管理组织机构

任何管理都是由其人格主体，即组织起来的人来实施。所以，没有一定的组织就谈不上管理。企业的社会责任管理也是如此。供应链成员企业首先需要建立起部门归属性质得当、成员组成结构合理的企业社会责任管理组织机构或治理机构，才能对社会责任事项实施有效的管理。

企业社会责任管理组织机构由企业上层、中层、基层的决策与计划人员及相应的组织机构，执行人员及相应的组织机构，审核、审计与评估人员及相应的组织机构组成。这些人员根据企业的实际情况可以是专职的，也可以是兼职的。企业的社会责任工作在这些组织机构的指导与协调下在不同层面展开。供应链相关企业通过上述的这些组织机构或治理机构把履行社会责任纳入公司治理，融入企业发展战略，落实到生产经营各个环节。

供应链相关企业在建立、完善社会责任管理组织机构方面，应体现供应链的集成性、整体性原则，建立以主导企业为核心的传导性、辐射性的网络组织管理模式。亦即由核心企业向支点企业、上下游企业、主要供应商派出联络、协调人员以对这些厂商进行指导、协调与监督。

2. 建立、完善社会责任管理制度

广义的制度包括人员、组织、程序、规范、设备、设施等。狭义的制度专指程序、规范和奖惩措施。这里主要从狭义视角讨论企业的社会责任管理制度，亦即企业社会责任管理的规范、程序和奖惩措施。

供应链相关企业社会责任的规范是根据国家有关法律、遵从 SA 8000、ISO 26000 以及相关产业、行业社会责任规范并结合本企业实际制定的社会责任规范，这些规范通常包括公平正义、诚实守信、遵纪守法、尊重人权、经济高效、保护环境、节约资源、维护公益、信息分享等方面的内容。企业社会责任规范规定企业可以做的事和不可以做的事。这些内容前面有关章节多有讨论，此处不再赘述。

程序在一定意义上也是一种制度，是保证规范得以合理产生并得到合理执行的主要环节、工作顺序和组织管理等方面的规定。企业社会责任管理有关程序规定有关规范由什么组织通过什么环节来制定、涉及企业社会责任的行为由什么组织通过什么环节来认定、履行企业社会责任行为的奖惩由什么组织通过什么环节来实施，等等。

奖惩规定与措施是制度的重要内容。奖惩可以是物质的、纪律的、也可以是道德和名誉的。没有奖惩就等于没有制度。

供应链相关企业在建立、完善社会责任管理制度时，应有核心企业或主导企业进行指导与协调，使相关各企业的制度既有共性和相同点，又有与各自的生产经营特点相适合的特殊之处，使供应链的管理制度在整体上显出系统性和一致性。

3. 建立、完善社会责任指标体系

企业社会责任的指标体系是企业社会责任管理体系的重要组成部分，它既是企业社会责任监督、考核与评估的工具，又是执行与衡量企业社会责任计划完成情况的依据。它由既相互独立、又相互联系、相互补充的一些社会责任指标所组成。

从性质上看，该指标有两大类组成。一类是企业社会责任与企业会计、统计通用的指标，如涉及工资、利润、税金、节约能源、资源等方面的指标；另一类企业社会责任专有的指标，如涉及保护环境、社会捐赠、慈善事业、劳动者安全与保护等方面的指标。

供应链相关企业在建立与完善社会责任指标体系时，应由供应链核心企业或主导企业统一协调、整合，既要使指标体系的建立符合统计学意义上的及时性、准确性、动态性、灵活性等原则的要求，又要符合供应链各企业生产经营特点和属地的社会公共要求。

（二）供应链相关企业的社会责任的日程管理

供应链企业社会责任的日程管理分为两个层面，一个层面是各企业按照有关法律、国际国内通行的标准、行业标准和规范等进行的具有独立性的管理；另一个层面是从供应链整体管理的需要进行的同供应链其他企业相互呼应、相互协调的管理。具体包括以下几个方面。

1. 协调计划

对于供应链各企业来说，协调社会责任管理计划同协调生产经营计划一样是必要的。供应链相关企业是否承担社会责任、以何种态度和方式来承担以及履行社会责任的后果如何，这些问题已经不仅仅是单个企业自身的问题，而是事关供应链系统声誉和存亡的大事。协调社会责任管理计划一方面可以不断提高各企业履行社会责任的意识和觉悟；另一方面还可以使各企业把履行社会责任同自身的生产经营活动结合起来，从而使供应链在履行社会责任方面显出整体的特点与优势，做到可持续地承担社会责任。

供应链协调社会责任计划，可由核心企业出面，联合各相关企业组成计划协调小组，对各企业、厂商的计划作必要调整，然后再付诸实施。

2. 共同培训

供应链履行社会责任，执行有关标准，这是一个系统工程，首先全体员工需要分层次、分类别进行学习和培训。学习和培训的内容包括从涉及企业社会责任的有关法律法规、通行的标准到供应链的企业文化、职业道德规范等公共内容；从社会责任理念、社会责任决策、规划与计划、指标体系、社会责任会计与审计、行为核查到社会责任报告的披露与公布等的专业内容；从经验到案例等具体内容。供应链实施共同培训，一方面可以体现各有关企业、厂商在履行社会责任方面的一致性，有利于贯彻和渗透供应链的共同理念与文化，实施协调的计划；另一方面也有利于节约成本。

供应链实施共同培训，可以有多种形式。例如可以统一内容，分散培训；也可以统一内容，集中培训；可以统一大纲、统一原则，内容与形式由各企业自行决定；也可以统一大纲、统一原则，统一内容，而形式与方法灵活，等等。

3. 信息交流与共享

社会责任管理方面的信息交流与共享是供应链资源共享的重要组成部分，它有利于供应链相关企业相互了解各方在社会责任履行中的具体做法与状况，增加公开性和透明度；有利于各企业间的相互启发、相互借鉴、相互学习和相互促进，从而推动供应链整体社会责任管理工作的发展。交流与共享的信息包括各相关企业开展社会责任管理工作的规划和计划、决策与政策、经验与活动、审核与评估、会计与审计、成果与风险等方面的内容。信息交流与共享这项工作可以由主导企业牵头与各相关企业协商，通过供应链内部互联网、各层各种信息交流会、发布会进行。

4. 共同识别与控制风险

风险是指人们在一定的价值观指导下追求某种目的时所产生不利因素的可能性。社会责任风险是指企业在生产经营活动中由于回避社会责任或履行社会责任不当或违反社会责任而给企业带来危害的可能性。由于供应链企业、厂商较多，各企业对社会责任的认识与理解存在着差别，在履行中其行为也各有不同，这就潜伏着性质不同、程度各异的社会责任风险。供应链中个别企业的不当行为，可能给供应链整体的声誉、市场、融资以及生产经营的各环节带来重大危害与损失。因此，供应链相关企业应建立和不断完善共同识别与控制社会责任风险的机制，严防供应链内发生各类违反社会责任的事故。一旦有事故发生，应有共同处理事故的预案和对策。

第二节　企业社会责任信息披露管理

企业社会责任信息披露是指企业通过一定的媒体或信息发布渠道，运用特有的方法和技术，将企业承担社会责任的有关情况，以及因承担社会责任引发的对企业财务状况和经营成果的影响评价等信息，在特定范围或全社会范围内进行公开说明的活动或行为。

企业社会责任信息披露是企业履行社会责任的题中应有之义。通过社会责任信息披露，有利于让利益相关者全面了解企业社会责任的履行情况，以便对企业进行监督和评价，促进企业提高其经济活动的社会效益；有利于保护相关利益者的权益和树立企业良好的社会形象；有益于相关利益个人或团体对企业的经营情况做出正确的判断与有效的决策，最终有利于在全社会形成企业发展的氛围和环境。

一　企业社会责任信息披露的原则

企业社会责任信息披露应遵循以下原则：

（一）客观诚信原则

这里的"客观"是指信息的真实性，"诚信"是指发布信息的立场与态度。企业披露社会责任信息要遵循客观诚信性原则，就是要实事求是、如实地反映企业履行社会责任活动的实际情况，避免主观随意成分，特别是要反对有意地歪曲和篡改事实。总之，企业只有注重调查研究，以事实为依据，确保发布信息资料的确凿可靠，才能做到客观诚信。

（二）充分全面原则

这里的"全面"是指发布的信息应该尽可能是多角度、多方位的，"充分"是指所发布的信息应该是多层面、多层次的。充分全面的信息是事物客观性的保证和体现。遵循信息充分全面原则，就必然要求企业披露的信息能全面地反映其执行社会责任的所有状况，并能服务于利益相关者，以提高投资的针对性，降低决策的风险性。当然，客观、充分、全面的企业社会责任信息既包括正面的、积极的信息，也包括负面的、消极的信息，而不是企业基于自身的短期利益进行的筛查性、选择性地信息披露。

（三）一致性原则

此处的"一致性"是指企业在披露社会责任信息时应保持其主要内容、指标体系、基本用语与指导思想的前后连续性、一贯性和相对稳定性。企业遵循该原则的目的在于便于同一企业间的纵向比较和不同企业间的横向比较，便于信息使用者对企业发展趋势的准确判断，也有利于提高信息的使用效率。

（四）及时性原则

此处的"及时性"是指企业在披露社会责任信息时其信息内容应与其发生的时间相对应，应该有严格的时间界限，应该是"现时"和"即时"的。避免和反对延时的和滞后信息。社会责任信息是一种有严格时间要求的信息。在市场经济条件下，由于竞争的激烈，各种商机、各种商品信息、企业经营状况瞬息万变。所以，企业社会责任信息应及时通过公开的渠道传递到利益相关者和社会公众，以便人们及时判断和及时决策。

（五）社会性原则

此处的"社会性"就是指与企业的生产经营后果有关系的所有的公众、团体和群体，也可以理解为"公众的普遍利益"。社会性要求企业妥善处理自身利益与相关公众利益的关系，站在社会整体利益的角度而不仅仅是自身利益的角度来反映自身经济活动和公开企业社会责任信息。企业应树立正确的社会责任信息披露意识，诚心诚意接受社会监督。

二 企业社会责任信息披露的内容

目前，关于企业社会责任信息披露的内容并无一致看法和意见，在国际上比较通用的 CSR 报告编写标准为全球报告倡议委员会（Global Reporting Initiatives）提出的 GRI G3 标准，它提出完整的企业社会责任报告应包含三部分：一是社会责任。包括 SA 8000、职业健康、安全、人权状况、慈善等；二是环境责任。包括"三废"处理、温室气体排放 CDM 等；三是经济责任。包括利润、税收等。

总结国内外企业在这方面的实践经验和做法，对其中的共性进行概括，可以认为企业应履行社会责任并披露其信息的内容应包括以下几个方面：

（一）企业收益状况方面的信息

获取利润是企业的首要财务目标，也是企业实现其他相关社会目标的物质基础。企业的收益状况是企业经济实力的直接反映，既关乎企业的生存和发展，也关乎向国家缴纳税金的多寡、向职工支付薪水的高低以及向股东分配利润的情况。企业只有先获得更多的经济利益，才有进行环境保护、公益捐赠等社会活动的财力基础。同时，企业收益状况是衡量企业履行社会责任的重要计算依据，把企业履行社会责任方面的费用支出同企业总收益相比而得出的各种相对性指标，可以横向比较不同企业的社会责任履行情况。因此，收益指标仍然是衡量企业对社会贡献的基础性指标。

（二）环境保护方面的信息

包括污染控制、能源节约、废旧原料回收、环保产品生产、环境恢复以及其他环境信息披露等。环境问题关系到社会经济的可持续发展，企业有责任在生产过程增加环境保护方面的投入，努力处理好工业"三废"，最大限度使之减少以至达到零排放；尽可能地降低能源消耗，尤其是降低对空气和水带来严重污染的能源消耗，比如尽量少用、不用焦煤，而用清洁能源代替。企业环境信息的及时全面的披露，有利于利益相关者对其在环保方面的社会责任行为给予评估与监督，有利于企业为环境友好型、资源节约型社会建设以及生态文明建设做出贡献。

（三）员工生产条件和工资福利方面的信息

员工既是企业的主要生产者，也是企业首要的利益相关者，企业最重要的社会责任是履行对员工的经济、人文、道德等方面的责任。有关员工的企业社会责任信息披露主要包括：员工的录用与使用、岗位培训、工资水平、福利待遇、工作时间、职务轮换、工作环境、劳动保护条件、工会组织状况、集体谈判情况、企业文化等信息。"血汗工厂"的恶名就在于盘剥甚至虐待员工，引起社会公愤，同时也是把社会责任提到企业管理日程的动因。善待员工是企业进步、企业文明的表现，也是企业可持续发展的条件。

（四）产品质量和售后服务方面的信息

包括产品的性能、功效、使用年限、安全性、对环境的影响、提供社会咨询服务、广告的真实性、及时退换和召回质量有问题的产品、售后服务及顾客满意度等。这些信息的发布，对于消费者和合作者有重要意义。消费者和合作者也是企业的重要相关利益者，及时披露他们关心的信息，是企业负责任的表现，有利于增加合作者与消费者对企业的了解和信任，提高企业的市场占有率和发展后劲。

（五）关心社会建设和参与社区活动情况方面的信息

其内容包括关心并参与社会公共设施和市政建设；资助与捐赠社会文化、体育、教育及公益事业，关注犯罪或公共安全问题；根据自身发展情况扩大社会就业，在就业问题上不歧视少数民族、妇女；适当照顾残疾人就业，关心弱势群体；按时向税收机关缴纳税款，等等。企业所在社区、周边地区的居民、社区组织等是企业重要的利益相关者，是企业履行社会责任的对象。企业积极参与社会和社区建设，关心文化、教育等社会事业，是企业功能的延伸与拓展，对于树立其良好的企业公民形象有重要的意义。

（六）社会公德和商业道德方面信息

内容包括遵纪守法，照章纳税，诚实守信，保证并不断提高产品、服务质量，不搞不正当竞争和任何形式的欺诈。企业遵守社会公德和职业道德是企业社会责任的主要内容。企业一方面是商业组织、营利组织；另一方面是社会组织和团体公民，企业的重要职责是遵纪守法、讲求商业道德、维护正常的社会秩序。反之，稳定的社会秩序、良好的社会风气、和谐的社会环境，也是企业可持续发展的重要条件。

三 企业社会责任信息披露的模式

企业社会责任是一个较新的概念，企业履行社会责任是一个较新的事物，企业社会责任信息披露也是一个企业管理的创新问题，有一个从不成熟到成熟的过程，而其中信息披露的模式也在探索之中。

（一）企业社会责任信息披露模式概述

模式是一个方法论概念，意指基本方法的组合，这种组合能够勾画出研究对象的轮廓。不同模式的比较，其实质是不同方法论的比较。在企业社会责任信息披露方面，也存在不同的模式，这些不同的模式反映了企业社会责任信息披露方面的方式、方法和形式等的不同组合。

按照不同的标准，企业社会责任信息披露模式主要为以下几类。

1. 固定时间披露与随机披露

固定时间披露或定期披露是指企业在预定的时间内（如季度、年度等）向社会公布有关社会责任信息；随机披露或临时披露是指企业在发生重要社会责任事件时向社会公布有关信息。这些事件可以是积极的、建设性的事件，也可以是消极的、破坏性的事件。社会责任消极、破坏事件也称为社会责任危机。企业对于所发生的社会责任危机信息披露通常采取即时的、随机的方式。

2. 定性披露与定量披露

定性披露是指企业在公布社会责任信息时，对于信息内容主要采取对其性质、功能、结构、关系、后果等等方面的语言描述、叙述、判断和预测的方式，其宗旨在于回答信息的内容"是什么"；定量披露是指企业在公布社会责任信息时，对于信息的核心内容按照一定的标准单位（如货币单位元、重量单位千克等）进行分割、换算，再表示为一定量的标准单位。其宗旨在于回答信息的内容"有多少"。定量披露选用的标准单位是通用的，分割、换算的方法也是通用的，这样可以保证信息的可比性。定量披露通常按照企业社会责任指标体系的标准来进行。

3. 系统披露与专项披露

系统披露是指企业以所拟定的社会责任指标体系为标准，全面地、有逻辑结构地、有层次地披露社会责任。所谓全面就是所披露的信息其内容应覆盖股东、债权人、员工、供应商、消费者、社区、所在地政府等利益相关者权益范围；所谓有逻辑结构就是本着社会责任指标体系与社会责任事实相一致的原则，所发布的信息其内容应有主次、轻重缓急之分，应符合社会责任自身的规律性；所谓有层次就是所发布的信息在内容上应体现出由浅入深、由表层到里层的立体结构，以满足不同层次的阅读者对不同层次信息的需求。专项披露，一是企业对涉及社会责任的个别事件、个别事实或某一种类的事实的信息进行公布；二是企业对涉及社会责任的某个方面的事件、事实的信息进行公布。

4. 会计基础型披露与非会计基础型披露

广义的会计基础型披露是指企业按照会计核算、会计报告的方式方法来发布有关社会责任的信息；狭义的会计基础型披露是指企业已经建立社会责任会计制度，并根据该制度来发布有关社会责任的信息。非会计基础型披露是指企业按照会计核算、会计报告以外的方式方法来发布有关社会责任的信息。

(二) 常见的企业社会责任信息披露形式

此处的"企业社会责任信息披露形式"是指企业在公布有关信息时所使用的与信息内容相适应的具体的表达方式。从国内外很多企业的实践看，社会责任信息披露的具体形式有文字叙述法、报表报告法、传统财务报告变形法、编制独立的社会责任报告法等多种方法。

1. 文字叙述法

文字叙述法是一种定性的表达方法，与定量表达方法相对。当企业社会责任的有关内容不具备量化条件时通常使用本方法。例如，当社会责任涉及法律、道德、宗教、社会习俗等内容时，很难以货币为单位来进行量化。此外，当企业涉及的社会责任关系十分复杂、一时难以理清头绪也需要使用该方法。文字叙述法的主要工具是日常语言和日常语言思维逻辑，具有通俗易懂的特点，适合所有信息使用者。中、小型企业可以使用本形式披露有关社会责任信息。

2. 财务报表扩充法

财务报表扩充法是在现行财务报表中添加一些项目，披露一些可量化的社会责任会计信息。比如，企业可对资产负债表、现金流量表、损益表等进行调整，使现行财务报表能反映包括员工、环境等方面的有关信息。

3. 企业社会责任独立报告法

企业社会责任独立报告法是企业在现有财务报表以外编制专门的、独立的报告（如社会责任资产负债表、社会责任利润表、社会责任现金流量表等），用于披露企业社会责任信息的方式。从目前国内外企业的经验看，这种报告普遍采取会计基础型的报告。

除上述三大报表以外，企业可以依据本单位履行社会责任实际情况编制其他辅助报表。

第三节　政府和相关社会组织在推进企业社会责任管理中的地位和作用

提倡和推进企业社会责任是社会的进步，是社会文明程度的提高。"将欲取之，必先予之"，企业将盈利的一部分用于发展企业的社会责任事业，将自身利益与相关者利益相关联，有利于促进企业与员工、消费者、社区、政府和社会的和谐，从而为企业的进一步发展提供宽松的社会环境。

企业社会责任运动的兴起与逐步推广是包括企业和利益相关者在内的全社会共同努力的结果，同样，推进企业社会责任管理仍然需要全社会的关注和参与。其中政府以及包括工会、行业协会、妇联、企业协会、消费者协会、商会、慈善组织、环境保护协会、社区等社会组织的规制、协调、监督、评价是非常重要的动力。

一　政府在推进企业社会责任中的地位和作用

"政府"的概念有广义和狭义之分。广义的政府泛指所有行使公共权力、管理公共事务的国家部门。因此，广义的政府也指国家政权。狭义的政府是指国家行政执法机构，是与立法、司法等国家机构相对而言的；本文采用广义的政府含义，就是说政府既包括行政管理、行政执法部门，也包括立法、司法等在内的国家机构。

政府在推进企业社会责任中的作用主要有制定有关法律法规、引导与监督企业实施这些法律法规、建章立制、为企业实施社会责任创造舆论氛围、组织和培训、宣传与教育，等等。下面分别加以讨论。

（一）制定、重申和逐步完善有关法律法规

企业社会责任是一种企业行为的规范体系，包括法律法规、纪律与道德三种形式，其中，法律法规和纪律是他律的规范，道德是自律的规范。纪律由相关企业主管部门或行业协会、企业协会制定，在一定意义上，纪律也由制度安排决定；道德由社会习惯形成或由社会、行业协会、政府等提倡形成；而法律法规则由国家的有关机构制定。

政府与企业的关系是政府与整个社会关系的一部分。政府站在促进全社会发展的立场上来协调政府与企业、社会与企业的关系。在整个社会中，企业同其他各行各业、各单位、各群体一样，有着自己独特的职能与分工，有着存在的必然性。每个行业、企业、单位、群体在处理与社会的关系时，往往仅仅考虑自身的独特性，自身的利益。当这种思考和行为走向极端时，就不可避免地损害其他行业、单位、群体甚至整个社会的利益。霍布斯把这种关系的极端化称之为"狼与狼的关系"。这时就需要政府站在全社会的公共立场，协调各方面的利益关系，其中的重要的协调手段就是制定法律法规。

回顾历史，不难发现，世界上不少国家和政府协调企业与员工、企业与社会关系的有关法律法规在企业社会责任理念正式形成之前就有了。例如，1802 年英国议会就通过了《学徒健康与道德法》，1841 年法国制定了《童工、未成年工保护法》，1871 年英国通过了《工会法》；发达国家在自 19 世纪末 20 世纪初就开始逐步制定并完善有关保护消费者权益的法律法规，等等。这些法律法规的制定在客观上对企业社会责任运动的发展起到了启发与鞭策作用。

我国的很多相关法律也在企业社会责任理念、运动和制度兴起之前就已经制定，如《中华人民共和国外资企业法》（1986年颁布，2000 年、2016 年修改）、《中华人民共和国大气污染防治法》（1987 年公布，1995 年、2000 年、2015 年修改）、《中华人民共和国环境保护法》（1989 年颁布，2014 年修改）、《中华人民共和国妇女权益保障法》（1992 年公布，2005 年修正）、《中华人民共和国工会法》（1992 年公布，2001 年修正）、《中华人民共和国产品质量法》（1993 年颁布，2000 年、2009 年修改）《中华人民共和国公司法》（1993 年公布，1999 年、2004 年、2005 年、2013 年修订）、《中华人民共和国消费者权益保护法》（1993 年颁布，2009 年、2013 年修改）、《中华人民共和国反不正当竞争法》（1993 年颁布）、《中华人民共和国劳动法》（1994 年颁布，2009 年修改）、《中华人民共和国食品卫生法》（1995 年颁布，2009 年废止）、《中华人民共和国环境噪声污染防治法》（1996 年颁布）、《中华人民共和国节约能源法》（1997 年颁布；2007 年、2016 年修改）、《中华人民共和国公益事业捐赠法》（1999 年颁布）等。这些法律法规是我国企业开展社会责任运动的重要法律依据，对该运动的健康发展起到了积极的引导作用。

有些法律法规制定、公布的时间与企业社会责任理念、运动和制度在我国兴起与发展的时间相吻合，例如《中华人民共和国职业病防治法》（2001 年颁布，2016 年修改）、《中华人民共和国安全生产法》（2002 年颁布，2014 年修改）、《中华人民共和国清洁生产促进法》（2002 年颁布，2012 年修改）、《中华人民共和国环境影响评价法》（2002 年颁布，2016 年修订）、《中华人民共和国可再生能源法》（2005 年公布，2009 年修改）、《中华人民共和国就业促进法》（2007 年颁布，2015 年修改）、《中华人民共和国社会保险法》（2010 年颁布），等等，这些法律法规进一步规范和促进了我国企业社会责任活动的开展。

国务院和有关部委制定和颁布的相关法规、条例，如《最低工资规定》（2004 年公布）、《关于禁止使用童工规定》（1991 年公布）、《残疾人就业条例》（2007 年公布）、《违反和解除劳动合同的经济补偿办法》（1994 年公布）、《工伤保险条例》（2003 年公布，2010 年修订）、《女职工劳动保护规定》（1988

年公布，2012 年修订）、《关于中央企业履行社会责任的指导意见》（2007 年公布）等也丰富了企业社会责任的内容，有力地推进了企业社会责任活动。

为了推进企业社会责任事业的发展，对于那些仍然适用的调解企业与利益相关者的法律法规，政府可以以多种方式来加以重申。例如，可以由有关权威部门结合企业社会责任的具体实际对适用的法律法规做解释，也可以由有关权威部门在企业社会责任专题下组织相关的法律法规汇编，如此等等。

随着社会的进步和发展，企业与利益相关者的关系也在不断变动，新的关系需要新的法律和法规予以规范和调节，这就需要国家与政府及时制定新的法律法规。例如，2010 年 10 月 28 日由十一届全国人大常委会第十七次会议审议通过，并由时任国家主席的胡锦涛签署第 35 号主席令予以颁布的《中华人民共和国社会保险法》就属于在深入贯彻落实科学发展观、构建社会主义和谐社会过程中对加快推进覆盖城乡居民的社会保障体系建设做出的全面的制度安排和规范，其中涉及的劳动者和用人单位的社会保险权利义务关系是企业社会责任的内容和领域，是规范企业在员工社会保险方面行为的法律依据，也是国家和政府随着企业与相关利益者关系出现的新情况而逐步完善有关法律法规的体现。

（二）引导、督促、帮助企业建立和完善有关社会责任的治理制度

建立社会责任治理机构是企业进行社会责任管理的组织保证。但是，成立治理机构，就要增加非生产人员、添置相关设备，增加企业运营成本。对于很多只图眼前利益的企业来说，这并不是他们情愿做的事。这就需要政府出面，就企业责任工作的重要意义和必要性向企业进行宣传、说服和教育。同时，

对于不同的企业，建立何种规模的治理机构、如何建立、建立以后如何运行，也需要政府提供相关资料、信息。

引导、督促、帮助企业建立和完善有关社会责任的行为规范，使企业社会责任工作制度化、规范化。对于中小企业，政府应协助它们建立遵守有关劳动法、安全生产法、环境保护法等社会责任基础行为规范，在此基础上再循序渐进地建立与完善其他行为规范。

（三）帮助企业进行社会责任的培训

企业进行社会责任管理，需要相关人才，也需要企业决策层、管理层和员工更新观念，这就需要进行培训。但仅凭企业自己做该项工作，会受到人才层次、信息质量、考虑问题立场和视角等方面的制约，因而需要政府出面给予帮助。帮助的内容包括：联系授课的有关专家、提供培训的系统内容和标准，等等。政府帮助企业进行培训，其形式也可以是多样的。可以由政府出面，统一组织管辖范围内的企业分类、分批进行，也可以政府建议、推荐专家和教材而由企业自己组织培训。

（四）通过宣传形成企业社会责任共识

企业社会责任活动在我国兴起的时间不长，该项活动和工作的理念、基本道理、意义等基础内容尚未被我国社会各阶层所知晓、理解，特别是要达到社会共识还有相当的距离。这种状况不利于形成推动企业社会责任的舆论环境与社会氛围。需要政府利用各种舆论工具，通过多种形式就企业社会责任的有关内容进行宣传。由于政府具有权威性，出面组织或主导有关企业社会责任的宣传，可以迅速引起社会各界关注。政府的宣传渠道可以是多种的，诸如报纸、杂志、广播、电视、互联网等。宣传的内容可以是企业社会责任的各种标准，也可以是企业社会责任的有关理念、基本道理、意义；可以对先进典型的表彰，也可以是对企业不良行为的揭露与批评，等等。政府的宣传还可以突出我国的特色，亦即把对企业社会责任的宣传同弘扬社会主义社会公德、职业道德结合起来。

（五）加强对企业社会责任的监督

加强政府对企业社会责任的监督与评估，可以有效推进企业开展社会责任活动。其方式和途径主要有，一是关注、审核企业的社会责任报告。鼓励和督促企业编制企业社会责任年度报告，形成总体评估企业社会责任的基础文件，通过企业社会责任报告监督企业履行社会责任情况；二是鼓励和敦促企业开展社会责任活动承诺，并督促和帮助企业兑现承诺；三是建立企业社会责任举报制度，努力保持举报渠道的畅通。聘请企业社会责任监督员，随时监督履行企业社会责任状况；四是委托第三方中介机构，定期或不定期对企业执行有关社会责任标准进行评估。

（六）逐步完善有关配套政策，建立奖惩机制

主要包括建立和完善财政政策、政府采购政策、融资政策等在内的配套政策与措施，鼓励和引导企业积极履行社会责任；建立和完善激励与约束相结合的制度，以期鼓励企业积极承担社会责任，防治和惩戒企业逃避社会责任的机会主义行为。

二　社会团体在推进企业社会责任中的作用

作为职工、青年、妇女等特殊社会群体的组织，我国的工会、共青团、妇联等社会组织在维护本群体成员合法权益、调动本群体成员积极性、创造性方面起着重要作用。伴随社会主义市场经济体制的建立和完善，这些社会团体在为成员维权方面的功能与作用越来越大，特别是在私营企业和外资企业中所起作用尤为突出。

在公有制企业，这些社会团体的组织结构比较完善，日常活动也比较规范。公有制企业应发挥这些团体在民主决策、民主管理和民主监督中的作用，积极推进企业履行社会责任工作。例如，应发挥工会在推进平等协商集体合同制度、工资集体协商制度、合理调剂劳动纠纷等方面的作用；应发挥妇联在维护妇女自身特殊权益方面的作用；应发挥共青团在维护青年在职学习与进修、企业青年文化建设、青年心理健康等方面权益的作用。

政府应进一步督促私营企业、外资企业依法建立和完善工会、妇联、共青团等社会团体组织，发挥这些组织在实施企业社会责任中的作用。

三　行业协会等中介组织在推进企业社会责任中的作用

行业协会是生产专业化分工和市场竞争发展到一定阶段的产物，是介于政府宏观管理与企业微观经营管理之间的民间性组织。其基本职能包括：沟通政府与企业之间的联系，密切同行业间的关系；促进企业结构的合理调整，考察研究制定本行业产品的统一规格和技术标准；收集传播市场信息，汇总总结行业产销情况，对重大事情、倾向性问题以及企业的意见及时向政府主管部门反映；组织行业内外交流，牵线搭桥，促进行业横向经济发展，举办各类产品交易活动、参与企业技术引进的分析论证，等等。

行业协会作为企业和政府之间的具有中介性质的第三种治理结构，在促进企业社会责任方面有着其他力量不可替代的作用。该类协会在政府的指导下，可以制定适合本行业的企业社会责任标准，可以根据企业或行业需要举办涉及企业社会责任的各类教育培训，可以组织或委托其他中介机构对企业、行业社会责任履行状况进行评估并及时给予表彰、建议或批评，监督企业的社会责任的运行，等等。

其他社会组织和机构如环境保护组织、新闻媒体、社会科学研究部门也对企业的社会责任有着监督、评论的功能，对于提高企业履行社会责任能力，规范企业社会责任行为具有重要作用。

案例 1：耐克公司加强供应链社会责任管理，克服"血汗工厂"形象

自 20 世纪 90 年代以来，从服装行业，玩具行业到电子行业，先后有多个超大跨国公司卷入"血汗工厂"的丑闻，导致西方消费者对品牌产品发起了声势浩大的罢买和抵制活动，无论对品牌公司的声誉，还是对其实际财务绩效，均造成巨大损失。

反"血汗工厂"运动最后则成功地使公司开始意识到，必须认识到供应链的社会责任风险，并加以有效控制，承担供应链条供应商的"企业社会责任"，是品牌公司经营全球供应链不能省略的必要步骤，供应链的社会责任风险控制是与产品质量控制同等重要的领域。反"血汗工厂"运动之所以能够成功，则是因为消费者作为品牌公司最重要的利益相关者，发挥了重要的监督和团结作用。

当年在供应链问题上饱受"血汗工厂"指责的耐克，通过加强与利益相关者沟通和互动，增加透明度，有效提升了其供应链管理能力，最大限度控制和减少了其运营风险。耐克采取的措施包括：第一，改善流程（完善标准—严格监督—严厉处罚—开放透明—投诉机制—主动曝光—输出管理）；第二，改善劳动环境（招聘外部专家为 CSR 执行董事，以其为核心推进生产车间的劳动环境改善）；第三，改善劳动条件（参与成立 NPO "全球联盟"并委托该机构监督耐克工厂的劳动条件改善活动，引进第三方机构评价公司行动，对工厂管理层、员工进行培训）；第四，遵守国际公约和准则（加入联合国全球契约）；第五，进行信息披露，提高治理透明度（发布年度 CSR 报告，公开供应商信息，公布代工厂和审计方法）。

此外，耐克还将公司利益相关方从母国消费者、环境、股东、政府、NGO、供应商、社区、竞争对手、媒体等扩展到产品所及的所有国家和地区以及 OEM 厂家所在国，从而实现了 CSR 从最初的被动回应提升为目前的战略主动，最终改变了公众眼中的"血汗工厂"形象。

案例 2：企业社会责任信息披露的模式——中兴通讯 2009 年企业社会责任报告

中兴通讯 2009 年企业社会责任报告（内容节选；有关图表略去）

公告日期：2010 年 4 月 9 日

中兴通讯使命与愿景：中兴通讯，业界领先，为全球客户提供满意的个性化通信产品及服务；重视员工回报，确保员工的个人发展和收益与公司发展同步增长；为股东实现最佳回报，积极回馈社会；2015 年成为世界级卓越企业。

中兴通讯核心价值观：互相尊重，忠于中兴事业；精诚服务，凝聚顾客身上；拼搏创新，集成中兴名牌；科学管理，提高企业效益。

CSR 愿景与战略：第一，公司 CSR 愿景：以道德的和可持续的方式开展所有的业务；保护和提升所有直接和间接为中兴通讯工作的所有员工的人权、健康、安全、福利以及个人发展，以对环境负责任的方式运作，致力于解决世界当前和未来的挑战。帮助所有的客户（内部和外部客户）利用各种机会改变世界，在全世界各地积极的影响社会。第二，公司 CSR 战略：在整个中兴通讯和其供应链，基于行业的最佳实践，通过持续的学习和不断的提升，积极地发展、实施和改善 CSR 的符合性。中兴通讯的目标是长期成为全球的 CSR 领导者。

公司企业社会责任架构：通过借鉴"全球报告倡议组织"的可持续发展报告指南、SA 8000、EICC 等国际标准，中兴通讯目前已基本建立涵盖环境责任、产品责任、经济责任、社会公益、供应链 CSR、人权和劳工权益六大方面的企业社会责任管理体系。

2006 年，公司进而着手研究 SA 8000 等国际 CSR 标准；2007 年公司正式推行 CSR 体系，并任命公司执行副总裁为企业社会责任高管代表，同时组建了公司级的 CSR 推进团队。

公司企业社会责任的未来行动方向：近年来，中兴通讯在公司大力推行企业社会责任，在推行过程中，公司逐步认识到：中兴通讯自身的企业社会责任已经取得了一定的成绩，但是对于整个公司的乃至整个中国的供应链的企业社会责任意识则须要进一步地提升，与国际知名企业的社会责任水平仍有一定差距。未来公司将继续努力，从以下几个方面进一步提升公司企业社会责任的承担力与执行力，努力成为通信行业企业责任的领导者：第一，供应链社会责任的提升是公司今后关注的重点，中兴通讯希望从供应商的管理层入手，提升管理层的企业社会责任意识，帮助供应商建立管理机制来管理 CSR，借助中兴通讯以及其他公司的力量，最终实现整个社会的企业社会责任的提升。第二，加强公司在绿色环保方面的科研投入，进一步减少环境污染程度，打造绿色通讯的良好环境，将环境保护融入公司的每个运营环节以及整个产品的生命周期之中。同时影响相关供应商，以实现整个行业的可持续发展。

公司近三年利润分配年度：2006 年度，每 10 股派发人民币 1.5 元现金（含税）。2007 年度，每 10 股派发人民币 2.5 元现金（含税）；资本公积金每 10 股转增 4 股。2008 年度，每 10 股派发人民币 3 元现金（含税）；资本公积金每 10 股转增 3 股。认真履行信息披露义务、做好投资者关系管理工作公司按照制定的《信息披露事务管理制度》《投资者关系管理工作制度》等相关规定。

中兴通讯致力于不断提高全球客户支持服务能力，在全球陆续建设了 8 个区域客户支持中心（RCSC）、37 个本地客户支持中心（LCSC），搭建了由本地、区域、总部组成的三级的技术支持服务体系和稳定的本地化现场支持服务队伍，全面实施客户支持服务标准化管理，通过在线支持、远程诊断、现场排障等多种服务方式，快速响应，高效率、高质量地处理来自客户的服务请求和技术咨询，有效保障客户在网设备的安全稳定运行。一是多渠道的客户请求受理和沟通反馈平台。中兴通讯向全球客户提供了热线电话、传真、邮件、信件或者网站的客户请求和客户投诉受理渠道。中兴通讯为了客户获取服务的便捷性，还建设了技术支持网站和互联网客户支持中心（ICSC）。中兴通信技术支持网站是基于互联网的为客户提供技术支持服务的窗口，为客户提供全天候在线技术支持服务。网站提供知识库、服务中心、技术论坛、技术文档等服务保障功能。互联网客户支持中心（ICSC）是基于互联网的技术支持服务平台，可以给客户提供实时互动的在线技术支持服务，与传统的呼叫中心在线技术支持相比，对客户问题响应和解决更加快捷方便。二是健全的客户支持服务管理流程。标准化的业务流程管理是客户支持服务规范和能力稳定的基础。中兴通讯基于 ITIL 建设形成一套完备的客户支持服务管理流程体系和 IT 系统平台。目前已经针对"故障管理、问题管理、技术咨询、服务变更、版本管理、服务水平管理"等客户支持服务建立了全面、稳定的流程制度体系和全球部署的 IT 系统。中兴通讯通过客户支持服务运营管理，监控全球客户支持服务流程的执行情况，对全球客户服务机构的客户服务 KPI 及时进行统计分析，及时掌控客户服务流程执行和客户评价情况，对存在的问题及时采取纠正预防措施进行改进，保障全球客户支持服务的高效规范运行。三是持续提升客户支持服务能力。中兴通讯客户服务致力于以"客户满意"为关注焦点，严格按照 TL 9000 质量管理标准，采用 6SIGMA 方法提高流程能力，运用连续质量改进管理方法实现持续改进。客户满意度调查：中兴通讯聘请国际知名咨询公司 Nielsen 每年进行客户满意度调研，并对历年数据进行比较和分析，作为下年度品牌、产品、服务实施改进的最重要依据。

尊重员工多样性：在招聘中，公司坚持平等就业的原则，为应聘者提供平等的就业机会（无论种族、年龄、性别、宗教、信仰等因素）。截至 2009 年底，公司在全球提供超过 7 万多个就业岗位；其中女性员工占近 30%，雇用残障人员 100 多人、少数民族员工 1700 多人。为除中国以外的 100 多个国家的当地居民提供就业岗位，海外本地化率达到 65%。

薪酬与福利：公司为员工提供完善而富有特色的薪酬福利，薪酬与员工发展、个人绩效、组织绩效密切相关。为了建立与公司业绩和长期战略紧密挂钩的长期激励机制，完善整体薪酬结构体系，使公司与员工实现双赢，《公司第一期股权激励计划》经 2007 年 3 月 13 日召开的公司 2007 年第一次临时股东大会审议通过后开始实施。公司除为员工足额缴纳各项法定社会保险（包括基本养老保险、基本医疗保险、工伤保险、生育保险、失业保险），以及员工按劳动合同规定可享受的法定休假日、带薪年休假等外，公司还为员工提供商业意外保险、女职工产前休养假、海外员工年休假及配偶出国探亲假、常驻及出差海外人员的国际急难救助服务、海外优秀骨干员工家属陪同政策等，解除员工后顾之忧，提高员工生活质量。

为了满足日益增长的员工学历提升的愿望，公司 2009 年尝试校企合作的方式，使普通员工在工作之余，实现学历提升的需求，公司为员工设置了中专—大专学历提升通道。2009 年与深圳职业技术学院先期进行合作试点，共有 500 多名职工提出申请，269 名最终报名，正式录取 157 人。为了鼓励员工认真学习，公司和深圳职业技术学院还为成绩优秀的员工共同设立了奖学金。

为提升海外员工对公司的了解和认同，全面提升员工的素质和技能，促进跨文化融合，公司开展"阳光行动"，通过外籍来华、远程学习、当地培训中心等方式加强培训，促使海外员工培训覆盖率提升到 80% 以上，新员工达到 100% 覆盖。同时，公司在全球 12 个区域设置了培训中心，覆盖北美、南美、西欧、东欧、中东、亚太、东南亚、南亚、北非、南非、独联体、印度各区域的培训业务，其中已经建成并投入使用的有 10 个。

员工表彰：为表彰员工和团队所取得的成就，中兴通讯为员工设置了多种多样的表彰项目。针对团队，设置了绩效奖、营销奖、项目奖、竞争超越/团队奖和特别贡献奖，等等。针对个人，从每周的"一分钟表扬"到 2009 年公司首度设立了公司最高个人荣誉奖——"2009 年度 ZTE 中兴金银奖"。该奖项为中兴公司首次设立的个人荣誉奖项，针对一线员工（包括普通的研发人员、业务人员和基层员工等踏踏实实在一线拼搏的人员），由员工对候选人直接投票产生。最终有 10 名员工获得了金奖，20 名员工获得了银奖，对员工起到了极大的激励作用。

本章小结

本章在前一章内容的基础上，探讨企业外部供应链相关企业社会责任管理。供应链相关企业社会责任的基本内容是：供应链相关企业履行相互间社会责任应遵循的基本承诺，包括合作共赢承诺、资源与机会共享承诺、同步运作承诺；供应链相关企业应遵循的基本规范，包括公平运营、尊重和善待员工、尊重与善待消费者、环境保护及履行资源节约等规范。有效进行供应链相关企业社会责任管理需要建立和完善社会责任管理的组织机构、管理制度和评估体系。在供应链相关企业社会责任的日常管理中，还需要通过计划协调、共同培训、信息交流与共享、共同识别与控制风险等不同途径以实现企业社会责任管理的目标。为了让供应链相关企业和社会公众及时了解和监督企业履行社会责任的行为，高效的企业社会责任信息披露管理十分关键。企业社会责任信息披露应在掌握客观诚信、充分全面、一致性、及时性和社会性等原则的基础上，对企业收益、环境保护、员工生产条件和工资福利、产品质量和售后服务等方面的信息进行披露。企业社会责任信息披露的模式主要有固定时间披露和随机披露、定性披露和定量披露、系统披露和专项披露、会计基础型披露和非会计基础型披露等。常见的企业社会责任信息披露形式包括文字叙述法、财务报表扩充法和企业社会责任独立报告法等。此外，政府、相关社会组织以及行业协会在推进企业社会责任管理中的地位和作用也十分重要，政府的地位和作用尤甚。政府可以通过制定、重申和逐步完善相关法律法规，引导、监督、帮助企业建立有关社会责任的治理制度，帮助企业进行社会责任培训，通过宣传形成企业社会责任共识，加强对企业社会责任的监督，完善有关配套政策和建立奖惩机制等方式推动企业的社会责任管理。

第八章　企业社会责任报告

如何向利益相关者展示企业履行社会责任的行为和实际绩效，以取得他们的认可和支持，对于企业的良性发展至关重要。因此，作为企业社会责任信息披露的重要载体，企业社会责任报告类型的选择、编写、审验和发布对企业而言，就变得异常关键。就我国而言，随着企业承担社会责任意识的增强和社会责任实践的发展，企业编写并发布的社会责任报告持续增长，已经由 2006 年的 32 份增加到 2016 年的 1182 份。从企业性质来看，国有企业发布 682 份社会责任报告，占报告总数的 57.6%。从上市情况看，上市公司发布的企业社会责任报告占比为 71.9%，共计 851 份。然而，2016 年的报告中仅有 575 份披露了负面信息，占比不到一半，"报喜不报忧"是普遍现象。总的来说，我国企业社会责任报告，无论从数量还是从质量来看，都处于初级阶段。

第一节　企业社会责任报告概述

一　企业社会责任报告的产生与发展

（一）企业社会责任报告的产生

伴随企业经营活动对社会和环境的影响愈加显著，利益相关者对企业履行社会责任的期望值日益提高，不仅要求企业承担相应的社会责任，还希望通过对企业社会责任行为的评估，加强对企业的监督。外在的压力和自身发展的需要，也使企业意识到与利益相关者沟通与交流的重要性。为争取社会各界的认可，定期向利益相关者披露企业关于履行社会责任的信息变得十分必要。于是，就有了企业社会责任报告的产生。

从雇员报告到环境报告，再到环境健康安全报告，最后到现行的综合性社会责任报告是企业社会责任报告经历的演变顺序。

1. 雇员报告

最初形式的企业社会责任报告是雇员报告，起源于 20 世纪六七十年代的欧美。20 世纪 60 年代，随着经济的快速发展，西方国家出现了工业污染、各种不安全产品和有毒废弃物、跨国公司海外贿赂、不可再生资源过度使用、公司内部歧视等一系列社会问题，在此背景下，各种消费者组织、劳工组织、环保组织等纷纷成立，针对上述社会问题，要求企业应该对消费者、雇员、环境、社区等利益相关者承担社会责任。作为回应，政府补充修订了一系列法令促使企业承担对雇员的责任，作为关注雇员权利的重要载体，一些企业开始发布年度的雇员报告。

雇员报告的主要内容包括：企业对有关雇员权利的法律执行状况，年度内企业的经营战略、企业行为以及企业收益分配情况等涉及雇员权利维护的重要事件等。雇员报告的发布有利于保障雇员的合法权益及建立和谐稳定的劳资关系，从而有利于企业竞争力的提高。由于当时社会各界对企业履行社会责任的要求不高，作为企业社会责任报告初始形态的雇员报告，既没有统一的标准和格式，发布与否也完全是自愿的，因此，发布雇员报告的企业以及报告自身的社会影响都十分有限。

2. 环境报告

西方工业化和城市化的加速发展，带来了严重的环境问题。20 世纪六七十年代，卡逊的《寂静的春天》和罗马俱乐部的《增长的极限》分别出版，书中对环境污染的描述及对人类未来生存发展的担忧引起了社会强烈的共鸣，环境问题也获得了世界性关注。欧美等国政府纷纷通过立法明确要求企业发布环境报告，对其经营过程中的环境决策、环境预算、环境管理等行为信息进行披露。为了严惩违法者，美国相关法律还规定了严格的处罚条例。20 世纪 80 年代震惊全球的环境污染事件，如印度博帕尔惨案、乌克兰切尔诺贝利核泄漏事件、欧洲剧毒物污染莱茵河事件等，也对企业发布环境报告起到了重要的推动作用。在此情况下，一些大公司，尤其是跨国公司受舆论压力和法律约束的双重影响，其发布环境报告的积极性和主动性也逐渐增强。20 世纪 90 年代初，作为单项报告的企业环境报告出现，标志着企业社会责任报告的真正兴起。

企业环境报告的主要内容包括：环境战略、环境预算、环境管理、环境管理绩效、与企业活动相关的环境信息等。发布环境报告对增强企业环保意识、增进与利益相关者的沟通交流以及便于接受他们的监督、提高企业声望都大有裨益。但是由于企业环境报告水平参差不齐，外部评价、监督指标体系不完善，报告内容、年代声明与具体实践之间存在着差距，而且报告大多缺乏第三方审验，致使环境报告的可信度经常受到质疑，在一定程度上影响了其效果。

3. 环境健康安全报告

20 世纪 90 年代末，伴随社会公众对企业履行社会责任期望值的提高，要求企业披露社会责任承担状况的范围扩大。于是，单一的企业环境报告逐渐被综合性的企业环境健康安全报告取代。

企业环境健康安全报告是单一的雇员报告和单一的环境报告内容的选择性融合，是在涵盖企业环境报告内容的基础上，增加了雇员的健康保障情况，以及工作场所的安全情况等。企业发布环境健康安全报告，使利益相关者获得了更多的企业责任信息，为企业社会责任报告的产生奠定了基础。

4. 综合性企业社会责任报告

日趋严峻的环境问题已经威胁到人类的生存和发展，在此背景下，1987 年，联合国世界环境与发展委员会提出了可持续发展的新理念。可持续发展观可谓深入人心，其一经提出就迅速得到社会公众的认可，并成为全球共识。可持续发展观涉及环境、生态、人口、资源等各个方面，加之来自公众和政府的压力越来越大，于是，进入 21 世纪以来，由单项报告向综合报告转变渐成趋势。据统计，2005 年，世界 500 强中超过 300 家、比例接近 70% 的企业发布了综合性社会责任报告。

相比单项报告，综合社会责任报告涉及社会、经济、环境等企业经营活动影响的多个方面，内容主要包括：企业文化、公司治理、发展规划、雇员权益、环境健康与安全、资源使用、产品和服务与用户、供应商关系管理、反商业贿赂、社区和社会公益事业参与等主题。综合企业社会责任报告代替单项报告，有利于利益相关者全面了解企业社会责任行为，有利于平衡企业的经济效益与社会效益，最终有利于企业自身的可持续发展和社会的可持续发展。

（二）企业社会责任报告的发展

近年来，随着经济全球化的发展和企业社会责任运动的兴起，企业社会责任报告的发展非常迅速，并呈现出一些新的特点：

1. 报告的数量增加，发布报告的国家和行业日益增多

从数量看，进入 21 世纪，企业社会责任报告发布数量一直呈现稳定增长势头。进入 21 世纪后，增幅迅速加快。据统计，1992 年全球企业发布社会责任报告只有 26 份，2007 年迅速增至 2797 份报告，比 1992 年增长了 100 多倍。

从发布企业社会责任报告的国家和地区看，近年来，已经由最早的欧美发达国家蔓延到广大的发展中国家和地区。如印度、中国、巴西、智利、俄罗斯、南非、泰国等越来越多的发展中国家纷纷加入了发布企业社会责任报告的行列。据有关统计数据，截至 2008 年 10 月份已有来自 113 个国家的 4681 家公司发布了总计 18483 份企业社会责任报告。

从发布企业社会责任报告的行业看，由最初的对环境和消费者影响大、受媒体和公众关注多的行业，如化工、冶金等生产行业，逐渐扩展到金融、旅游、零售等服务业和商业。

2. 报告的议题不断扩展，种类集中

近年来，企业社会责任报告的关注对象，逐渐由传统的雇员权益、环境、慈善捐赠等议题开始转向关注国际标准和守则（如国际劳工标准、SA 8000）、经济议题（如销售额和利润）、气候变化（如企业生产经营中的温室气体排放情况）、供应链（如供应商在人权、童工、强制性劳动的信息）等议题。同时，报告种类也发生了变化，综合性报告逐渐代替传统的单项报告成为企业社会责任报告的主流。

3. 报告审验比例提高，读者群和影响面不断扩大

由于企业自身的社会责任承诺令人怀疑，为增强企业社会责任报告的可信度和权威性，许多企业开始通过第三方对其社会责任报告进行审验（专业机构或会计师事务所通过使用通用的标准如 ISAE 3000、AA 1000 进行）。经第三方审验的报告比

例显著增长。2005 年，加拿大 Stratos 公司的调查显示：发布于 1990—2003 年期间，被 CorporateRegister. com 网站所收集，经第三方审验的纸制版报告共计 1485 份，其中 1995 年不足 50 份，占比为 10% —20% ，2003 年约 270 份，占比在 30% —40% 之间。与此同时，企业社会责任报告的信息需求人数不断增加，最主要的读者群是股东和投资者，其次是雇员、消费者和客户。此外，还可能包括媒体、社区、非政府组织、供应商、管理部门、商业界、学术界等。

二 企业社会责任报告的分类与作用

（一）企业社会责任报告的定义

对于企业社会责任报告的定义，英国社会与环境会计研究中心的会计学家 R. H. Gray 教授认为："企业社会责任报告是沟通的过程，沟通内容是企业经济活动对社会特定利益群体及整体产生的社会和环境影响。它是企业责任的延伸，是对传统上只对投资者特别是股东承担责任的企业角色的超越。责任的延伸是基于以下假设：公司不仅要为股东创造利润，还应承担更广泛的责任。"[①]

企业社会责任报告是反映企业承担社会责任状况的载体和工具，也是企业披露社会责任绩效的工具，有利于利益相关者全面了解、评价和监督企业社会责任行为。

（二）企业社会责任报告的分类

根据公司注册 Corporate Register 网站分类，企业发布的非财务报告，包括单项报告和综合性报告在内，可分为 9 种类型，

① R. H. Gray, D. Owen & K. Maunders, *Corporate Social Reporting: Accounting and Accountability*, London: Prentice – Hall International, 1987, p. 9.

分别是环境报告、环境安全健康报告、环境与社会报告、环境安全健康社会报告、企业责任报告、可持续发展报告、慈善报告、社会报告和其他类型等。自 21 世纪以来，企业社会责任报告已完成了由单项报告向综合性报告的转变。综合性企业社会责任报告又有不同的类型和特点，如可持续发展报告、企业社会责任报告、企业公民报告等。

1. 可持续发展报告

企业社会责任报告是企业与利益相关者沟通与交流的重要形式，发布企业社会责任报告有利于利益相关者全面了解企业履行社会责任的信息，以便于对企业进行评价和监督。这客观上有助于消除危害企业可持续发展的潜在风险，如道德风险、逆向选择等，也为实现社会的可持续发展奠定重要基础。基于此，许多企业，尤其是国外跨国公司把自身发布的社会责任报告称为可持续发展报告。目前，全球企业定期发布的社会责任报告中接近 50% 是可持续发展报告。

2. 企业社会责任报告

不同于可持续发展报告（以企业承担社会责任最终要实现的目标命名），企业社会责任报告，从名称上更能体现企业承担社会责任的本意，也强调了企业履行经济、社会、环境等责任的自愿性、积极性、主动性。目前中国企业多采用这一形式发布报告。

3. 企业公民报告

用企业公民报告形式发布企业社会责任报告，从理论视角看，更侧重于企业承担社会责任的企业公民理论依据。强调企业作为社会公民，应当与自然人公民一样，享有权利的同时，为自身的行为承担责任和义务。

（三）企业社会责任报告的作用

与企业社会责任报告的内容和形式一样，企业社会责任报告的作用不是一成不变的，而是经历了一个演化过程。从企业社会责任报告产生到 20 世纪末这段时间，企业发布社会责任报告主要是为了控制由环境污染、商业丑闻以及更多的社会议题所引发的风险，其实质是一种功利性的公关手段。21 世纪以来，早期被称为"先锋运动"的企业社会责任运动，伴随社会公众社会责任意识的增强（很大程度上是企业社会责任运动的结果），已经转变为社会习以为常的常规运动。与此同时，一些具有前瞻意识的公司顺应趋势，有意识地把社会责任通过企业战略、内部治理等途径很好地融入了企业活动，不仅提升了企业声望，也提升了企业竞争力和商业价值。发布企业社会责任报告对企业的作用如下：

1. 有利于企业强化基础管理、提升管理水平

一是编写企业社会责任报告，需要企业内部不同职能部门之间达成共识、密切配合。这有利于企业内部上下级之间、各部门之间的沟通与交流，增强企业的合力和凝聚力；二是有利于企业社会责任文化的传播。企业社会责任报告的编写和发布需要内部反复的沟通、学习、讨论，在此过程中，企业社会责任理念、价值观逐步得到理解、认可、贯彻；三是有利于系统地总结企业履行社会责任的实践经验，趋利避害，进一步明确今后努力的方向和目标。

2. 有利于加强企业与外部各利益相关者的信任和合作关系

作为企业非财务报告，企业社会责任报告编制和发布的目的就是向利益相关者披露企业承担社会责任的信息，因此，企业社会责任报告是企业与利益相关者沟通交流的桥梁和渠道，有利于增进双方的信任与合作关系，促进企业经济效益和社会

效益的统一，实现企业的可持续发展。

3. 有利于防范企业的潜在经营风险，增加财务的稳定性

从企业社会责任报告的编制、审验，到发布的整个过程都需要通过合理的对话机制，在企业内部的上下级之间、各部门之间，以及企业与外部各类利益相关者之间进行沟通与交流。而有效的沟通交流过程也是发现问题、解决问题、防范与消除企业潜在经营风险的过程，有利于企业稳定健康成长。对于上市公司而言，发布企业社会责任报告有利于稳定投资者信心，平抑资金大进大出带来的波动和不确定性，从而增加财物的稳定性。

4. 有利于树立企业的良好形象，增强企业的竞争力

在切实履行社会责任的基础上，如果企业社会责任报告信息量充足，能够全面、客观地反映企业履行社会责任的实际情况，这种报告对于阅读群而言就是可信的、可用的。可信可用的企业社会责任报告不仅可以科学地引导相关利益者的行为（如投资行为），还有利于树立企业在社会公众心中的良好形象，提升品牌价值，最终有利于企业市场竞争力的提高。

三 企业社会责任报告的主要内容

现代社会，企业承担社会责任的议题范围越来越广泛，作为企业履行社会责任行为的实际反映，企业社会责任报告内容一般包括战略及概括、管理、经济、环境、社会等几个方面。

（一）战略及概括

主要从宏观、整体角度对公司进行介绍，主要包括四个方面的内容：

1. 战略分析

企业战略是自上而下的、涉及企业长期性、全局性、基本

性目标的整体规划过程。企业社会责任报告的战略分析，就是从战略高度分析企业的使命、目标、相对地位、可用资源、战略能力等方面与可持续发展的关系，体现企业对社会责任理解的深刻性和履行社会责任的明确性。

2. 公司概况

主要包括公司名称、主要品牌、产品及服务、公司的组织结构、公司总部所在地、公司的国际化程度、公司的所有权现状及法律形式、公司规模及所服务的市场等内容。

3. 报告规范

主要包括：①报告概况，包括报告期、上一份报告的时间、报告周期、查阅报告内容的方式。②报告范围和界限，包括确定报告议题的先后顺序以及预期使用报告的利益相关者；报告的界限，说明报告涉及的国家、部门、附属公司、租用设施、合营公司和供应商等；说明报告在数据方面的局限性、本报告的范围、界限及计量方法与以前报告的重大区别。③内容索引，标明主要绩效指标在报告中的页码。④报告的认证情况。

4. 治理、承诺和利益相关者参与

治理披露的内容包括：公司的治理机构，及其主要成员的任职资格、机构成员的薪酬与绩效情况；执行主管和执行人员情况；股东和员工参与企业治理和经营的建议表达机制；避免和防治最高治理机构出现利益冲突的程序；公司有关经济、社会和环境绩效的使命，以及价值观和行为守则的实施情况；最高治理机构可持续发展的监督；最高治理机构的绩效评价；承诺包括对外制定的有关经济、环境和社会绩效倡议的承诺及参与情况；利益相关者参与，包括利益相关者成员、利益相关者参与程度、过程和机制。

（二）管理方面的内容

企业的管理价值并不仅仅局限于股东，而是面向所有的利益相关者。因此，报告的管理内容应该从企业社会责任的角度阐释企业的愿景、核心价值观、使命和战略。具体应包含：

1. 宏观背景分析

宏观环境对企业的生存发展至关重要。因此，企业社会责任报告必要有反映企业对经济、政治、社会、自然环境等宏观背景现状、发展趋势、对企业的影响等因素的分析，从而使报告的读者，即各个利益相关者，对企业的目标、措施和绩效进行更为全面的理解和理性的评价。对宏观背景的分析能够反映企业识别风险和把握机遇的能力。通常情况下，在宏观背景分析中，企业应该关注年度中发生的国内外重大事件，以及这些事件对企业经营管理所造成的影响。如，汇丰银行在 2008 年发布的可持续发展报告中，就客观地提到当年发生的金融危机对其造成的影响和挑战。

2. 企业社会责任理念

企业社会责任理念是企业社会责任实践的统领，体现了企业对于企业社会责任的理解。报告中明确的企业社会责任理念有利于利益相关者对企业的社会责任实践进行提纲挈领的了解，也更能充分展示出对企业社会责任的把握和管理能力。

3. 战略

战略性企业社会责任决定着企业社会责任实践的水平和绩效。因此，在报告中有必要讲述企业的战略，使利益相关者进一步了解企业承担社会责任的战略性。

此外，企业社会责任报告应披露的管理方面内容还包括公司治理和利益相关者等。

（三）经济方面的内容

编写企业社会责任报告选择经济内容的原则既是在回应利益相关者对企业履行经济责任的要求和期望，同时也是企业竞争价值的展示。因此，须要从财务报告中选取能够回应利益相关者对经济信息披露的需求，并且组织撰写那些能够反映企业品牌、客户和市场相互融合地联系在一起并且很好地发展下去的内容。因为这些能够体现企业竞争价值的信息与数据来自企业与投资者、客户、合作伙伴等利益相关者发生的经济关系和经济活动，所以，编写企业社会责任报告的经济内容，可以从与企业经济绩效直接相关的利益相关者，如所有者、客户、和合作伙伴等入手，披露企业为了实现对利益相关者最优化的经济影响所采取的不同层次的责任实践，展示企业有能力为利益相关方带来积极的、具有可持续性的经济影响，进而反映出企业识别风险、抓住机遇而获得持续经济效益的能力。

1. 对所有者责任的实践信息

这方面的内容主要包括，一是企业对所有者基本权益保障的情况，包括法律赋予企业所有者的一切基本权益，为所有者带来经济效益的情况；二是企业保障所有者享有平等权益的制度建设实践；三是企业关于引导、帮助、鼓励所有者进行可持续性投资或责任投资方面的内容，这是企业对所有者履行的最高层次的责任，已经超越了企业和所有者之间最基本的法律或经济关系。企业对所有者承担的不同层次的社会责任，即必尽社会责任、应尽社会责任和愿尽社会责任，集中反应在上述三个方面。

2. 对客户责任的实践信息

提供安全可靠的产品和服务是企业承担客户社会责任的基础，也是企业商业价值实现的基本渠道。因此，企业社会责任报告需要展现公司是如何负责地为客户提供产品和服务的。

在产品和服务方面，主要是公司如何提供客户期望的、价格公道、符合质量和安全要求的合格产品或服务，以保障客户利益；企业进行产品和服务质量管理的制度体系以及公司从可持续发展的角度出发，研发可持续的产品和服务等方面的内容。

在经营信息方面，主要披露企业是如何向客户提供完整、真实、准确的产品和服务信息，保障产品和服务信息透明度的；公司传递产品或服务信息的可获取性和传递渠道的可行性以及企业如何提升客户对责任消费的理解和认识，推动客户对责任消费理念的认可和接受等方面的内容。

3. 对合作伙伴责任的实践信息

企业履行合作伙伴责任的实践信息披露主要包括合作原则和合作伙伴资质两方面的内容。在合作原则方面，主要披露企业与合作伙伴在合作过程中所秉承的基本原则，企业履行与合作伙伴所签订协议合同的情况；企业是如何在考虑与合作伙伴合作实现经济效益的基础上，更多地关心合作过程中的道德和环境因素，把道德、环境因素作为选择合作伙伴的条件；企业是如何通过保持或增强合作来鼓励负责任的合作伙伴，由此带动整个供应链、整个产业的责任行为。

在合作伙伴资质方面，重点是披露企业如何重视、通过什么渠道来搞清楚合作伙伴的资质情况，保证合作伙伴的资质情况的合法性、合规性；企业如何从经济的角度引导、鼓励、帮助合作伙伴履行社会责任的行为；如何通过审核、培训、辅导，帮助培养人才等活动提高合作伙伴的社会责任水平等。

（四）环境方面的内容

企业对环境的影响体现在包括产前、产中、产后的整个过程。因此，企业履行环境责任的实践信息披露可以按照经营管理流程分为产前、产中和产后三个方面。

企业披露的产前环境责任信息披露的主要内容包括，企业依法获取自然资源的情况，是否超标使用有毒有害物质，是否在相关的项目中进行环境影响评价；企业对资源保护活动的资助、投资情况，对可再生能源研发的支持情况；企业对可再生原材料与能源的使用情况。

企业披露的产中环境责任信息披露的主要内容包括，企业是否采用了清洁生产，生产过程中对自然资源如水、矿产、能源等的使用情况，是否排放，以及在多大程度上排放废水、废气、废物，是否达标；企业环境管理体系情况，包括建立与完善、应用范围等方面；企业为实现生产零排放，甚至实现生产过程对环境保护的正效应所做出的努力，如缩短产品运输链、缩短员工出行、提倡在家工作、召开电信电话会议等方式节约能源，减少对环境的排放。

产后环境责任信息披露的内容，主要包括，回收处理废旧产品的财务预算和依法回收处理废旧产品的具体情况；企业对废旧产品处置的主动应对，即对废旧产品进行综合利用；企业自觉地对废旧产品处理的新技术进行自愿研发的情况等。

（五）社会方面的责任实践

企业社会责任报告中的社会内容涉及的利益相关者较多，这里仅就员工、社区和政府三个方面做简单介绍。

1. 企业履行员工责任的实践信息披露

主要包括：

（1）劳资。这方面的内容包括，一是企业与员工依法签订劳动合同的情况、企业依法支付员工工资的情况；二是企业薪酬增加制度的建立和实施，以及员工薪酬增加的实际情况；三是企业如何倡导、帮助员工实现薪酬的合理规划的，以便促进员工个人资产的保值、增值，增强员工对企业的认同感。

（2）职业健康安全。按照必尽社会责任、应尽社会责任和愿尽社会责任的顺序，一是企业保障员工健康安全所采取的法律要求的、必要的基础措施，包括制定相关管理制度和工作守则、配备有关健康安全的劳保用品以及相应资金的投入等；二是职业健康安全管理体系的情况，包括建立和完善、应用范围等方面；三是企业降低健康安全风险的研发措施情况。

（3）社会保障。按照必尽、应尽和愿尽社会责任的顺序，一是企业依法参与员工社会保障的情况，包括社会保障的类别、社会保障费用的缴纳；二是企业是如何在尊重当地文化习俗的情况下为员工提供必要福利的；三是企业对员工生活中的困难提供额外帮助的责任实践。企业对员工社会责任的信息披露，除上述三个方面外，还需要披露组建工会、技能培训与职业发展等方面的信息。

2. 企业对社区责任方面的信息披露

按照必尽、应尽和愿尽社会责任的顺序，这方面的内容，一是企业是否做到合理利用社区资源，并对占用的社区资源予以合理补偿；二是企业是如何利用自身专业优势帮助社区消除贫困、改善环境、进行基础设施建设的；三是针对社区，企业开展过哪些慈善公益活动，效果如何。

3. 企业对政府责任方面的信息披露

一是企业遵守政府为保证政治体制和经济运行所制定的各项法律法规以及相关政策的情况；二是企业如何响应政府政策的倡导，比如，积极响应政府为适应新常态、引领新常态而提出的"三去一降一补"政策；三是企业积极向政府提出合理化建议，积极响应政府号召的慈善公益活动的情况。

第二节　企业社会责任报告的编制

一　企业社会责任报告的编制指南

（一）报告指南的必要性及类型

编制企业社会责任报告，一般要以一定的编制指南为指导。早期的企业社会责任报告在格式、方法、标准等方面没有统一的要求。随着企业社会责任报告数量和种类的增加，缺乏统一要求的企业社会责任报告给阅读者带来了诸多不便，也降低了报告的有效性。

由于发展历史长，企业的财务报告在编写时有可被广泛接受的框架来指导，如对报告的类型、内容时效性、可靠性以及收集、计量、分析和披露都有明确的规范，虽然在不同的国家或地区对企业财务报告又有不同的规定，但由于使用共同的语言规范，人们也很容易理解报告的内容。因此，与企业的财务报告一样，企业社会责任报告也需要有可采用的、统一的报告规范和标准。正是上述需求，引致了不同组织对各种社会责任报告标准和指南的研发，一些评价标准、度量方法等逐渐产生并得以推广应用。

目前按影响和适用范围划分，企业社会责任报告编制指南主要包括三类：一是全球性的企业社会责任报告指南，如《可持续发展报告指南》；二是行业性的企业社会责任报告指南，如《石油天然气行业可持续发展报告指南》《中国纺织社会责任管理体系》（CSC 9000T）等；三是地区性企业社会责任报告指南，如《荷兰可持续发展报告指南》《中国企业社会责任报告编写指南（China - CSR 4.0）》《中国工业企业及工业协会社会责任指南》等。

（二）企业社会责任报告指南的作用

上述不同种类、不同层次的企业社会责任报告指南，从多个角度推动了企业社会责任报告编制水平和编制质量的提高。标准化的企业社会责任报告比较完整、准确地反映了企业履行社会责任的信息，对于企业和使用者都有重要的作用和意义。

1. 对于企业的作用

一是为企业编制标准化的社会责任报告提供具体指导。企业社会责任报告指南是一套由不同组织开发的专业化的知识和技能系统，其目的就是为企业编制标准化的、符合社会公众期望的社会责任报告提高具体指导；二是节约企业编制社会责任报告的时间成本和财务成本。毋庸置疑，任何单个企业要编制社会责任报告，从报告设计到完成、再到最终发布都需要付出一定的财务成本和时间成本。企业社会责任报告指南因使用企业多、成本分摊面广而产生巨大的规模经济效益，也在很大程度上降低了各个企业的成本；三是有利于企业编制出符合社会公众要求的社会责任报告。目前，社会责任报告指南虽然出自不同的组织，但无疑，编制者都是高度专业化的组织，对于报告使用者的期望和需求事先都做专门的调研，从而保证了报告指南的针对性和科学性。而这是单个企业很难做到的。

2. 对利益相关者的作用

（1）提高利益相关者的阅读效率和有效性。随着经济社会的发展，企业社会责任报告的数量和种类不断增加，它们的编制风格、所用标准千差万别。如何从如此庞大的信息量中鉴别、筛选、获取自身需要的有用信息，对利益相关者或者报告使用者而言，变得越来越困难，阅读负担越来越重。报告指南指导下编制的企业社会责任报告则有利于克服上述困难，帮助使用者提高阅读效率和阅读有效性。

（2）提高报告的可比性。统一的编制标准、格式、方法，克服了单个企业编制社会责任报告的随意性，既便于利益相关者对同一企业不同时期的报告进行纵向比较，也便于他们对不同企业、不同行业、不同国家和地区的社会责任报告进行横向比较，从而了解企业履行社会责任行为的动态信息。

二　企业社会责任报告的编制原则

编制企业社会责任报告应遵循的原则包括：平衡性原则、完整性原则、关键性原则、可信性原则、时效性原则、可比性原则、准确性原则等。

（一）平衡性原则

企业应客观地发布企业社会责任信息，而不能筛选性地只发布对企业有利的正面信息，而故意遗漏某些不利的负面信息，以免对社会责任报告的使用者产生错误引导。

（二）完整性原则

完整性原则包括范围、界限和时间三个维度。范围维度是指编制的社会责任报告要涵盖所有社会责任的项目。界限维度是指报告除了涵盖本公司的基本信息外，还应包括对供应链相关企业进行监督和评价。时间维度是指社会责任报告应包含报告期内所有相关信息和行动。

（三）关键性原则

关键性原则是指报告应该披露反映企业对经济、社会和环境的重大影响，或是对利益相关者的判断及决策有重要影响的关键议题和指标。不同企业的关键性指标取决于其所处的行业性质。如服务型企业的关键指标主要体现在对客户的责任，而生产型企业，尤其是化工、采掘、冶金等行业的生产企业则着重从环保管理、清洁生产、污染防治、环保投资、节约能源资源等方面披露企业与利益相关者之间关系方面的相关信息。

（四）可信性原则

可信性原则是指报告所披露的信息能够让利益相关方所信任。这一原则要求报告中所用程序和信息的收集、记录、整理、分析和披露，应该经得起检验。而且，在编制报告过程中应力求客观中立地表述，报告不仅要包含企业践行社会责任的正面业绩，还要如实披露企业的负面信息。

（五）时效性原则

时效性原则就是企业通过固定或周期性地发布社会责任报告，及时地向利益相关者披露企业履行社会责任的全部信息。

（六）可比性原则

可比性原则主要是指报告所披露的社会责任绩效能够实现与同类报告的对比。可比性包括两方面具体要求，一是纵向可比性，要求有历史数据，可以使报告披露的经济、环境和社会绩效信息与该公司以往的信息加以比较；二是横向可比性，要求有行业平均数据，处于同一行业的不同公司对报告内容和信息处理方式上采取同一口径。

（七）准确性原则

准确性原则要求报告披露的信息详细、准确，使阅读者能正确判断和评价该企业的社会责任绩效。为此，报告可采用图表、案例等方式，力求使语言通俗易懂，对于不得不采用的术语，在报告中应加以注释。

除此之外，编制企业社会责任报告应遵循的原则还有社会背景性原则、中立性原则、易读性原则、真实性原则、可验性原则等，这些原则与上述原则往往有很大的交叉重叠，在此不再一一阐述。

三 企业社会责任报告的组织准备

（一）组建社会责任报告编制工作组

企业社会责任报告，从决策、设计、编制到最后发布，是一个复杂、烦琐、系统性的工作过程，因此需要组建专门的报告撰写工作组来全面负责。报告编制工作组成员一般包括：

1. 领导层代表

领导层代表参加报告撰写工作组，一是有利于保障报告的质量。编制企业社会责任报告涉及企业的理念、战略、日常经营管理等方方面面，需要企业各部门的理解和密切配合才能保障高质量地完成。这离不开有足够威信和影响力，深受决策层信任的领导层代表的参与协调；二是有利于报告效果的实现。由于领导层代表权威和权力较大，可以减少报告编制过程中的内部沟通、交流、信息搜集等过程中的摩擦、推诿，甚至扯皮，有利于保证编制工作的顺利进展和如期完成，保证及时解决报告编写过程中发现的问题。即使不能立刻解决，也能纳入议事日程。

2. 具体负责人

报告编制必须指定某一具体负责人，负责统筹安排编制过程中的各项工作，确保如期、高质量地完成报告编写和发布。就业务要求而言，负责人应能精准领悟报告编制的宗旨和精神内涵、熟悉其具体流程、了解适合本报告的度量标准等。由此看来，该职位的最佳人选是企业社会责任委员会或可持续发展部的负责人。

3. 企业各部门代表

企业社会责任报告的综合性强，编制报告几乎涉及财务、战略、人力资源、营销、技术等企业的各个部门，只有企业各部门都有代表参加，才能保证报告编制工作组成员的广泛代表性和企业社会责任报告涵盖信息的全面性。

4. 利益相关者代表

利益相关者也是不可缺少的重要参与方。根据公司的具体情况，利益相关方可以包括供应商代表、员工代表、消费者代表、环境代表、股东代表、监管代表等。

5. 外部咨询顾问代表

独立于企业的外部咨询人员往往具有较好的专业知识，理解相关利益者的期望和要求，可以对报告编制工作提出中肯、务实的建议，并把内部工作汇报语言转换为利益相关方沟通语言。

（二）制订工作计划

报告编制工作计划概括以下三方面的内容：

1. 确定报告完成的时间

一般而言，确定报告完成时间即确定报告的拟发布时间，以及根据目标分解的各项工作计划时间。报告的完成时间既可以以企业财务报告发布时间为导向来确定，也可以根据利益相关者对信息披露的需要来确定，具体如何确定，不同类型的企业应视情况而定。

2. 确定报告的质量

为此，首先需要从全球性、行业性或地区性等各类企业社会责任标准中选择出适合企业自身的种类，尽可能地把企业经营活动与可持续发展的关系、企业承担社会与环境社会责任行为的全部信息以恰当的方式呈现出来。

3. 确定人员分工

企业社会责任报告编写小组成员既有来自企业内部上下级、

各部门的代表，也有来自部门外的利益相关者代表、专家学者等，其知识背景、经验积累、代表的利益各异，为了做到人尽其才，应根据他们各自的特点进行合理分工、周密地安排工作计划，这对于保证高质量地完成报告编写工作十分重要。

报告编制工作计划一般包括：组建报告工作小组；制订报告工作计划；选定报告名称和主题；收集资料；撰写报告正文；设计报告；发布报告等七个步骤。

四 企业社会责任报告的编写

（一）资料收集和分析

报告主题一旦选定，首先要做的基本工作就是收集各类资料，包括基础性资料和专业性资料。前者主要是关于企业社会责任与可持续发展关系的文字、数据等各类资料。后者主要是与报告编写有关的具体资料。资料是否完备（把目前有关的资料尽可能收集齐备）、是否科学（通过鉴别与筛选，从各种资料中找出真实、有用的资料）对报告的编写质量十分关键。为此，可通过文献法、调查法、访谈法等多种途径获取。

资料收集后的重要工作是进行资料分析。主要包括分析方法和分析内容。在资料一定的情况下，分析方法的选择对于问题寻找、问题分析的精准性十分重要，为此，应综合采用包括比较分析、定性分析、定量分析等在内的各类可用方法。分析内容主要包括利益相关者分析、可持续发展分析、利益相关者与可持续发展分析。

对利益相关者的分析，主要包括以下几个方面：确定企业的利益相关者有哪些（利益相关者识别），企业的经营活动对各类利益相关者有什么具体影响，利益相关者如何感受和看待这些影响，利益相关者希望企业采取哪些措施、通过什么方式来解决等等。

对可持续发展进行分析，主要包括企业的经营活动与可持续发展是什么关系，企业的产前、产中和产后的哪些具体环节影响了可持续发展，企业采取了哪些可持续发展措施，制订了哪些可持续发展计划，进行了哪些可持续发展投资，企业可持续发展的绩效如何，企业可持续发展存在哪些不足，如何改进，等等。

对企业利益相关者与可持续发展的关系分析，即在利益相关者和可持续发展分析的基础上，找出二者之间的关系。企业实现可持续发展的关键利益相关者有哪些，企业如何与各层次的利益相关者建立合适的关系，以此有效避免可持续发展的风险；利益相关者在所关注的可持续发展的主题有哪些，等等。

（二）拟定报告提纲

拟定报告提纲的两个关键因素是主题和结构。企业社会责任报告主题反映企业对社会责任的认识、定位，能够较好地向利益相关者传达其社会责任理念。主题的选择应注重清晰性和重要性原则。其中，确定报告主题的关键是明确企业经营活动与可持续发展的关系，这个关系是战略性的、灵魂性的。企业与可持续发展的关系一旦确定，企业与各个利益相关者的关系就明朗清晰了。如中国石油 2006 年后连续多年选用"奉献能源，创造和谐"作为报告主题，壳牌石油的可持续发展报告每年都有不同的主题：如"迎接新能源挑战""负责任的能源""创造低碳能源的未来"等。这些报告主题无疑都很明确地表达了企业经营与可持续发展的关系。

报告的结构安排对于如何清晰地表达、呈现报告主题异常重要。合理的框架结构应该反映编写者正确的思维方式，适应阅读者习惯接受的方式。报告共分几部分，先写什么，后写什么，每部分要表达的内容是什么，上下文之间的逻辑性如何，这些都是选择报告编写结构要考虑的重要问题。前言、责任管理、责任绩效是一般报告包含的三个基本要素。初始报告的框架结构选择应慎重、严谨、科学，因为一旦确定，往往要延续多年，以便使报告具有纵向可比性。

（三）撰写报告

撰写报告的首要任务是根据报告主要阅读者或利益相关者的文化背景、风俗、偏好来确定报告风格。一般而言，企业社会责任报告的编写有杂志式和报道式两种风格。杂志式风格的报告主要采用的是定性分析方法，比较容易被理解和被接受。原因是其语言生动活泼，浅显易懂、激励性强，易于引起读者的兴趣；善于利用鲜活的案例说明问题；多采用直观的、具有感染力的图片、照片等。但杂志式风格的度不易把握，如果掌握不好，很容易给人言过其实、宣传过度、操纵大众的感觉。

与杂志式风格相比，报道式风格采用的主要是定量分析方法。其语言更加规范，很少使用感性的渲染性语言；善于使用图表、数据等进行清晰直观的描述性分析，解释较少，避免了空洞的分析，给读者的感觉是真实、严谨、客观。

篇幅的长短、大小对于报告效果同样重要。报告太短不易反映全面信息，太长又容易引起读者群的疲惫感，导致可读性差。但针对报告篇幅长短也有一定规律可循。德国一个咨询公司的调查表明，只有30%的人喜欢50页以上的报告，报告篇幅在50页以下的最易被大部分人接受。此外，为了使企业社会责任报告的重要信息能够传达到利益相关者那里，企业在编写报告时，应尽量做到使报告通俗易懂。

（四）评估与审批报告内容

报告撰写完毕，首先要进入内部的评估和审批过程。一是要经过与报告所要披露信息有直接关联的各个部门、各个信息提供者的内部评估；二是最高管理层的审批。只有经过上述两个环节，报告编写工作才算最终完成，才能得以印发。

第三节 企业社会责任报告的审验与发布

一 企业社会责任报告的审验

（一）企业社会责任报告审验的必要性和作用

随着企业规模和经营范围的扩大，企业对社会和环境的负面影响越来越大，商业丑闻不时出现。现代信息技术的发展，使得这些负面信息迅速传播，导致社会公众对企业的信任度降低的同时，也提高了对企业承担社会责任的期望值。为了重塑形象，赢得公众的信任，一些企业开始以编写和发布企业社会责任报告的形式，向利益相关者披露其履行社会责任的情况。为了使报告可信，企业一般对公众做出诚信披露的自我承诺。但一些企业违背承诺，仅仅把责任报告作为一种姿态，报告所披露的社会责任信息与企业行为严重不符，言过其实、无中生有、甚至是非颠倒成为报告作假的通常形式。尽管不是所有企业社会责任报告都存在欺骗读者的现象，但却使企业责任报告的可信性普遍受到公众质疑。为提高企业社会责任报告的可信度，独立的第三方审验成为必要。

企业社会责任的第三方审验是指企业委托与企业没有任何利益关系的、独立的第三方机构或个人（会计公司、学术团体、专业机构等），根据使用的标准或指南，采用一定的方法和流程，对企业社会责任报告所披露的信息进行审核、验证，对企业履行社会责任的流程、管理体系、绩效等进行评价，并最终得出审验结论，以提高企业社会责任报告可信度的行为。随着社会公众对企业社会责任的期望增加，越来越多的大公司在其社会责任报告里加入第三方审验一项，以提高企业社会责任报告客观性和可信性。因为没有经过审验的报告，比广告好不了多少。

（二）企业社会责任报告审验的内容

第三方审验包括由专业的审验机构给出的审验验证报告和非专业性的第三方意见。前者称为正式审验，往往就报告的质量给出结论，后者被称为第三方评论，不评价报告质量，但给出企业社会责任管理、业绩和进展的意见或建议。第三方审验反映报告遵循完整性、可靠性、公正性、准确性、平衡性、真实性等原则的具体情况，对利益相关者的意义重大。

企业社会责任报告审验的内容包括以下几个方面：

1. 审验主体

审验主体就是为企业社会责任报告进行独立审验的机构或组织。这些机构包括会计师事务所、专业认证机构、咨询机构，学术团体等。作为审验客体的企业是审验委托方，审验主体是审验受托方。为保证报告审验的质量和可信度，审验主体应该具备以下条件：

（1）独立性，即审验方与企业没有利益关系，具有很强的独立性。

（2）公正性，能一视同仁、公正地对待不同利益相关者。审验方的独立性是其公正性的前提。

（3）专业性，审验主体及其人员具备足够的专业能力。主要是：具有从事审验业务的知识与技能；具有相关审验工作的经验；对企业经营领域和利益相关者有较全面的了解。

2. 审验程序

企业社会责任报告审验的主要程序包括：

（1）审验方接受企业委托，双方明确审验的目标和范围。

（2）明确审验所采用的标准、方法、原则等，确定审验工作计划和流程。

（3）审验方全面审查包括了解企业社会责任报告中的数据来源、收集方法、企业的相关文件等在内的企业社会责任报告的内容。

（4）审验方访谈企业的领导层、中层和基层员工。了解企业对社会责任理念及落实情况，了解企业管理层对社会责任决策、政策落实、社会责任管理体系及企业流程等有关情况。

（5）审验方访谈重要的企业利益相关者。了解利益相关者对企业的期望及要求、企业对利益相关者关切的回应，以及利益相关者参与情况。

（6）审验方对社会责任报告进行全面评估，给出审验结论或建议，并以适当的方式发表审验声明。

3. 审验方法

社会责任报告审验的主要方法包括事实验证、抽样检查、监督检查、利益相关者访谈、企业内部访谈、信息源确认等。

4. 审验结论

完成审验后，审验方必须独立地给出明确的审验结论，通过公开声明指出报告质量或给予第三方评论。

审验声明通常包括下列内容：

（1）审验使用标准的声明。

（2）审验方独立声明，说明审验方相对于企业的独立性、对不同企业利益相关者的公平性以及自身的资质能力。

（3）审验描述，说明审验方进行的主要工作程序和审验内容。

（4）审验结论，说明审验方对报告的综合结论。

（5）附注，说明企业在报告及审验方方面取得的进步和改进建议。

（三）审验标准

随着审验需求的增加，审验标准开始出现，在此，简单介绍 ISAE 3000 标准和 AA 1000 审验标准。

1. ISAE 3000 标准简介

ISAE 3000 标准是由国际审计与鉴证准则委员会（International Federation of Accountants，IFAC）下属的独立标准制定理事会（IAASB）发布的"国际鉴证约定准则"，该准则适用于国家审计的历史性财务信息审计和检查以外的鉴证约定。

ISAE 3000 的主要规定包括：对从业人员的道德要求；审验人员应当掌握和执行适当的质量控制标准；审验人员保证各方参与，并书面记录参与条款；有规划地推进审验进程，且应当考虑重要性和参与审验的风险；审验人员明确地给出审验结论，并以书面的形式形成审验报告。

ISAE 3000 的主要特点是：通过合理保证或优先保证确定审验保证程度；为保证高质量地完成审验任务，除了专业的审验人员外，善于利用心理专家、技术专家、非政府组织代表等专家团队的工作；以审验声明的形式表述审验结论，在有限保证时采用消极方式表述，在合理保证时采用积极方式表述。

2. AA 1000 审验标准简介

AA 1000 审验标准是由社会和伦理责任协会制定的，为利益相关者活动、公开披露信息和进行审验提供的标准，旨在推动可持续发展。2003 年，《AA 1000 审验标准》的第一版本发布，成为全球首个可持续发展审验标准。2008 年，第二版《AA 1000 审验标准（2008）》发布。由于不断吸收利益相关者意见和总结可持续发展审验经验，第二版本涵盖面更广，权威性更高，可以为报告审验过程的主要环节提供具体指导，因此，成为最广泛的企业社会责任报告审验指南。下面简要介绍《AA 1000 审验标准（2008）》中审验类型和审验声明两项重点内容：

（1）审验的类型

《AA 1000 审验标准（2008）》主要包括类型Ⅰ，即原则遵循审验，以及类型Ⅱ，即原则遵循和绩效信息审验。

类型Ⅰ的特点是重视评估企业遵循三项 AA 1000 原则（实质性、完整性、回应性）的性质和程度，对报告绩效信息的可靠性不做要求，只是把报告绩效信息作为评估企业遵循 AA 1000 原则的具体程度的证据来源。审验方只需要提供判断企业遵循 AA 1000 原则的性质和程度的调查结果及审验结论。

类型Ⅱ是指审验方应当在判断企业遵循 AA 1000 原则的性质和程度的同时，评估企业特定可持续发展绩效信息的可靠性。特定社会责任绩效信息的选择必须以实质性判断为基础，以对审验报告使用者的有用性为目的。为此，需要以管理层确保相关信息质量的公开声明为基础，并评估其完整性和准确性。对特定的社会责任绩效信息进行审验，审验方需要就绩效信息的可靠性提供调查结果和结论。特殊情况下，审验机构还需要提供企业遵循特定报告框架的调查结果和审验结论。

同时，根据不同主题对审验程度的要求，审验机构可以提供深度审验和中度审验。

（2）审验声明

审验完毕后，审验方要把包括调查结果、结论和建议在内的审验结果，以公开发布审验声明的形式呈现。审验声明应如实说明信息披露的范围或者审验过程中存在的局限性。只有确保审验符合《AA 1000 审验标准（2008）》的所有要求，包括对审验声明标准的要求时，才能给出审验符合标准的验证结果。

审验声明应当至少包括以下信息：审验声明可能的使用者；报告企业和审验方的各自职责；包括应用《AA 1000 审验标准（2008）》的适审验标准；包括审验类型在内的审验范围；信息披露范围；审验方法；审验存在的局限性；验证参照的具体标准、指南或框架；审验深度；判断遵循实质性、完整性和回应性三项 AA 1000 原则性质和程度的调查结果和结论；判断特定的绩效信息可靠性的调查结果和结论；发现和建议；审验方能力和独立性说明；审验方名称、审验日期和地点。

二　企业社会责任报告的发布

企业社会责任报告发布是最后的、至关重要的工作环节，在很大程度上影响报告效果和企业形象。例如，中国石油和壳牌石油在发布企业社会责任报告时都曾声明报告所用纸张是绿色可回收环保产品。壳牌石油甚至说明了报告印刷的绿色技术，印刷所用电力是可再生能源，纸张制造所用的所有能源皆为风能。企业社会责任报告发布的上述细节，不仅反映了他们在保护环境和可持续发展方面的持续努力，同时获得了良好的企业公众形象。企业社会责任报告发布主要涉及：

（一）企业社会责任报告的发布媒介

企业社会责任报告发布的基本媒介为电子光盘、印刷报告和互联网信息。电子光盘发布的优点是信息传播量大、形象、生动。缺点是受众面小、成本比较高；互联网发布的特点是成本低，披露信息较为全面，而且通过上网、扫取二维码等途径使得报告使用者获取报告更为简单、容易。比如，2014 年，可口可乐公司通过微信发布了可持续发展报告就是一个全新的尝试，取得了很好的效果；印刷报告兼具两者特征。同时采用以上三种媒介，使其互为补充，效果最佳。印制和发放报告摘要，再通过网络发布详细的社会责任报告是公司的一般做法。

（二）企业社会责任报告的发布形式

发布社会责任报告既是企业向利益相关者披露企业社会责任信息的过程，也是树立企业形象、宣传企业文化的过程。因此，报告的发布形式选择一定程度上影响企业发布社会责任报告的效果。目前企业发布社会责任报告的形式主要有三种：

1. 新闻发布会形式

企业发布社会责任报告采用的普遍形式是召开新闻发布会。新闻发布会的优点是：新闻性强，可以在第一时间内将信息传播到与会各方代表，信息的交流强度大；受众面广，通过邀请各利益相关方的代表参与发布会，可以使企业面对面地与他们沟通交流，向他们介绍企业社会责任报告编制情况，传达有关企业的社会责任理念、实践、绩效，征求各方与会代表的意见和建议，以此加深社会公众对企业的了解，使报告发布会成为建立与利益相关者信任与合作关系的一个重要平台；效率较高，新闻发布会可以通过电视电话会议、网上会议等会议形式，在突破时空局限扩大发布会的范围和规模的同时，节约会议成本，提高发布会的效率。

2. 委托独立的第三方代为发布

目前，委托第三方发布企业社会责任报告正逐渐成为国际潮流和惯例，因为第三方发布可以增强报告的真实性、客观性、公正性和权威性。2007 年 1 月 18 日，国家电网公司邀请了中国企业联合会联合发布了《国家电网公司 2006 社会责任报告》，开启了委托第三方代为发布企业社会责任报告的先河。其后，中国社会工作协会受中凯集团委托，在北京发布了《2006 中凯集团企业公民报告》。

3. 集中发布

2008 年 4 月，中国工业经济联合会与中国机械、中国煤炭、中国石油、中国钢铁、中国纺织等 11 家工业行业协会联合发布了《中国工业企业及工业协会社会责任指南》，该指南提倡在中国工业企业自律的前提下，还要求建立包括社会责任机构、责任任务和管理制度等在内的社会责任管理体系。2009 年 5 月 26 日，中国工业经济联合会在人民大会堂同国家发改委、国务院国资委、工业和信息化部等部委组织联合举行了"2009 中国工业经济行业社会责任发布会"，会上，宝钢集团、太钢集团、力帆实业、沈阳机床、贵州茅台等 19 家企业发布了社会责任报告。发布会创建了首个企业社会责任报告集中发布平台，开启了企业社会责任报告集中发布的中国创举，提升了我国工业领域社会责任报告的公信力、影响力、带动力，推动了我国工业企业和工业企业协会履行社会责任绩效的持续改进。2008 年，中国纺织工业协会发布了中国纺织服装企业社会责任报告纲要，作为规范和指南用于指导该行业的企业社会责任报告编制和发布。2009 年，根据该纲要指南编制、经第三方验证的十家试点企业社会责任报告集中发布。

集中发布企业社会责任报告有利于提高企业和社会对企业社会责任报告的重视，发挥企业社会责任报告的利益相关者沟通作用；有利于提升企业社会责任报告的编制水平和企业之间关于企业社会责任报告的交流探讨；有利于引导更多的企业编制发布企业社会责任报告。

（三）企业社会责任报告的发布周期

为了回应利益相关者对比不同年份企业社会责任报告的期望，宣布企业社会责任报告的发布周期十分必要。一般而言，企业社会责任报告的发布周期为一年，也有周期为两年的。随着人们对最新信息的要求越来越高，公司可以在两次发布社会责任报告期间定期进行信息更新。

企业社会责任报告可与企业其他报告（如周年财务报告）同时发布，如果发布的时间相互协调，会加强财务报告与社会责任报告之间的联系。

本章小结

企业社会责任信息和绩效披露对于利益相关者及时了解、评价和监督企业社会责任行为，指导自身的投资决策十分关键。企业社会责任报告作为企业社会责任信息披露的重要载体，其种类的选择、编写、验证和最后的发布对于企业能否有效披露社会责任绩效尤其重要。本章在前七章内容的基础上，在概述企业社会责任报告的产生、发展、分类、作用和主要内容的前提下，重点对社会责任报告的编写指南、编写原则、组织准备和编写过程，企业社会责任报告验证的必要性，验证的内容、验证标准，企业社会责任报告的发布形式等进行了探讨，以期对提高企业社会责任信息披露效果提供具体的指导。

参考文献

[1] Thomas J. Peters and Robert H. Waterman Jr. , *In Search of Excellence: Lessons from America's Best Run Companies*, Harper and Row, 1982, p. 26.

[2] R. Edward Freeman and Daniel R. Gilbert Jr. , *Corporate Strategy and the Search for Ethics*, *Prentice Hall Trade*, 1988, p. 69.

[3] R. C. Trotter, S. G. Day and A. E. Love, "Bhopal, India and Union Carbide: The Second Tragedy", *Journal of Business Ethics*, Vol. 8, No. 6, 1989.

[4] James C. Baker, "The International Infant Formula Controversy: A Dilemma in Corporate Social Responsibility", *Journal of Business Ethics*, Vol. 4, No. 4, 1985, pp. 181—190.

[5] R. Robertson, *Globalization: Social Theory and Global Culture*, London: Sage, 1992, p. 8.

[6] Herman E. Daly, "Globalization and Its Discontents", *Philosophy & Public Policy Quarterly*, Vol. 21, No. 2/3, Spring/ Summer, 2001, p. 17.

[7] William H. Shaw and Vincent Barry, *Moral Issues in Business*, Belmont, CA: Wadsworth, 1992, p. 575.

［8］Thomas M. Mulligan，"The Moral Mission of Business"，*Ethical Theory and Business*，Englewood Cliffs，NJ：Prentice - Hall，1993，pp. 65—75.

［9］K. L. Scheppele，"It's Just Not Right - the Ethics of Insider Trading"，*Law and Contemporary Problems*，Vol. 56，No. 3，1993，pp. 73—123.

［10］E. Palmer，"Multinational Corporation and the Social Contract"，*Journal of Business Ethics*，Vol. 31，No. 3，2001，pp. 245—258.

［11］J. Cohen，"Socially Responsible Business Goes Global"，*In Business*，March/April 2000，p. 22.

［12］John Rawls，*Political Liberalism*，New York：Columbia University Press，1993，p. 26.

［13］Michael Hoffman and Jennifer Moore，*Business Ethics：Readings and Cases in Corporate Morality*，New York：Mc - Graw - Hill，1990，p. 13.

［14］William H. Shaw and Vincent Barry，*Moral Issues in Business*，Belmont，CA：Wadsworth，1992，p. 41.

［15］R. Edward Freeman and Daniel R. Gibert Jr. ，*Corporate Strategy and the Search for Ethics*，Englewood Cliffs，NJ：Prentice Hall，1998，p. 5.

［16］Lewis Phillp V. Difining，"Business Like Nailing Jello to a Wall"，*Journal of Business Ethics*，Vol. 4，1985，p. 377.

［17］Jeffrey Gandz and Nadine Hayes，"Teaching Business Ethics"，*Journal of Business Ethics*，Vol. 7，1998，pp. 657—658.

［18］Frederick Sturtevant，"A Management Aproach"，*Business and Society*，1997，p. 75.

［19］ C. Walton, *The Ethics of Corporate Conduct*, Engle Wood Cliffs. N. J. : Prentice – Hall, 1997, p. 6.

［20］ D. Wheeler and M. Sillanpaa, *The Stakeholder Corporation: A Blueprint for Maximizing Stakeholder Value*, London: Pitman Publishing, 1997.

［21］ E. Merick Dodd, "For Whom Are Corporate Managers Trustees", *Havard Law Review*, Vol. 5, 1932, pp. 1145—1163.

［22］ M. M. Blair, *Ownership and Control: Rethinking Corporate Governance for the Twenty – first Century*, Washington: The Brookings Institution, 1995, p. 17.

［23］ R. E. Freeman, *Strategic Management: A Stakeholder Approach*, Boston: Pitman, 1984, p. 27.

［24］贾生华、陈宏辉：《利益相关者的界定方法述评》，《外国经济与管理》2002 年第 5 期。

［25］［美］阿奇·B. 卡罗尔、安·K. 巴克霍尔茨：《企业与社会伦理与利益相关者管理》，黄煜平等译，机械工业出版社 2004 年版。

［26］陈宏辉：《企业利益相关者的利益要求：理论与实证研究》，经济管理出版社 2004 年版。

［27］陈宏辉：《企业利益相关者三维分类的实证分析》，《经济研究》2004 年第 4 期。

［28］［美］詹姆斯·E. 波斯特、安妮·T. 劳伦斯、詹姆斯·韦伯：《企业与社会：公司战略、公共政策与伦理》，张志强译，中国人民大学出版社 2005 年版。

［29］梁桂全、黎友焕：《中国企业社会责任建设及面临的形势》，广东经济出版社 2004 年版。

［30］黎友焕等：《2004 年广东企业社会责任建设蓝皮书》，

广东经济出版社 2004 年版。

[31]［德］马克思:《资本论》,人民出版社 1994 年版。

[32]盛日:《利益相关者理论与企业竞争力》,《湖南大学学报》(社会科学版) 2002 年第 11 期。

[33]［德］霍尔斯特·施泰因曼、阿尔伯特·勒尔:《企业伦理学基础》,李兆雄译,上海社会科学出版社 2001 年版。

[34]周祖城:《企业伦理学》,清华大学出版社 2005 年版。

[35]［日］水谷雅一:《经营伦理理论与实践》,经济管理出版社 1999 年版。

[36]［日］高田馨:《经营者的社会责任》,千仓书房 1973 年版。

[37]［英］霍布斯:《利维坦》,黎思复、黎廷弼译,商务印书馆 1985 年版。

[38]［美］唐纳森、邓菲:《有约束力的关系:对企业伦理学的一种社会契约论的研究》,赵月瑟译,上海社会科学院出版社 2001 年版。

[39]［美］乔治·斯蒂纳、约翰·斯蒂纳:《企业、政府与社会》,张志强、王春香译,华夏出版社 2002 年版。

[40]［美］理查德·A. 斯皮内洛:《世纪道德:信息技术的伦理方面》,刘钢译,中央编译出版社 1999 年版。

[41]［英］帕特里夏·沃海恩、爱德华·弗里曼:《布莱克韦尔商业伦理学百科辞典》,刘宝成译,对外经济贸易大学出版社 2002 年版。

[42]［美］奥利弗·E. 威廉姆森:《资本主义经济制度》,段毅才、王伟译,商务印书馆 2002 年版。

[43]林军:《公司控制权的经济学与社会学分析》,经济管理出版社 2005 年版。

［44］［美］保罗·A. 萨缪尔森、威廉·D. 诺德豪森：《经济学》，高鸿业等译，中国发展出版社1992年版。

［45］魏英敏：《新伦理教程》，北京大学出版社1993年版。

［46］厉以宁：《超越市场与超越政府——论道德力量在经济中的作用》，经济科学出版社1999年版。

［47］［德］赫尔穆特·施密特：《全球化与道德重建》，柴方国译，社会科学文献出版社2001年版。

［48］陆晓禾：《承认自由空间，承担道德责任——第三届"国际企业、经济学和伦理学学会"世界大会述评》，《毛泽东邓小平理论研究》2004年第10期。

［49］［美］约瑟夫·W. 韦斯：《商业伦理：利益相关者分析与问题管理方法》，符彩霞译，中国人民大学出版社2005年版。

［50］余晓敏：《经济全球化背景下的劳工运动：现象、问题与理论》，《社会学研究》2006年第3期。

［51］［美］斯蒂芬·P. 罗宾斯、玛丽·库尔特：《管理学》，孙健敏等译，中国人民大学出版社2004年版。

［52］赵景峰：《经济全球化的马克思主义经济学分析》，人民出版社2006年版。

［53］［美］戴维·J. 弗里切：《商业伦理学》，杨斌、石坚、郭阅译，机械工业出版社1999年版。

［54］单成繁：《企业责任论》，中国市场出版社2009年第2版。

［55］刘长喜：《企业社会责任与可持续发展研究》，上海财经大学出版社2009年版。

［56］陈英：《企业社会责任理论与实践》，经济管理出版社2009年版。

［57］黎友焕：《企业社会责任在中国》，华南理工大学出版社 2007 年版。

［58］任荣明、朱晓明：《企业社会责任多视角透视》，北京大学出版社 2009 年版。

［59］刘兆峰：《企业社会责任与企业形象塑造》，中国财政经济出版社 2008 年版。

［60］匡海波：《企业社会责任》，清华大学出版社 2010 年版。

［61］钟宏武：《日本企业社会责任研究》，《企业管理研究》2008 年第 11 期。

［62］黎友焕：《企业社会责任理论》，华南理工大学出版社 2010 年版。

［63］［日］清川佑二：《企业社会责任实践论》，中国经济出版社 2010 年版。

［64］钟宏武、张唐槟等：《政府与企业社会责任——国际经验与中国实践》，经济管理出版社 2010 年版。

［65］黎友焕：《企业社会责任实证研究》，华南理工大学出版社 2010 年版。

［66］冯梅、陈志楣、王再文：《中国国有企业社会责任论——基于和谐社会的思考》，经济科学出版社 2009 年版。

［67］黄晓鹏：《企业社会责任：理论与中国实践》，社会科学文献出版社 2010 年版。

［68］田虹：《企业社会责任及其推进机制》，经济科学出版社 2006 年版。

［69］李新娥：《企业社会责任和企业绩效——企业社会回应管理视角》，经济管理出版社 2010 年版。

［70］［美］菲利普·科特勒、南希·李：《企业的社会责

任》，机械工业出版社 2011 年版。

［71］殷格非、李伟阳：《企业社会责任报告编制指导》，中国人民大学出版社 2010 年版。

［72］楼建波、甘培忠：《企业社会责任专论》，北京大学出版社 2009 年版。

［73］陈佳贵、黄群慧、鹏华刚、钟宏武：《中国企业社会责任研究报告》，中国科学文献出版社 2009 年版。

［74］胡承德：《企业社会责任会计研究》，湖南大学出版社 2009 年版。

［75］郭永丰：《论在和谐的社会背景下我国公司对消费者的社会责任》，《法治与社会》2009 年。

［76］李曙光：《新破产法九大制度创新与突破》，《法制日报》2006 年。

［77］黎友焕：《ISO 26000 在中国》，中山大学出版社 2012 年版。

［78］李伟阳：《ISO 26000 的哲学与一个新时代》，《WTO 经济导刊》2015 年第 1 期。

［79］李扬、黄群慧、钟宏武、张蒽：《企业社会责任蓝皮书：中国企业社会责任研究报告（2015）》，社会科学文献出版社 2015 年版。

［80］李扬、黄群慧、钟宏武、张蒽、翟利峰、王志敏、冯丽、贾晶、高小璇：《企业社会责任蓝皮书：中国企业社会责任研究报告（2016）》，社会科学文献出版社 2016 年版。

［81］杨海燕：《企业社会责任报告验证现状研究》，《开发研究》2015 年第 1 期。

［82］章辉美、张坤：《企业社会责任的演化和发展趋势》，

《学习与探索》2012 年第 11 期。

[83] 李彦龙：《企业社会责任的基本内涵、理论基础和责任边界》，《学术交流》2011 年第 2 期。

[84] 李国平、韦晓茜：《企业社会责任内涵、度量与经济后果——基于国外企业社会责任理论的研究综述》，《会计研究》2014 年第 8 期。

[85] 李昌兵、杨宇、何亚辉：《基于企业社会责任的闭环供应链超网络模型》，《企业管理》2017 年第 5 期。

[86] 张锐：《经济全球化与企业社会责任运动》，《上海企业》2005 年第 11 期。

[87] 常凯：《经济全球化与企业社会责任运动》，《工会理论与实践》2003 年第 8 期。

[88] 林小青：《论经济全球化背景下跨国公司的企业社会责任》，《企业技术开发》2006 年第 5 期。

[89] 周祖城：《论企业伦理责任在企业社会责任中的核心地位》，《管理学报》2014 年第 11 期。

[90] 刘丽丽：《论企业社会责任的法律规制》，《法制与社会》2017 年第 3 期（下）。

[91] 袁秦英：《企业承担社会责任的内部推动力》，《企业文化》2016 年第 33 期。

[92] 唐更华、史永隽：《企业公民视角下的企业社会责任观》，《广东行政学院学报》2009 年第 6 期。

[93] 乔虹：《企业社会责任报告择时披露研究》，《财经问题研究》2007 年第 4 期。

[94] 李伟阳、肖红军：《企业社会责任的逻辑》，《中国工业经济》2011 年第 11 期。

［95］王清刚、李琼：《企业社会责任价值创造机理与实证检验——基于供应链视角》，《宏观经济研究》2015 年第 1 期。

［96］胡亚敏、李建强、苗连琦：《企业社会责任如何作用于企业价值——基于消费在认知角度的考量》，《宏观经济研究》2016 年第 12 期。

［97］李涛、朱顺和、许文彬：《企业社会责任与风险承担：基于政府监管的视角》，《企业经济》2017 年第 3 期。

［98］权小峰、吴世农、尹洪英：《企业社会责任与股价崩盘风险："价值利器"或"自利工具"?》，《经济研究》2015 年第 11 期。

［99］杨继生、阳建辉：《企业失责行为与居民的选择性反映——来自上市企业的数据》，《经济学（季刊)》2017 年第 1 期。

［100］陈范红：《全球化时代的企业社会责任》，《消费导刊》2009 年第 9 期。

［101］卢洪友、唐飞、许文立：《税收政策能增加企业的社会责任吗？——来自我国上市公司的证据》，《财贸经济》2017 年第 1 期。

［102］高勇强、陈亚静、张云均：《红领巾还是绿领巾：民营企业慈善捐款动机研究》，《管理世界》2012 年第 8 期。

［103］方慧：《中国承接服务业国际转移的经济效应研究》，中国人民大学出版 2015 年版。